D1748817

Petra Wagner (Hrsg.)
Handbuch Kinderwelten

Petra Wagner (Hrsg.)

Handbuch Kinderwelten

Vielfalt als Chance –
Grundlagen einer vorurteilsbewussten
Bildung und Erziehung

HERDER

FREIBURG · BASEL · WIEN

2. Auflage 2010

© Verlag Herder GmbH, Freiburg im Breisgau 2008
Alle Rechte vorbehalten
www.herder.de

Umschlaggestaltung und -konzeption:
R·M·E München / Roland Eschlbeck, Rosemarie Kreuzer
Umschlagabbildung: Barbara Mößner
Zeichnungen: Natascha Welz
Lektorat: Eva Killmann von Unruh, München
Satz: Barbara Herrmann, Freiburg
Herstellung: fgb · freiburger graphische betriebe
www.fgb.de
Gedruckt auf umweltfreundlichem, chlorfrei gebleichtem Papier
Printed in Germany
ISBN 978-3-451-32119-1

Inhalt

Vorwort 9

1 Gleichheit und Differenz im Kindergarten – eine lange Geschichte 11
Petra Wagner

1.1   Homogenisierung und Diskriminierung 11
1.2   »Einwirkungspädagogik«, um allen Kindern hohe Bildung zu vermitteln 13
1.3   Sozial selektive Heterogenität und Unverbindlichkeit 15
1.4   Vielfalt und Bildungsqualität 19
1.5   Strategien im Umgang mit Unterschieden 20
1.6   Gewissheiten und offene Fragen 30

2 Die Entwicklung moralischen Denkens und moralischer Gefühle in der Kindheit 34
Monika Keller

2.1   Wie können moralische Einsicht und emotionale Haltungen gefördert werden? 34
2.2   Die Entwicklung des Verständnisses von moralischen Regeln 35
2.3   Die Entwicklung empathischer und moralischer Gefühle ... 39
2.4   Moralische Gefühle und Verantwortungszuschreibung 40
2.5   Das moralische Denken von Kindern – aktuelle Untersuchungen 43
2.6   Verständnis moralischer Regeln und Gefühle im Entwicklungsverlauf 49
2.7   Kognition, Emotion und prosoziales Handeln in der Kindheit 50
2.8   Moralisches Lernen: Die Rolle der sozialen Umwelt 51

3 Vielfalt und Diskriminierung im Erleben von Kindern ... 56

3.1 Wie erleben junge Kinder Vielfalt? – Einführung 56
Petra Wagner

3.2 Geschlechtsbewusste Pädagogik – eine Gratwanderung 59
Tim Rohrmann

3.3 Heterogenität als Motor für Bildungsprozesse – Kinder mit Behinderung beteiligen und mitnehmen 72
Daniela Kobelt Neuhaus

3.4 »Woher kommst du?« – Wie junge Kinder Herkunftsfragen begreifen 92
Anke Krause

3.5 »Weil ich dunkle Haut habe ...« – Rassismuserfahrungen im Kindergarten 102
Stefani Boldaz-Hahn

3.6 Quer durch viele Sprachen hindurch – Vielgestaltigkeit der Sprachenwelten von Kindern 113
Petra Wagner

3.7 Adultismus – (un)bekanntes Phänomen: »Ist die Welt nur für Erwachsene gemacht?« 128
ManuEla Ritz

3.8 »Meine Mutter hat ja kein Geld ...« – Soziale Ungleichheit und Armut in der Wahrnehmung von Kindern 137
Antje Richter

3.9 Religion – Diskriminierungsgrund oder kulturelle Ressource für Kinder? 148
Christa Dommel

3.10 Verhältnis zwischen Ost und West – einem Tabu auf der Spur   160
Sabine Beyersdorff & Evelyne Höhme-Serke

3.11 Sexuelle Orientierung – bedeutsam für kleine Kinder? 171
Stephanie Gerlach

Inhalt

4 Zusammenarbeit mit Eltern: Respekt für jedes Kind – Respekt für jede Familie 184

Serap Şıkcan

4.1	Wie leben Familien in Deutschland?	184
4.2	Zusammenarbeit mit Eltern – eine unüberwindbare Hürde?	185
4.3	Dominanzverhältnisse erschweren den Dialog	187
4.4	Zusammenarbeit mit Eltern – unverzichtbar!	190
4.5	Die Familien machen sich bekannt	192
4.6	Der Kindergarten macht sich bekannt	194
4.7	Mit Eltern in den Dialog treten	194
4.8	Gesprächskreise zu Erziehungsfragen	196
4.9	Und wenn es Konflikte gibt?	198
4.10	Was ist nötig für eine gelingende Zusammenarbeit?	199

5 Vielfalt respektieren, Ausgrenzung widerstehen – aber wie? Anforderungen an pädagogische Fachkräfte 203

Petra Wagner

5.1	Welche Kompetenzen sind entscheidend?	203
5.2	Interkulturelle Kompetenz – Schlüsselkompetenz des 21. Jahrhunderts?	203
5.3	Managing Diversity – der neue Boom?	205
5.4	Vorurteilsbewusste Selbst- und Praxisreflexion	207
5.5	Vorurteile und ihren Einfluss auf pädagogische Praxis untersuchen	209
5.6	Diskriminierung zur Sprache bringen	211
5.7	Gesellschaftliche Macht- und Dominanzverhältnisse beleuchten	214
5.8	Machtverhältnisse in Dialogen berücksichtigen	215
5.9	Fachliches Unterstützungssystem	217

6 Europäische Zusammenarbeit für Vielfalt und Gleichwürdigkeit ... 220

Regine Schallenberg-Diekmann

- 6.1 Voneinanderlernen – über kulturelle und andere Grenzen hinweg 220
- 6.2 Globalisierung? Globalisierung! 220
- 6.3 Das europäische Netzwerk DECET 221
- 6.4 Jede und jeder fühlt sich zugehörig 223
- 6.5 Jedes Kind und jeder Erwachsene entwickelt die vielfältigen Aspekte der eigenen Identität 226
- 6.6 Alle lernen voneinander 229
- 6.7 Jeder Erwachsene und jedes Kind beteiligt sich als aktiver Bürger 230
- 6.8 Jeder bezieht aktiv und offen Stellung gegen Einseitigkeiten .. 232
- 6.9 Alle gemeinsam gegen Vorurteile und institutionelle Formen von Diskriminierung 234
- 6.10 Umsetzung in die pädagogische Praxis 235

7 Anti-Bias Pädagogik: Aktuelle Entwicklungen und Erkenntnisse aus den USA 239

Louise Derman-Sparks

- 7.1 Anspruch und Wirklichkeit von Anti-Bias Pädagogik 239
- 7.2 Ziele der Anti-Bias Pädagogik 240
- 7.3 Identität und die Ziele der Anti-Bias Pädagogik 241
- 7.4 Anti-Bias Praxis auf die Familienkulturen der Kinder beziehen 243
- 7.5 »Was tun, wenn alle Kinder weiß sind?« 244
- 7.6 Anti-Bias Arbeit und der Kampf für soziale Gerechtigkeit ... 246

Autorinnen und Autoren 249

Vorwort

Kinderwelten sind die vielen Welten, in denen Kinder aufwachsen. Da macht es einen Unterschied, ob Kinder auf dem Land oder in der Stadt leben, in welcher Region sie aufwachsen, ob die Familie Fluchterfahrung oder eine Migrationsgeschichte hat, ob die Kinder Jungen oder Mädchen sind, ob sie viele Geschwister haben oder keine, ob sie in einer armen oder wohlhabenden Familie aufwachsen, ob sie mit einer Behinderung oder mit einer Krankheit leben, ob sie einen Kindergarten besuchen oder nicht, ob die sozialen Netzwerke der Familie stabil und tragfähig sind oder eher nicht, ob der soziale Status der Familie mit Anerkennung oder mit Randständigkeit verbunden ist. Über die jeweilige Lebensgestaltung ihrer Familien werden diese Unterschiede für Kinder subjektiv bedeutsam und beeinflussen ihren lernenden Zugang zur Welt.

Kinder erschließen sich Sinn und Bedeutung auf eine Weise, die von den Verhältnissen und von den Erwachsenen zwar beeinflusst, aber nicht vollständig gesteuert oder kontrolliert werden kann. In den »Welten der Kinder« regieren Kinder selbst, mit ihrem Eigensinn und ihrer Kreativität, ihrer je individuellen Art, das zu verarbeiten, was sie beobachten und wahrnehmen. »Kinderwelten« sind also auch die Lernwege, die Kinder gehen, um ihr Verständnis von der Welt, ihr Bild von sich und anderen Menschen in der Welt, in einem aktiven Aneignungsprozess zu konstruieren. In diesem Prozess verarbeiten Kinder auch die bewertenden Botschaften über sich und andere Menschen, die sie aus ihrem Umfeld erhalten.

Einrichtungen der frühen Bildung müssen diese Kinderwelten berücksichtigen. Sie geben Qualitätsversprechen in Bezug auf die Betreuung, Erziehung und Bildung von Kindern und müssen sicherstellen, dass wirklich alle Kinder davon profitieren. Ohne umfassende Investitionen in den Bereich frühkindlicher Bildung ist dieses nicht zu leisten.

Vorwort

Unterstützung tut Not: Erzieherisches Handeln in Kindertageseinrichtungen bewegt sich in einem enormen Spannungsverhältnis zwischen »Gleichheit und Differenz«: Erzieherinnen und Erzieher sollen allen Kindern Bildungsprozesse ermöglichen, Bildungsbenachteiligung vorbeugen, kein Kind zurücklassen. Sie sollen gleichzeitig die unterschiedlichen Lebensverhältnisse, Familienkonstellationen, Familienkulturen und individuellen Besonderheiten der Kinder berücksichtigen und auf jedes einzelne Kind eingehen. Um das zu schaffen, braucht es fachliche Beratung und Begleitung. Um herauszufinden, auf welcher Grundlage pädagogisches Handeln zu entwickeln ist, ist die Kooperation mit Wissenschaft und Forschung erforderlich.

Dieses Handbuch ist als Unterstützung gedacht. Es stellt eine einführende Auseinandersetzung mit den vielen Fragen dar, die das Thema »Gleichheit und Differenz« in Kindertageseinrichtungen aufwirft. Das Handbuch ist keine Einführung in das Projekt Kinderwelten und keine Darstellung des Ansatzes der vorurteilsbewussten Bildung und Erziehung, der im Projekt entwickelt und vertreten wird[1]. Gleichwohl ist beabsichtigt, mit den vielfältigen Einzelbeiträgen einen Ansatz vorurteilsbewusster Bildung und Erziehung zu fundieren: ein Bildungskonzept für Kindertageseinrichtungen, das Respekt für die Vielfalt mit dem Nichtakzeptieren von Ungerechtigkeit verbindet. Ein Bildungskonzept, das stereotype Vorurteile, diskriminierende Ausgrenzung und Einseitigkeiten in den Äußerungen und im Verhalten von Individuen wie auch in den Abläufen und Gesetzmäßigkeiten der Institutionen bewusst zum Thema macht, um die lernbehindernden Implikationen von Ausgrenzung und Abwertung nicht länger zu ignorieren. Ein Bildungskonzept, das Kinder stark macht, weil sie eine positive Resonanz auf das bekommen, was sie mitbringen und was sie ausmacht. Weil sie lernen, mit Menschen respektvoll zusammen zu sein, die anders sind als sie selbst. Und weil sie ermutigt werden, sich zusammen mit anderen für Gerechtigkeit einzusetzen und unfaires Verhalten nicht hinzunehmen.

Berlin, im Januar 2008
Petra Wagner

---

[1] Informationen zum Projekt KINDERWELTEN auf S. 253f. in diesem Band.

1 Gleichheit und Differenz im Kindergarten[1] – eine lange Geschichte

Petra Wagner

1.1 Homogenisierung und Diskriminierung

Der Kindergarten war – im Unterschied zur Schule – in seinen Anfängen vor 200 Jahren als Einrichtung privater christlicher Sozialfürsorge und seit 1920 als Teil der Jugend- und Wohlfahrtspflege nicht obligatorisch. Hier regulierte seit jeher die Kostenpflicht bzw. die finanzielle Beteiligung der Eltern den Zugang und hatte Auswirkungen auf die Ausstattung und darauf, ob der Schwerpunkt einer Einrichtung eher auf Bewahren[2] oder auf Bilden und Erziehen[3] lag. Dies führte zu einer jeweils relativ homogenen Zusammensetzung in sozialer Hinsicht.

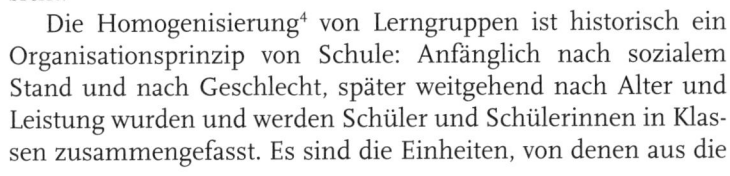

Die Homogenisierung[4] von Lerngruppen ist historisch ein Organisationsprinzip von Schule: Anfänglich nach sozialem Stand und nach Geschlecht, später weitgehend nach Alter und Leistung wurden und werden Schüler und Schülerinnen in Klassen zusammengefasst. Es sind die Einheiten, von denen aus die

---

[1] Kindergarten meint die gesamte institutionelle Kleinkinderziehung in Deutschland, auch das Angebot für Kinder unter drei Jahren und für Schulkinder.
[2] In Bewahranstalten: Arme Kinder sollten vor Aufsichtslosigkeit und Verwahrlosung geschützt werden; die Erziehung betonte Disziplin, Gottesfurcht und Sittlichkeit (vgl. Konrad 2004).
[3] Für die höheren Stände gab es die Kleinkindschulen als familienergänzendes Angebot mit dem Anspruch, Kinder gezielt in ihrer Entwicklung zu fördern. In seinen Anfängen war auch der Fröbelsche Kindergarten eher ein Angebot für das aufgeklärte Bürgertum. Die daraus ab 1860 hervorgegangenen »Volkskindergärten« richteten sich gezielt an Arbeiterkinder, denn eine gemeinsame Erziehung der Kinder aller sozialen Klassen erschien nicht durchsetzbar (vgl. Aden-Grossmann 2002, S. 46).
[4] Homogenisierung ist die Herstellung einer einheitlichen Zusammensetzung; das Ergebnis ist Homogenität, das Gegenteil Heterogenität.

weitere Auslese nach Leistung vorgenommen wird (vgl. Diehm 2004). Der Zwang zur Homogenisierung galt in Deutschlands Schulen verstärkt mit der Einführung der allgemeinen Schulpflicht ab Beginn des 19. Jahrhunderts, denn nun besuchten Kinder aller sozialen Stände die Grundschule.

Grundlegung früher Bildungsprozesse

Zu Beginn waren die meisten Kindergärten von konfessionellen Vereinigungen getragen und christlich ausgerichtet. Innerhalb der Einrichtungen bestand aber kein Zwang eines permanenten Leistungsvergleichs wie in der Schule, um Selektionsentscheidungen zu rechtfertigen. Infolgedessen waren homogene Lerngruppen kein durchgängiges Organisationsprinzip im Kindergarten. Diehm (2004, S. 531) erklärt dies mit der gesellschaftlichen Funktion, die dem Kindergarten zugewiesen war: der Betreuung und Erziehung von jungen Kindern sowie der Grundlegung früher Bildungsprozesse. Bis in die Weimarer Zeit brauchte man Jungen und Mädchen dafür nicht zu trennen. Die Trennung nach Alter geschah eher aus Gründen der Rationalisierung und weil Reifungstheorien zur Verwissenschaftlichung der Pädagogik beitrugen, die Alter gleichsetzten mit psychischer Entwicklung und Lernvermögen (ebd., S. 536).

Das Ende von Reformansätzen aus der Weimarer Zeit

Anders in den Jahren des Nationalsozialismus, als ein ideologisch polarisiertes Verständnis von Geschlechterrollen die Kindergartenerziehung prägte: Seelische Abhärtung, körperliche Leistungsfähigkeit, soldatische Kampf- und Wettspiele und »Erziehung zur Furchtlosigkeit« waren für Jungen vorgesehen, die frühe Gewöhnung an pflegerische und häusliche Tätigkeiten für die Mädchen, um später eine »deutsche Mutter« zu werden (Aden-Grossmann 2002, S. 101). Die Verehrung des »Führers« sowie Nationalismus und Militarismus, Rassismus und Antisemitismus[5] waren Grundzüge der nationalsozialistischen Kindergartenpädagogik, die für alle galten (vgl. Konrad 2004, S. 167f.). Von Kindern mit Behinderungen im Kindergarten war nicht die Rede. Im nationalsozialistischen Körper- und Gesundheitskult und seiner rassistischen Vererbungslehre wurde ihnen das Recht auf Leben abgesprochen (Chamberlain 1997, S. 115). Die

---

[5] Besonders wichtig wurden Bilderbücher und Reime wie z. B.: »Als Gott der Herr die Welt gemacht, hat er die Rassen sich erdacht. Indianer, Neger und Chinesen und Juden auch, die bösen Wesen.« (zit. in: Konrad 2004, S. 169)

»Gleichschaltung« der Kindergärten bedeutete vorläufig das Ende von Reformansätzen aus der Weimarer Zeit.

Nach 1945 entwickelte sich der Kindergarten in den beiden deutschen Staaten unterschiedlich – auch in Bezug auf den Umgang mit Heterogenität:

1.2 »Einwirkungspädagogik«, um allen Kindern hohe Bildung zu vermitteln

In der DDR gehörte die Vorschulerziehung zur Volksbildung; sie war als »unterste Stufe der Einheitsschule« (Reyer 2006, S. 182) kostenfrei und wurde flächendeckend ausgebaut. Sie hatte den »schulpolitischen Auftrag, im Kindergarten jedes Kind in seiner allseitigen Entwicklung optimal zu fördern, sozialistisch zu erziehen und gut auf die Schule vorzubereiten« (Lange/Mottl 1988, S. 7). Erzieherinnen und Erzieher hatten die »führende Rolle im pädagogischen Prozess«, der mit den Jahren immer rigider und zeitlich engmaschiger vom jeweils gültigen Erziehungsplan vorgegeben war (Höltershinken u. a. 1997, S. 83). Die Eigentätigkeit und damit auch die Entscheidungsteilhabe von Kindern wurde zugunsten erzieherischer Lenkung zunehmend zurückgenommen (ebd., S. 48).

Im Nachhinein sagt eine Leiterin: »*Die Erziehung war rundum so ausgerichtet, dass es der Staatsbürger wird, den wir brauchen, um den Sozialismus zu vollenden. Dabei haben wir sicher unzureichend bedacht, dass jedem Menschen Grenzen gesetzt sind, dass die individuellen Voraussetzungen, physischen Voraussetzungen, geistigen Voraussetzungen, überhaupt, dass man die stark beachten muss bei jedem Menschen.*« (ebd., S. 50)

Erziehung war Kollektivziehung: Die Gemeinschaft hatte einen hohen Stellenwert. Individuelle Wünsche, Vorstellungen, Eigenheiten und subjektive Bedürfnisse wurden in dem Maße beachtet und gefördert, wie sie dem Wohl der gesamten Kindergemeinschaft dienten. An Aktivitäten und Beschäftigungen sollten sich grundsätzlich alle Kinder beteiligen.

Kollektiverziehung

Eine Erzieherin erinnert sich, dass es üblich war, »wir« zu sagen: »*Wir gehen waschen, wir gehen schlafen, wir machen das. Das Wort ›ich‹ kam fast überhaupt nicht vor.*« Man sollte aus der Gemeinschaft nicht ausscheren: »*Wir und immer alle.*« (ebd.,

S. 56f.) So konnte man Kinder vergleichen, Entwicklungsunterschiede feststellen und die Kinder gezielt fördern, bei denen man Entwicklungsdefizite beobachtet hatte. Das Ziel der Förderung war, alle Kinder an ein bestimmtes, mittleres Entwicklungsniveau heranzuführen. Eine Erzieherin rückblickend: »*Man hat versucht, alle Kinder gleich zu machen, auf den gleichen Stand zu bringen.*« (ebd., S. 58f.) Homogenisierung – nicht zur Auslese, sondern um Förderbedarf zu ermitteln – war ein durchgängiges Organisationsprinzip der Vorschulerziehung. Die meisten Einrichtungen waren in kommunaler oder betrieblicher Trägerschaft.[6] Schon 1951 wurde entschieden, altershomogene Gruppen einzurichten (ebd., S. 77). War dies nicht möglich, z. B. in kleinen Einrichtungen im ländlichen Bereich, so wurden »gemischte Gruppen« eingerichtet, in denen die pädagogische Arbeit unter der »differenzierten Führung« der Erzieherinnen nach den »allgemeinen Gesetzmäßigkeiten des pädagogischen Prozesses« verlaufen sollte (Lange/Mottl 1988, S. 9) – d. h. die altersbezogenen Methoden und Beschäftigungen sollten in Kombination, aber im Wesentlichen unverändert zur Anwendung kommen. Das gleichberechtigte Zusammenleben von Jungen und Mädchen wurde postuliert, aber im Bildungsprogramm nicht weiter thematisiert oder reflektiert (Höltershinken u. a., S. 87). Kinder mit Behinderungen wurden nicht erwähnt.

Sofern es unter den Kindern unterschiedliche Hautfarben, Sprachen, Religionen, Migrationsgeschichten etc. gab, ist in der Literatur nichts darüber bekannt, dass und wie diese Unterschiede thematisiert wurden. Die Beschäftigung mit »Anderen« war konzeptionell Teil der »Entwicklung von Beziehungen zur Umwelt« und verbunden mit einer affirmierend-folkloristischen Darstellungsweise.[7] Sie zielte auf die Pflege des Internationalismus und darauf, den Kindern die Menschen aus den »sozialistischen Bruderländern« nahezubringen.

Einwirkungspädagogik

Das positive Anliegen, »allen Kindern des Volkes gleichermaßen eine hohe Bildung zu vermitteln«, stand in einer Spannung

---

[6] Stand 1989: 86 % kommunal, 11 % betrieblich, 3 % konfessionell (Höltershinken u. a. 1997, S. 23).

[7] Laut Auernheimer (2007, S. 13) war letzteres auch kennzeichnend für die ansonsten »musterhafte« Minderheitenpolitik der DDR gegenüber Sorben.

zum Bild vom Kind als eines defizitären Objekts erzieherischen Bemühens, zur Homogenisierung als Organisationsprinzip und zum Bildungsverständnis als »Einwirkungspädagogik« (Heller in: Höltershinken u. a. 1997, S. 59): »*Die Kinder sollten tätig sein, aber sie sollten immer genau das machen, was der Erzieher glaubt, was für die Entwicklung des Kindes wichtig ist. Das ist ja ein Widerspruch.*« (Fachschullehrer; ebd., S. 267)

Wurden die Widersprüche offensichtlich oder blieben die gewünschten Resultate aus, so gab es durchaus kritische Stimmen. Auf Kritik folgten jedoch in der Regel weitere »Dogmatisierungen« in Form von noch engeren Vorgaben (ebd., S. 85). Eine andere Strategie war, Forschungsergebnisse zu unterdrücken (Aden-Grossmann 2002, S. 271) oder Kritik nicht zur Kenntnis zu nehmen.

Zwei Pädagoginnen schildern, worin nach 1990 ihr »Umlernen« bestand: »*Es galt, verstehen zu lernen und sich einzulassen auf Vielfalt als ein typisches Merkmal der neuen Gesellschaftsordnung.*« (Echtermeyer/Philipp 2001, S. 48) Gemeint ist die verwirrende Vielfalt an Lebensverhältnissen, an Kitaträgern, an pädagogischen Konzepten, Erziehungsvorstellungen, Lebensformen, verbunden mit der Aufforderung, zu streiten, zu experimentieren, zu reflektieren und vorgefertigte Lösungen nicht mehr zu akzeptieren. Diese Vielfalt setze ein Menschenbild voraus, das auf Selbstbestimmung, Solidarität, Einfühlungsvermögen, auf Entscheidungs- und Handlungsfähigkeit ausgerichtet sei: Ihre Einblicke in die Kitapraxis lässt die Autorinnen kritisch fragen, inwieweit diese Qualitäten im Westen trotz vorhandener Vielfalt in nennenswerter Weise auffindbar sind (ebd.).

Umlernen – Vielfalt als typisches Merkmal?

1.3 Sozial selektive Heterogenität und Unverbindlichkeit

In der Bundesrepublik wurde an die Entwicklung der Weimarer Zeit angeknüpft: Kindergärten blieben ein Teil der Jugendhilfe, die Trägerschaft lag bei Kirchen und Vereinen unter Aufsicht der Landesjugendämter. Bis 1970 gab es keinen nennenswerten quantitativen Ausbau, denn die konservative Familienpolitik jener Zeit war darauf bedacht, der Berufstätigkeit von Müttern entgegenzuwirken (Aden-Grossmann 2002, S. 130). In den 1960er-Jahren gab es nur für etwa ein Drittel aller Kinder zwischen drei und sechs Jahren einen Kindergartenplatz (ebd., S. 129). Der Kin-

Gleichheit und Differenz im Kindergarten – eine lange Geschichte

dergarten hatte keinen eigenständigen Bildungsauftrag; demzufolge gab es keine Stoffpläne oder Curricula, die pädagogische Zielsetzung und Durchführung oblag den Trägern. Kindergärten besonderer pädagogischer Prägung wie Montessori- oder Waldorfkindergärten arbeiteten nach ihren ganzheitlichen Konzepten neben Einrichtungen ohne besondere Schwerpunktsetzungen. Diese Situation vertrug sich mit den Vorstellungen von Kindergartenerziehung, die es jedem Kind in einer pädagogisch gestalteten Umwelt erlauben sollte, schulreif zu werden, ohne »Methoden und Inhalte der Schule vorweg zu nehmen« (ebd., S. 121). Dazu gehörte das Spielen in einem festen Tagesablauf mit rasch wechselnden, immer gemeinschaftlich vollzogenen Tätigkeiten (ebd., S. 124). Die Aktivitäten waren an den Jahreszeiten und an kirchlichen Festtagen orientiert. Für Kinder, die vom Schulbesuch zurückgestellt wurden, gab es den »Schulkindergarten« oder »Vorklassen«, um die Reifung nachzuholen.

Reform des Kindergartens

Mit dem »Strukturplan für das deutsche Bildungswesen« von 1970 wurde eine Reform des Kindergartens eingeläutet, der als »Elementarbereich« Teil des Bildungswesens sein sollte. Man sah einen direkten Zusammenhang von wirtschaftlichem Wachstum und Investitionen im Bildungswesen. Ergebnisse der Sozialisationsforschung legten nahe, dass vorschulische Förderung den Schulerfolg maßgeblich beeinflusse (ebd., S. 164) und somit soziale Benachteiligungen ausgleichen könne. In den Folgejahren wurde in den Ausbau von Plätzen und in eine qualitative Verbesserung der Ausbildung von Erzieherinnen und Erziehern investiert. Für ein Modellversuchsprogramm wurden Mittel bereitgestellt, um modellhaft inhaltlich-konzeptionelle Ansätze und Curricula zu entwickeln.

In dieser Zeit der Bildungsreform wurden »Kinderläden« von Elterninitiativen gegründet, die mit antiautoritärer Erziehung experimentierten (ebd., S. 132f.). Mit der Entwicklung des »funktionsorientierten Ansatzes« hielten Trainingsprogramme und Übungsmaterialien in den Kindergärten Einzug, um Kinder in bestimmten Persönlichkeitsbereichen gezielt zu fördern. Der »wissenschafts- oder disziplinorientierte Ansatz« zeigte sich in Methoden und Inhalten für Vorschulkinder, die an der Grundschuldidaktik und deren Aufteilung in Lernfelder oder Fächer orientiert waren, wie z. B. Spracherziehung, Umweltbegegnung, Musikerziehung, Religiöse Erziehung (ebd., S. 192). In kritischer Distanz zu diesen Ansätzen wurde Anfang der 1970er-Jahre in Modelleinrichtungen der Situationsansatz entwickelt (Zimmer 1973/2000). Zu den didaktischen Innovationen gehörte ab 1980 auch der Einfluss der Reggio-Pädagogik (vgl. Konrad 2004, S. 192f.).

Im Folgenden werden einige Schlaglichter auf Heterogenitäts-Themen im Kindergarten geworfen, die seit den 1970er-Jahren in der Bundesrepublik relevant waren. Sie zeigen ein wachsendes Problembewusstsein für die Benachteiligung von Kindern aufgrund bestimmter Identitätsmerkmale (wie Geschlecht, Herkunft, Behinderung) und aufgrund von Unterschieden in ihren Aufwachsbedingungen, die sich nicht vereinbaren lassen mit Rechtsnormen wie dem Diskriminierungsverbot[8] und Vorstellungen von Chancengleichheit. Die Herausforderung wird zunehmend, Unterschiede mit dem Anspruch auf Gleichberechtigung zu vereinbaren:

Umgang mit Heterogenität

→ Die Fachdiskussionen seit den 1970er-Jahren reflektieren Vor- und Nachteile unterschiedlicher Formen der *Altersmischung*, die zur Herstellung »familienähnlicher« Konstellationen in den Gruppen eingeführt wurden, zuweilen aber auch aus pragmatischen Gründen.[9] Die Altersmischung zwischen drei und sechs Jahren hat sich im Kindergarten weitgehend durchgesetzt (vgl. Giebeler 2002).

→ Seit den 1980er-Jahren werden Resultate der *Koedukation von Jungen und Mädchen* kritisch hinterfragt und Ansätze geschlechtsbewusster Pädagogik erprobt, seit 1996 unter der gesetzlichen Vorgabe von Gender-Mainstreaming (Rohrmann 2005; s. Kap. 3.1 in diesem Band).

→ Seit den 1980er-Jahren gibt es Bemühungen um die *Integration von Kindern mit Behinderungen* im Kindergarten (vgl. auch Kap. 3.3 in diesem Band).

→ Zahlreiche Veröffentlichungen, Fortbildungen und Tagungen seit den 1980er-Jahren mit Titeln wie »Fremde Religionen – fremde Kinder? Leitfaden für eine *interreligiöse Erziehung*« und »Die Welt der Religionen im Kindergarten« oder »Muslimische Kinder im Kindergarten« weisen auf ei-

---

[8] Erklärung der Menschenrechte, UN-Kinderrechtskonvention.
[9] Z. B. zur Schaffung von Kitaplätzen für Kinder unter 3 Jahren oder in kleinen, ländlichen Einrichtungen.

nen Selbstvergewisserungsprozess insbesondere kirchlicher Kindergärten hin, deren Profil angesichts sinkender Zahlen der Kirchenmitglieder[10] und zunehmender nicht-christlicher Religionszugehörigkeiten ihrer Zielgruppen herausgefordert ist. (Vgl. Kap. 3.9 in diesem Band.)

→ Seit den 1970er-Jahren reagierte man auch im Kindergarten auf die Anwesenheit von Kindern eingewanderter Familien aus den Anwerbestaaten: Mit unterschiedlichen Zielstellungen entstanden Projekte, Konzepte und Materialien der »Ausländerpädagogik«, der »interkulturellen Pädagogik«, der Deutschförderung.

→ Erst zaghaft werden andere Aspekte von Vielfalt beleuchtet, wie z. B. Kinder aus Regenbogenfamilien (s. Kap. 3.11 in diesem Band), die Implikationen von Armut für Kindergartenkinder (s. Kap. 3.8 in diesem Band), Kinder aus Suchtfamilien, hochbegabte Kinder.

Änderungen im vereinten Deutschland

Im vereinten Deutschland sind Änderungen im Gange, insbesondere seit der Einführung des Rechts auf einen Kindergartenplatz im Jahr 1996 und den darauf folgenden Maßnahmen zur Qualitätsentwicklung.[11] Sie konkretisieren das Kinder- und Jugendhilfegesetz von 1990/1991[12], wonach Aufgabe von Kindertageseinrichtungen die *Betreuung, Bildung und Erziehung* des Kindes ist, um es in seiner »Entwicklung zu einer eigenverantwortlichen und gemeinschaftsfähigen Persönlichkeit« zu fördern. Auftrieb bekommen die Aktivitäten auch in Folge der PISA-Ergebnisse seit 2000, die erneut – wie schon einmal in den 1970er-Jahren – der frühpädagogischen Förderung das Potenzial zuweisen, problematische Resultate der Schule präventiv zu verhindern. Alle Länderregierungen entwickeln Bildungsprogramme für den Bereich der frühen Bildung und veranlassen deren Implementierung. Allerdings ist der Kindergartenbesuch

---

[10] 69 % der Bevölkerung gehören einer christlichen Religionsgemeinschaft an (etwa zu gleichen Teilen katholisch und evangelisch), West: 78 %, Ost: 32 %; keine Religionsgemeinschaft West: 15 %; Ost 68 % (Bertelsmann Religionsmonitor 2007).

[11] 1999 veranlasste das Bundesministerium für Familie, Senioren, Frauen und Jugend die »Nationale Qualitätsinitiative im System der Tageseinrichtungen für Kinder«, einen länder- und trägerübergreifenden Forschungsverbund.

[12] In den alten Bundesländern trat es erst 1991 in Kraft.

weiterhin kostenpflichtig und hierüber entscheidet sich nach wie vor, ob Kinder den Kindergarten besuchen bzw. welche Kinder Zugang zu welcher Einrichtung haben.

1.4 Vielfalt und Bildungsqualität

In der durch PISA neu entfachten Diskussion über Bildung und soziale Gerechtigkeit wird für die Schule gefordert, nicht weiter mit »Exklusion«, also mit Ausschluss, auf die vorhandene Heterogenität der Schülerinnen und Schüler zu reagieren und damit die vorhandene Ungerechtigkeit zu verfestigen. Dagegen seien »inklusive« Konzepte gegen Bildungsbenachteiligung notwendig, d. h. Reformen zur gemeinsamen Bildung und Erziehung aller Schülerinnen und Schüler, damit alle Kinder ihr Recht auf Bildung wahrnehmen können.[13] Der Zugang zu Einrichtungen mit hoher Bildungsqualität wird zum Schlüssel für Bildungsgerechtigkeit.

Der kompetente Umgang mit Heterogenität wird zu einer Schlüsselqualifikation – sowohl der Institution als auch der pädagogischen Fachkräfte, andernfalls droht die Ausgrenzung und Marginalisierung von immer mehr Menschen in dieser Gesellschaft. Die Vorgehensweise in beiden deutschen Staaten, vorhandene Heterogenität durch Homogenisierung handhabbar zu machen – im einen Fall durch soziale Selektion, im anderen Fall durch einheitlich angestrebte Förderziele – lässt sich nicht fortsetzen.

Kompetenter Umgang mit Heterogenität

Dass ein kompetentes Aufgreifen von Vielfalt tatsächlich bildungsrelevant ist, beansprucht für die frühen Jahre das Ergebnis der Längsschnittuntersuchung zu »exzellenten« Kindertageseinrichtungen in Großbritannien. Die Forscherinnen fanden heraus, dass die kognitive Entwicklung von Kindern deutlich korreliert mit dem Qualitätsmerkmal »Diversity«: Wird in der Kindertageseinrichtung die Vielfalt in Bezug auf individuelle Lernstile, Gender und ethnische Herkunft bewusst berücksich-

Aufgreifen von Vielfalt nützt allen Kindern beim Lernen

---

[13] Vgl. »Index für Inklusion«: Bei Inklusion geht es darum, alle Barrieren für Spiel, Lernen und Partizipation für alle Kinder auf ein Minimum zu reduzieren (Booth u. a. 2006, S. 13). Die Wortwahl der Autoren ist inklusiv: Sie sprechen konsequent von »Barrieren für Spiel, Lernen und Partizipation« und nicht von »sonderpädagogischem Förderbedarf«.

tigt, so machen alle Kinder größere Lernfortschritte in Bezug auf Zahlenkonzepte, Vorstufen von Schriftsprachlichkeit, Herstellen logischer Verknüpfungen (Sylva et al 2004, S. 26). Bemerkenswert an diesem Ergebnis ist, dass die Berücksichtigung von Vielfalt allen Kindern beim Lernen nützt.

Kritische Fragen Diese Erkenntnisse weisen eine Richtung für kritische Fragen an die derzeitige Landschaft früher Bildung und an die einzelnen Einrichtungen: Wie steht es um die pädagogischen Konzepte und Curricula, um die Abläufe und Funktionsmechanismen, die Kultur der Kommunikation sowie die Ausstattung mit Personal und Medien? Erlauben die Vorgaben allen Kindern, sich zu identifizieren und sich zugehörig zu fühlen? Werden Lernpotenziale aller Kinder unterstützt? Oder sind sie einseitig in ihrer Normorientierung und grenzen Kinder aus? Um wirklich allen Kindern im Kindergarten Bildungsprozesse zu ermöglichen, müssten die unterschiedlichen Voraussetzungen und Weltzugänge von Kindern systematisch berücksichtigt werden. Welche Ansätze gibt es?

1.5 Strategien im Umgang mit Unterschieden

Internationaler Überblick Für einen internationalen Überblick hat Glenda Mac Naughton (2006) pädagogische Projekte und Programme im Bereich der frühen Bildung gesichtet, die unter dem Aspekt »Respekt für Vielfalt« relevant erschienen, und sie fünf verschiedenen »Denkschulen« zugeordnet. Diese Systematisierung erscheint gut geeignet, um die Strategien zu unterscheiden, die auch in hiesigen Kindergärten vorzufinden sind.[14] Für Glenda Mac Naughton sind Strategien »die Art und Weise, wie wir über Kinder denken und wie wir unsere Beziehungen mit Kindern gestalten« (2007, S. 34). Sich dabei kritisch mit »Fragen von Macht und Politik in unseren Beziehungen« zu beschäftigen, »unterdrückerische und ungerechte Machtbeziehungen zwischen verschiedenen Gruppen« zu erkennen und anzugehen ist dabei eine »Schlüs-

---

[14] Systematisierungen zur »Interkulturellen Pädagogik« sind anregend wegen ihrer geschichtlichen Perspektive, aber sie beschränken sich auf ethno-natio-kulturelle Vielfalt und auf die Bereiche Schule, Jugend- und Sozialarbeit (Auernheimer 2007, Gogolin/Krüger-Potratz 2006, Nohl 2006).

sel«-Strategie, um demokratische und sinnvolle Partnerschaften mit Kindern aufzubauen und die Welt »respektvoller und sicherer für alle« zu machen (ebd.).

Glenda Mac Naughton befragt die identifizierten Strategien nach ihrem angestrebten Ziel, dem Verständnis von Vielfalt und der Bewertung von Unterschieden, dem zugrundeliegenden Bild vom Kind, dem Veränderungsbedarf, der gesehen wird, und danach, wer diese Veränderungen vornehmen solle. Außerdem wird gefragt, was für Kinder dabei herauskommen soll, wie die pädagogische Praxis gestaltet wird und welchen Einfluss die Strategien auf die Theorie und Praxis der Kindergartenpädagogik haben (2006, S. 29).

Die Strategien sind im Folgenden kurz zusammengefasst und als Hilfen zur Analyse und Einordnung vorfindlicher Praxis gedacht. Sie berücksichtigen allerdings einen wichtigen Aspekt nur unzureichend: den subjektiven Standpunkt der pädagogischen Fachkräfte angesichts heterogener Kindergruppen. Pädagogische Vorgehensweisen und Begründungen müssen immer auch als Bewältigungsstrategien der pädagogisch Handelnden gesehen werden. Zu bewältigen ist die jeweilige Situation, in der man Kindern gegenübersteht, die man laut Auftrag »erziehen, betreuen und bilden« soll. Häufig ist die Situation gekennzeichnet von widersprüchlichen Anforderungen, unzureichenden Ressourcen, inadäquatem Fachwissen, von Irritationen und Nichtverstehen, auch von Ängsten und Unsicherheiten. Dennoch muss sofort gehandelt werden – eine Auszeit für gründliches Hinterfragen, Reflektieren oder Ordnen gibt es in der Regel nicht. Unter Handlungsdruck entwickelt und modifiziert man Praxen und Routinen, mit denen man die Situation zu meistern versucht. Unter Rechtfertigungsdruck findet man akzeptable Begründungen für sein Tun. Akzeptabel ist meist das, was anschlussfähig ist an gängige pädagogische Diskurse, also an die in einem Kontext jeweils üblichen Redeweisen über Kinder, Entwicklung, Lernen, Bildung, Erziehung, die Rolle der Eltern und die Rolle des Kindergartens. Heterogene Kindergruppen sind eine Herausforderung an pädagogisch Handelnde. Wie sie diese subjektiv wahrnehmen und warum sie das tun, was sie tun, sollte Gegenstand einer weitergehenden Analyse sein.

Subjektiver Standpunkt der pädagogischen Fachkräfte

Strategie 1: Gleichbehandlung

Die Strategie folgt der Überzeugung, dass sich Frieden und Gerechtigkeit in dem Maße einstellen, wie alle Menschen dieselben Werte und Vorstellungen teilen. Soziale, kulturelle oder Entwicklungs-Unterschiede stellen Hindernisse dar (ebd., S. 29). Die Maxime ist: »Wir machen keine Unterschiede. Wir behandeln alle gleich.« Die Annahme ist, dass dadurch alle dieselben Möglichkeiten bekommen und niemand bevorzugt oder benachteiligt wird. Im Kindergarten werden Gemeinsamkeiten und Konformität betont. Raumgestaltung und Materialien sind geprägt von ästhetischen Vorstellungen, die mit Stereotypen und vermeintlicher »Kindgemäßheit« verbunden sind. Darstellungen von Menschen sind traditionell und einseitig auf die gesellschaftlich dominanten Gruppen beschränkt. Deren Routinen und Gruppennormen sind maßgeblich. Unterschiede und Diskriminierung werden nicht thematisiert, denn man befürchtet, damit das harmonische Miteinander zu belasten. Kinder gelten als unreif und unschuldig, die man mit der »Härte des realen Lebens« nicht belasten sollte. Kindliche Entwicklung wird vor allem als Reifung verstanden, die einen geschützten Raum zur Entfaltung braucht, die man aber nicht beschleunigen könne (ebd., S. 31).

Gibt es überhaupt das »Normale«?

Problematisch an dieser Strategie ist die mangelnde Unterstützung von Kindern in ihrer Wahrnehmung von Unterschieden und Ungerechtigkeit. Produktive Kompetenzen zum Umgang lassen sich so nicht erlernen. Die Strategie setzt auf Anpassung an die dominante Kultur, die unhinterfragt als das »Normale« gilt. Kinder und Eltern mit Merkmalen, die dieser Norm nicht entsprechen, erleben schon im Kindergarten Abwertung und Ausgrenzung, einen »Verlust an Würde und Identität« (ebd., S. 31). Die Absicht, eine »Gemeinschaft von Gleichen« zu leben, verkehrt sich ins Gegenteil: Ungleichheit wird verstärkt, die Dominanz der Mehrheit wird bekräftigt und es gibt keine Sprache, um über all dieses zu sprechen. Glenda Mac Naughton bezeichnet diese »Laissez-faire«-Strategie als »assimilationistisch« (ebd., S. 31), Louise Derman-Sparks nennt sie »farbenblind« (colour blind[15], 1989, S. 6). Der »farbenblinde« Ansatz ist weit verbreitet.

---

[15] Mit »colour blindness« wird im US-amerikanischen Kontext kritisiert,

Strategien im Umgang mit Unterschieden

Die Gruppe der Integrationskita posiert für ein Gruppenfoto. Man ist darauf bedacht, dass der Rollstuhl von Sarah nicht auffällt. Er wird von der Kindermenge verdeckt. Sarah soll später auf dem Foto so zu sehen sein, wie die anderen auch, mit lachendem Gesicht. Das sei doch das Entscheidende, meint die Erzieherin: »Sarah ist ein Kind wie jedes andere in unserer Gruppe, der Rollstuhl ist nicht wichtig! Und ich möchte auch nicht, dass sie später traurig ist, wenn sie das Foto sieht, weil nur sie im Rollstuhl ist und alle anderen nicht.«

Das Beispiel von Sarah

Strategie 2: Sondermaßnahmen für Kinder mit Förderbedarf

Die Strategie setzt bei Defiziten von Kindern an, die mit speziellen Fördermaßnahmen ausgeglichen werden sollen. Das einzelne Kind soll seinen Rückstand aufholen oder sein auffälliges Verhalten verändern, so dass es Anschluss an die Gruppennorm findet. Die Förderung geschieht meistens getrennt von den anderen, in Spezialeinrichtungen oder Spezialgruppen, durchgeführt von besonderen Fachkräften für die Förderung. Die Ermittlung der Kinder, die »abweichend« sind, basiert meistens auf westlichen Maßstäben von »normaler« kindlicher Entwicklung. Obwohl die entsprechenden Studien größtenteils ausschließlich mit weißen Mittelschichtkindern erhoben wurden und als kulturell einseitig zu kritisieren sind, dominieren diese Maßstäbe und gelten als »universell« (Mac Naughton 2006, S. 33). Wenn Kinder aus anderen kulturellen Kontexten sie nicht erfüllen, steht nicht die Einseitigkeit der Maßstäbe in Frage, sondern das Kind gilt als »entwicklungsverzögert« (ebd., S. 34). Die Strategie der Sonderförderung ist gebunden an Praxen der »Normalisierung« zur Bestätigung der herrschenden Norm: Die ästhetische Gestaltung und die Ausstattung im Kindergarten orientieren sich an dominanten Werten und Normvorstellungen. Im Sprechen über Kinder und Eltern wird nach Defiziten kategorisiert (»auffällig«, »depriviert«, »retardiert«, »behindert«, »nicht-deutscher Herkunftssprache«, »bildungsfern« usw.). Die Erfolge der Einrichtung werden daran bemessen, wieweit es gelingt, dass einzelne Kinder die »normalen« Anforderungen erfüllen. Die Anforderungen selbst stehen nicht

dass Privilegien und Benachteiligungen aufgrund von Hautfarben geleugnet werden.

in Frage, sie werden für die Sonderförderung vereinfacht und häufiger wiederholt. Kinder sind Objekte der Fördermaßnahmen, die Separation von den »Normalen« geschieht angeblich zu ihrem Besten. Ihre subjektiven Lernerfahrungen werden selten thematisiert, ebenso wenig die Erfahrungen mit Diskriminierung und Marginalisierung.

Segregation – Erfahrung von Ausgrenzung und Abwertung

Die Separation, so die Kritik an dieser Strategie, ist selten nur eine zeitlich befristete Trennung, sondern eine Segregation, die mit der Erfahrung von Abwertung und Ausgrenzung verbunden ist. Sie betrifft vor allem Kinder mit Behinderungen, Kinder, deren Erstsprache nicht die dominante Sprache ist, und Kinder, die sich nicht-konform verhalten (ebd., S. 34). Die Betonung dessen, was die Kinder nicht können, beschädigt ihr Selbstwertgefühl und führt dazu, dass ihnen nicht viel zugetraut wird. Für ihr »Zurückbleiben« werden einseitig sie selbst oder die Eltern verantwortlich gemacht. Institutionelle und gesellschaftliche Verhältnisse werden nicht in Frage gestellt und gelten daher auch nicht als veränderungsbedürftig.

Beispiel: Fördermaßnahmen für »Ausländerkinder«

Die schulischen Fördermaßnahmen für »Ausländerkinder« in den 1970er-Jahren folgten dieser Strategie: Die Kinder, die wenig Deutsch konnten, wurden in Kursen zusammengefasst, um Deutsch zu lernen. Hier waren sie »unter sich«. Hatten sie genug gelernt, um dem Unterricht in deutscher Sprache folgen zu können, sollten sie in die Regelklassen »integriert« werden. Aber es lernte sich nicht gut Deutsch in diesen Kursen und also blieben Kinder jahrelang hier – abgeschoben in »Ausländerklassen« ohne Perspektive.

Strategie 3: Kulturelle Begegnung als Bereicherung

Diese Strategie richtet sich insbesondere an die Kinder der dominanten Mehrheit. Sie sollen in heterogenen Gruppen ein besseres Verständnis für diejenigen entwickeln, die »anders« sind. Begegnungen sollen ihren Horizont erweitern, sie kulturell bereichern und toleranter machen. Es wird davon ausgegangen, dass es bei allen Unterschieden auch Gemeinsamkeiten gibt und Kinder der Mehrheit auch diese erkennen sollen. Aktivitäten werden geplant, die Kindern eine spezifische Erfahrung vermitteln sollen (ebd., S. 36): Einen Tag lang so tun, als sei man blind; mit Stäbchen essen; ein Seniorenheim besuchen; russische Tänze einstudieren. Es gibt Projekttage oder Projektwochen oder thematische Feste, die solchen Begegnungen mit einer »fremden Kultur« dienen sollen. Die übliche Ausstattung des Kindergartens wird hierfür vorübergehend verändert oder um Beispiele aus der »anderen« Kultur angereichert. Diese Darstellungen zeigen meistens das, was als »typisch« gilt und auf der äußeren Erscheinungsebene besonders exotisch und ungewöhnlich ist. Sie betonen Folklore und Brauchtum. Einzelne Menschen werden als »Repräsentaten« einer Kultur dargestellt, auch in den Büchern und Medien.

Die Strategie wird als »touristisch« kritisiert (Louise Derman-Sparks): Der Ausflug in die »Kultur der Anderen« ist auf spektakuläre Andersheit aus, die zur Bereicherung der Mehrheit instrumentalisiert wird. Einzelne Ausprägungen der »fremden Kultur« werden als »typisch« dargestellt und den ansonsten unveränderten Abläufen in der Einrichtung hinzugefügt. Das Resultat ist eine oberflächliche Pseudo-Vielfalt.[16] Die Reduzierung auf das Exotische verstärkt stereotype Bilder, Vorurteile und Fehlinformationen über bestimmte Gruppen. Die Betonung der Unterschiede macht sie erst recht fremd und lässt sie gleichzeitig als jeweils homogene Gruppen erscheinen. Gleichzeitig wird ein »Wir« konstruiert, das ebenfalls homogen und darüber hinaus »normal« erscheint. Damit erreicht die Strategie der kulturellen Begegnung das Gegenteil von dem, was sie beansprucht: Die dominante Kultur wird gestärkt und stereotype Vorurteile nehmen zu.

»Touristische« Perspektive

Hayel, die Mutter von Erol (vier Jahre), nimmt die Sache mit Humor. Sie wurde gefragt, ob sie beim Sommerfest in der Kita wieder einen Folkloretanz aufführen würde. Das sei letztes Mal doch so schön gewesen. »Weißt du, eigentlich kenne ich das gar nicht, ich bin ja hier aufgewachsen!«, sagt Hayel lachend. »Ich habe keine Ahnung von Folklore, ehrlich! Aber die Leute hier sehen halt die Türkin in mir und fragen, ob ich das kann, Folklore, Bauchtanz usw. Also habe ich mir so ein Kostüm genäht und mir einige Schritte beigebracht. Na gut, dachte ich, das könnt ihr haben!«

Das Beispiel von Hayel

---

[16] Engl.: »tokenism«, das Reduzieren von Kultur auf einzelne äußerlich sichtbare Artefakte.

Strategie 4: Chancengleichheit für alle

Zugrunde liegt die Überzeugung, dass Gleichheit und Gerechtigkeit erreicht werden können, wenn jede und jeder gleiche Chancen hat, erfolgreich zu sein. Zugangsbarrieren zu gesellschaftlichen Ressourcen, Positionen und Einflussmöglichkeiten müssen abgebaut werden. Im Kindergarten sollen alle Kinder, unabhängig von den Unterschieden nach sozialer oder ethnischer Herkunft, nach Hautfarbe, Geschlecht oder Behinderung, die gleichen Möglichkeiten bekommen. Weil Kinder soziale Botschaften aus ihrem Umfeld übernehmen und imitieren, brauchen sie eine Lernumgebung und erwachsene Vorbilder, die ihnen vermitteln, dass alle Menschen gleichberechtigt sind. Die Ausstattung, die Abläufe und die Materialien im Kindergarten setzen an den Stärken der Kinder an, damit sich alle an allen Aktivitäten erfolgreich beteiligen können (ebd., S. 39). Materialien sind vielfältig und nicht einseitig oder stereotyp, z. B. in Bezug auf Familienkulturen oder Geschlechterrollen. Pädagogische Fachkräfte achten bei ihren Äußerungen darauf, niemanden auszugrenzen oder zu stereotypisieren. Sie achten darauf, dass sich jedes Kind gleichermaßen beteiligen und Lernmöglichkeiten wahrnehmen kann. Auch das Team spiegelt Vielfalt wider, und die Einrichtung macht ihr Eintreten für Chancengleichheit nach außen hin deutlich. Auf bildungspolitischer Ebene ist die Integration von Kindern mit Behinderungen in Regeleinrichtungen ein Resultat dieser Strategie. Ein anderes kann die verstärkte Werbung unter Immigranteneltern sein, ihr Kind in den Kindergarten zu schicken, wenn festgestellt wurde, dass sie dort unterrepräsentiert sind.

Gleicher Zugang – gleiche Chancen?

Kritisch wird in Bezug auf diese Strategie eingewendet, dass der gleiche Zugang von Kindern zu Bildungsmöglichkeiten nicht ausreichend sei, um Benachteiligungen abzubauen und Beteiligung zu gewährleisten. Die Maßgabe, dass sich alle Kinder an allen Aktivitäten im Kindergarten beteiligen können sollen, ist verbunden mit der Annahme, dass alle davon profitieren. Tun sie es nicht, so besteht nur beim Feststellen von Zugangshürden Handlungsbedarf. Dass Kinder sich aus anderen Gründen nicht an allen Aktivitäten beteiligen wollen, wird nicht thematisiert. Die Gefahr ist, dass Einseitigkeiten und Ungleichverhältnisse im pädagogischen Angebot nicht in den Blick genommen werden.

Kritisiert wird das Bild des Kindes als eines passiven Lerners, der von seiner Umwelt geprägt und determiniert ist. Dies lässt Kindern keinen Raum für eine aktive Mitgestaltung, in die sie z. B. ihre Erfahrungen mit widersprüchlichen Botschaften, ihre Identifikationen, ihre Vorlieben und ihre eigensinnigen Deutungen von Vielfalt einbringen (ebd., S. 41). Auch Diskriminierung und Ausgrenzung unter Kindern wird selten thematisiert, denn man glaubt, dass es dafür in einem auf Gleichberechtigung beruhenden Kindergarten keinen Anlass geben kann.

Beispiel: Die Bauecke

Die Bauecke ist in Jungenhand. Die Erzieherinnen haben alles versucht. Extra selbst etwas gebaut, um mit gutem Beispiel voranzugehen und die Mädchen anzuregen. Dafür gesorgt, dass die Bauecke zu bestimmten Zeiten nur Mädchen vorbehalten war. Nicht geduldet, wenn die Jungen sagten, das sei hier nichts für Mädchen. Es hat nichts genützt. Nun haben sie die Mädchen gefragt, wie die Bauecke beschaffen sein soll. »Mit mehr Sachen«, sagen die Mädchen, »mit kleinen Figuren, Perlen, Blümchen, Tieren, Glassteinen.« »Hat ja nicht viel mit Bauen zu tun«, denken die Erzieherinnen, »aber na gut.« Die Sachen werden beschafft. Sandra und Berna beginnen zu bauen. Und wie! Es beschäftigt sie mehrere Tage. Das Bauwerk ist eine Art Altar, sehr hoch, symmetrisch, über und über vollgestellt mit den kleinen Sachen, den Tieren, Figuren, Blumen, Glasbausteinen ... »Das finden wir schön!«, sagen die Mädchen.

Strategie 5: Anti-Diskriminierung

Neben der Anerkennung von Vielfalt geht es bei der Strategie der Anti-Diskriminierung darum, die negativen Auswirkungen von Diskriminierung zu thematisieren. Sie zielt auf die Veränderung der Machtverhältnisse und Ideologien, die Ungleichheit und Ungerechtigkeit hervorbringen und erhalten (ebd., S. 42). Dies umfasst institutionelle und strukturelle Veränderungen. Neben die »Gerechtigkeit der Gleichheit« (gleiche Bildung für alle Kinder) muss die »Gerechtigkeit der Differenz« (unterschiedliche Bildungsangebote für unterschiedliche Kinder) treten (Klafki in: Preissing 2003, S. 49). Auf der Ebene der Individuen zielt die Strategie auf Empowerment: Kinder sollen dabei unterstützt werden, ein positives Selbstbild zu entwickeln, Vielfalt zu respektieren

Gleichheit und Differenz im Kindergarten – eine lange Geschichte

und für Fairness einzutreten. Kinder werden als aktiv und kompetent angesehen. Sie sind Akteure ihrer Entwicklung, die eigensinnig ihr Selbst- und Weltbild konstruieren und Vorgänge kompetent deuten. Sie sind keine »unbeschriebenen Blätter« in Bezug auf die sie umgebenden Verhältnisse und die Rolle, die Unterschiede spielen. Sie haben Vorstellungen davon, wie die Welt besser sein könnte, für sie selbst und für andere (ebd., S. 44) und können die sie betreffenden Sachverhalte kompetent mitentscheiden. Die Aufgabe der pädagogischen Fachkräfte besteht darin, so zu arbeiten, dass Kinder ihr Wissen über Unterschiede vertiefen und ihre Kompetenzen im respektvollen Umgang damit verbessern können. In Bezug auf Diskriminierung sind die Fachkräfte proaktiv: Die unter den Kindern vorhandene und von ihnen erlebte Vielfalt ist im Kindergarten sichtbar, in der Ästhetik der Raumgestaltung und Ausstattung, in den Abläufen, in Kinderbüchern und Medien. Kinder werden ermutigt, ihre individuellen Besonderheiten und ihre Lebenserfahrungen auszudrücken. Unterschiede und Diskriminierung werden von den pädagogischen Fachkräften angesprochen, in täglichen Unterhaltungen wie auch mit Geschichten und gezielten Aktivitäten und Fragestellungen: Wie es ist, diskriminiert oder ausgegrenzt zu werden, und was man dagegen unternehmen kann. Die Fachkräfte intervenieren, wenn Ausgrenzung, Vorurteile oder Hänseleien in der Gruppe auftreten. Und sie reflektieren Machtunterschiede und Dominanzvorteile in ihrem Verhältnis zu Kindern und Eltern. Eltern beteiligen sich an den Reflexionen und Maßnahmen zu Vielfalt und Diskriminierung. Die Strategie der Anti-Diskriminierung zielt auf den Kindergarten als Ort »lebendiger Demokratie« (ebd., S. 43). Es werden Anstrengungen unternommen, die Vielfalt auch in der Zusammensetzung der Teams sichtbar zu machen und das Eintreten für Vielfalt und gegen Diskriminierung nach außen zu zeigen (ebd.).

Was bewirkt die Strategie bei den Kindern?

Kritisch wird zu diesem Ansatz angemerkt, dass bisher kaum etwas darüber bekannt sei, was die Strategie bei Kindern bewirke (ebd., S. 44). Kinder als aktive Konstrukteure von Sinn und Bedeutung können sich in der Tat auch einer Anti-Diskriminierungs-Strategie widersetzen. Es gibt bisher nicht viele Materialien, auf die man sich beziehen kann, um Kollegen und Kolleginnen, Eltern, Träger und politisch Verantwortliche von diesem Ansatz zu überzeugen. Die Strategie erfordert aber die

Strategien im Umgang mit Unterschieden

Beteiligung des ganzen Teams einer Einrichtung. Sie benötigt außerdem Ressourcen für gründliche Fortbildungen und Zeit für Reflexionen, über die manche Teams nicht verfügen.
Der Anti-Bias-Approach, der von Louise Derman-Sparks Ende der 1980er-Jahre in Kalifornien entwickelt wurde (1989), gehört zu dieser Strategie. Er wurde im Rahmen des Projekts Kinderwelten als Ansatz vorurteilsbewusster Bildung und Erziehung für Deutschland adaptiert und erprobt (Preissing/Wagner 2003; Wagner/Hahn/Enßlin 2006).

Beispiel: Ein ganz besonderes Mobile

An Schnüren sind Fotos der Kinder befestigt, auf deren Rückseite der jeweilige Name des Kindes geschrieben steht, in lateinischen Buchstaben und auch in zwei anderen Schriften. Eltern haben mitgeholfen, um diese Schriften-Vielfalt herzustellen. Und Kinder haben beobachtet, dass manche Eltern von links nach rechts und manche von rechts nach links schreiben! Derselbe Name – aber drei verschiedene Schriften! Die Fotos wurden am Anfang des Kitajahres gemacht. Was war damals anders als jetzt? Wie groß waren die Kinder damals und wie groß sind sie jetzt? In einer Gruppe klebten die Kinder ihre Babyfotos jeweils als Klappbild über die anderen. Um zu erkennen, welcher Freund oder welche Freundin sich hinter einem Babyfoto verbirgt, mussten sie ganz genau hinschauen: Ist das die kleine Zeynep, ist es Paula, ist es Canbek oder Namo? Das Mobile lädt zu immer neuen Fragen ein. Es stärkt jedes einzelne Kind in seiner Zugehörigkeit zu dieser Kita, zu dieser Gruppe.
Jedes Kind kann sein eigenes Bild finden: »Das bin ich, besonders und einzigartig!« Die Fotos sind miteinander verbunden und das gesamte Mobile zeigt: »Jedes Kind ist besonders und alle gehören dazu!« Ähnlichkeiten und Unterschiede können gefunden und besprochen werden. Und kommt es dabei zu abwertenden Bemerkungen über das Aussehen eines Kindes, so ist dies ein Anlass, um darüber zu sprechen, wie sich das anfühlt. Und wie man über Unterschiede sprechen kann, ohne etwas Gemeines zu sagen. Und wie der Kindergarten sein soll, damit sich alle Kinder wohl fühlen. Und wie alle Kinder mit dafür sorgen können. Auf diese Weise trägt das Mobile dazu bei, die vier Ziele vorurteilsbewusster Bildung und Erziehung zu verwirklichen: Kinder in ihrer Identität zu stärken, ihnen Erfahrungen mit Vielfalt zu ermöglichen, ihren Gerechtigkeitssinn herauszufordern und sie zu ermutigen, gegen Unrecht aktiv zu werden.

1.6 Gewissheiten und offene Fragen

Die Strategien zum Umgang mit Heterogenität im Kindergarten sind wahrscheinlich selten als feste Konzepte anzutreffen, sondern eher in einem Nebeneinander einzelner Elemente. Manchen Aspekten gilt dabei mehr Aufmerksamkeit als anderen, auch abhängig von der Wahrnehmungsfähigkeit und Sensibilität der Fachkräfte, die von ihren individuellen Erfahrungen beeinflusst sind. Worauf kommt es an? Was sollte bedacht werden, um eine Entscheidung darüber zu treffen, welche Strategie man verfolgen will? Am weitestgehenden verfolgt die Strategie der Anti-Diskriminierung sowohl den respektvollen Umgang mit Unterschieden als auch ein entschiedenes Eintreten gegen Herabwürdigung und Diskriminierung.

Strategie der Anti-Diskriminierung und Bildungsauftrag von Kindergärten

Bildung als die »Aneignungstätigkeit, mit der sich der Mensch ein Bild der Welt macht« (Preissing 2003, S. 41), um sie verantwortungsvoll zu gestalten, umfasst:
→ sich ein Bild von sich selbst in der Welt zu machen
→ sich ein Bild von anderen in dieser Welt zu machen
→ sich ein Bild von den Vorgängen und Phänomenen in der Welt zu machen.

Kinder vollziehen ihre Bildungsprozesse als »vielfältige und eigensinnige Selbsttätigkeit in sozialen Beziehungen« (ebd., S. 42), jeweils in einem bestimmten kulturellen Kontext. Hier erleben sie Zugehörigkeiten, sie identifizieren sich als Mitglied bestimmter Gruppen, zunächst ihrer Familie, und sie erleben sich mit ihren individuellen Merkmalen über die Resonanz der anderen. Sie erleben Menschen, die anders aussehen und sich anders verhalten als diejenigen, die ihnen vertraut sind. Und sie deuten Beobachtungen und Äußerungen in ihrer Lebenswelt, die diese Unterschiede bewerten. Sie werden Zeuge oder sie sind das Ziel von Herabwürdigung, Abwertung, Ausgrenzung. Sie erleben, dass dem widersprochen oder dass geschwiegen wird. Auch diese Lernerfahrungen sind Teil ihrer Weltaneignung.

Unterschiede benennen, verstehen und respektieren

Wenn für Kinder die Unterschiede bedeutsam werden, ein Mädchen oder ein Junge zu sein, in der Stadt oder auf dem Land zu leben, zuhause mehrere Sprachen zu sprechen, eine Behinderung oder Beeinträchtigung zu haben, einer Glaubensgemeinschaft anzugehören, in einer wohlhabenden oder in einer armen Familie groß zu werden, dann darf dies im

Kindergarten nicht ignoriert werden. Diese Unterschiede zu benennen, zu verstehen und zu respektieren ist Bildung, ist Teil der subjektiven Aneignungstätigkeit, mit der sich Kinder ein Bild der Welt machen, um sie verantwortungsvoll zu gestalten. Aufmerksam und mitfühlend zu sein, wenn jemand unfair behandelt wird, und sich dagegen zu wehren, gehört dazu. Um die Welt verantwortungsvoll zu gestalten, braucht es Gerechtigkeitssinn und Menschen, die wissen, dass sie gestalten können und ungerechten Verhältnissen nicht ausgeliefert sind.

Solches Lernen in den Bildungsauftrag von Kindergärten hineinzunehmen, darf nicht verwechselt werden mit Manipulation oder der stillen Hoffnung, Erwachsene könnten die Bildungsprozesse von Kindern doch umfassend steuern. Es geht darum, Gleichheit und Differenz als Thema im Kindergarten anzuerkennen und das zusammenzuholen, was für eine aktive Thematisierung nötig ist: mehr Wissen darüber, wie Kinder die Unterschiede wahrnehmen[17] und wie sie moralische Überzeugungen aufbauen[18]; Begriffe für das Verständnis institutionalisierter Formen von Dominanz und Unterdrückung und für die eigene Eingebundenheit in Machtverhältnisse; Prinzipien für die pädagogische Praxis und Kriterien, um die Wirksamkeit von pädagogischen Strategien einzuschätzen; den fachlichen Diskurs, um die Wahrnehmung von Diskriminierung zu schärfen und Rechtfertigungsversuche aufzudecken.

Gleichheit und Differenz als Thema anerkennen

Der Kindergarten in Deutschland hat eine lange Geschichte – auch des Umgangs mit Gleichheit und Differenz. Neue Zugänge sind gefragt. Zum Beispiel eine Strategie der Anti-Diskriminierung. Im Ansatz vorurteilsbewusster Bildung und Erziehung ist sie bereits angekommen.

Literatur

Aden-Grossmann, Wilma (2002): Kindergarten. Eine Einführung in seine Entwicklung und Pädagogik. Weinheim und Basel

Auernheimer, Georg (2007): Einführung in die Interkulturelle Pädagogik. Darmstadt

Bildungs- und Erziehungsplan für den Kindergarten. Hrsg. Ministerium für Volksbildung, Regierung der DDR, 1969

---

[17] Vgl. Kap. 3 in diesem Band.
[18] Vgl. Kap. 2 in diesem Band.

Bertelsmann-Stiftung: Religionsmonitor. Pressemeldung vom 15.12.2007, Berlin/Gütersloh, http://www.religionsmonitor.com

Booth, Tony/Ainscow, Mel/Kingston, Denise (2006): Index für Inklusion. (Tageseinrichtungen für Kinder) Lernen, Partizipation und Spiel in der inklusiven Kindertageseinrichtung entwickeln. Deutschsprachige Ausgabe hrsg. von der GEW. Frankfurt/M.

Chamberlain, Sigrid (1997): Adolf Hitler, die deutsche Mutter und ihr erstes Kind. Über zwei NS-Erziehungsbücher. Gießen

Demmer, Marianne (2008): The Show goes on ... PISA 2006. In: Erziehung & Wissenschaft, Zeitschrift der Bildungsgewerkschaft GEW, Heft 1, PISA/IGLU, Vorsprung durch Herkunft (S. 6–20)

Derman-Sparks, Louise/A.B.C. Task Force (1989): Anti-Bias-Curriculum: Tools for empowering young children. Washington D.C.

Diehm, Isabell (2004): Kindergarten und Schule. Zur Strukturdifferenz zweier Erziehungs- und Bildungsinstitutionen. In: W. Helsper/J. Böhme (Hrsg.): Handbuch der Schulforschung. Wiesbaden (S. 529–547)

Diehm, Isabell/Kuhn, Melanie (2005): Ethnische Unterscheidungen in der frühen Kindheit. In: F. Hamburger/T. Badawia/M. Hummrich (Hrsg.): Migration und Bildung. Wiesbaden (S. 221–231)

Echtermeyer, Marlene/Philipp, Ulrike (2001): Das KJHG – Praxisthema für Kitas in Ostdeutschland? In: KiTa spezial zum KJHG, Nr. 1 (S. 47–49)

Giebeler, Cornelia (2002): Die kleine Altersmischung: eine Herausforderung für den pädagogischen Alltag in Kindertagesstätten. Konstruktionen von Kleinstkindpflege, Bindungstheorie und Mutterliebe als Verhinderungsinstrumente öffentlicher Kleinstkindpädagogik. Online Handbuch http://www.sgbviii.de/S102.html

Gogolin, Ingrid/Krüger-Potratz (2006): Einführung in die Interkulturelle Pädagogik. Opladen & Farmington Hills

Gomolla, Mechtild/Radtke, Olaf-Frank (2002): Institutionelle Diskriminierung. Die Herstellung ethnischer Differenz in der Schule. Wiesbaden

Höltershinken, Dieter/Hoffmann, Hilmar/Prüfer, Gudrun (1997): Kindergarten und Kindergärtnerin in der DDR. Band I und Band II. Neuwied

Konrad, Franz-Michael (2004): Der Kindergarten. Seine Geschichte von den Anfängen bis in die Gegenwart. Freiburg im Breisgau

Lange, Irma/Mottl, Margit (1988): Erfahrungen in der Arbeit mit gemischten Gruppen im Kindergarten. Berlin

Mac Naughton, Glenda M. (2006): Respect for diversity. An international overview. Bernard van Leer Foundation: Den Haag (Working Papers in Early Childhood Development, Nr. 40), www.bernardvanleer.org

Mac Naughton, Glenda (2007): Im Gespräch. In: Kinder in Europa. Ausgabe 13: Respekt vor Vielfalt (S. 33–34)

Nohl, Arnd-Michael (2006): Konzepte interkultureller Pädagogik. Eine systematische Einführung. Bad Heilbrunn

Preissing, Christa/Wagner, Petra (Hrsg.) (2003): Kleine Kinder, keine Vorurteile? Interkulturelle und vorurteilsbewusste Arbeit in Kindertageseinrichtungen. Freiburg im Breisgau
Preissing, Christa (Hrsg.) (2003): Qualität im Situationsansatz. Qualitätskriterien und Materialien für die Qualitätsentwicklung in Kindertageseinrichtungen. Weinheim
Prengel, Annedore (1995): Pädagogik der Vielfalt. Opladen
Radtke, Frank-Olaf (1988): Institutionalisierte Diskriminierung – zur Verstaatlichung der Fremdenfeindlichkeit. In: R. Bauböck u. a. (Hrsg.): ... und raus bist du! Ethnische Minderheiten in der Politik. Wien (S. 107–128)
Reyer, Jürgen (2006): Einführung in die Geschichte des Kindergartens und der Grundschule. Bad Heilbrunn
Rohrmann, Tim (2005): Geschlechtertrennung in der Kindheit. Empirische Forschung und pädagogische Praxis im Dialog. Abschlussbericht des Projekts »Identität und Geschlecht in der Kindheit«. Braunschweig
Schmidt, Gerlind (1990): Die Horterziehung in der Schule der DDR – Ausgangspunkt einer Unterstufenreform? In: PSOW, Heft 1 (S. 15–23)
Sylva, Kathy/Melhuish, Edward/Sammons, Pam/Siraj-Blatchford, Iram/Taggart, Brenda (2004): The Final Report: Effective Pre-School Education. EPPE – The Effective Provision of Pre-School Education Project. Technical Paper 12. London
Wagner, Petra/Hahn, Stefani/Enßlin, Ute (Hrsg.) (2006): Macker, Zicke, Trampeltier. Vorurteilsbewusste Bildung und Erziehung in Kindertageseinrichtungen. Handbuch für die Fortbildung. Berlin
Zimmer, Jürgen (Hrsg.) (1973): Curriculumentwicklung im Vorschulbereich. Band 1. München
Zimmer, Jürgen (2000): Das kleine Handbuch zum Situationsansatz. Praxisreihe Situationsansatz. Weinheim und Basel

2 Die Entwicklung moralischen Denkens und moralischer Gefühle in der Kindheit

Monika Keller

2.1 Wie können moralische Einsicht und emotionale Haltungen gefördert werden?

Eine der zentralen Fragen, die in der Moralentwicklung immer wieder unterschiedlich diskutiert wurden, besteht darin, ob Denken oder Gefühl im moralischen Lernprozess bestimmend sind. Neuerdings wird diese Frage auch dahingehend diskutiert, dass moralische Urteile nicht das Resultat reflexiver Denkprozesse, sondern emotional gesteuerte intuitive Urteile sind. Gleichermaßen wird auch erneut die Frage gestellt, ob moralische Dispositionen angeboren oder das Produkt von sozialen Erfahrungen sind. Aus entwicklungspsychologischer und pädagogischer Sicht ist diese Debatte insofern bedeutsam, als sie auch die Frage aufwirft, unter welchen Bedingungen sich moralische Einsicht und emotionale Haltungen entwickeln und wie sie vom frühesten Alter an gefördert werden können.

Kognitive und affektive Anteile der Moralentwicklung

Im kognitiven Ansatz, der die Forschungen in den letzten Dekaden des vorigen Jahrhunderts dominierte, ist das Verständnis der Perspektiven von Selbst und Anderen als grundlegend für die moralische Entwicklung herausgearbeitet worden. Dies bezieht sich auf die Fähigkeit, die Perspektive konkreter anderer Personen zu verstehen, wie auch eine verallgemeinerte Perspektive – eine hypothetische Sichtweise – einnehmen zu können. Diese liegt als rationaler Kern gleichermaßen der moralischen Maxime der »Goldenen Regel« zugrunde (was du nicht willst, das man dir tu, das füg' auch keinem anderen zu) sowie ihrer abstrakteren Form des kategorischen Imperativs nach Kant (handle stets so, dass dein Handeln zur allgemeinen Maxime werden kann). Aus motivationaler Sicht beruht jedoch moralisches Handeln nicht nur auf dem bloßen Verstehen, sondern auch auf einer gefühlsmäßigen Berücksichtigung der Perspektive anderer. Verstehen allein garantiert diese Berücksichtigung nicht. Erst wenn die Person den Belangen anderer auch gefühlsmäßig Gewicht zukommen lässt, ist moralisches Handeln gewährleistet. Damit wird der rein kognitive Aspekt des Konzepts des Perspektivenwechsels im Hinblick auf eine empathische und sympathische Haltung gegenüber anderen überschritten. Dieser gefühlsmäßige Anteil der Perspektivenübernahme ist besonders stark, wenn es um die konkreten Perspektiven von Selbst und Anderen geht, und schwächer, wenn es um verallgemeinerte Perspektiven geht, die der konkreten Erfahrung nicht ohne weiteres zugänglich sind. Empathie mit den Belangen derer, die uns nahe sind, fällt uns also einfacher als z. B. Empathie mit Personen der Dritten Welt. Die kognitiven und affektiven Anteile der Moralentwicklung sind in den Theorieansätzen und Forschungsergebnissen, die im Folgenden dargestellt werden, unterschiedlich stark gewichtet.

2.2 Die Entwicklung des Verständnisses von moralischen Regeln

Der Schweizer Psychologe Jean Piaget (1932/1973) gilt als Begründer der modernen entwicklungspsychologischen Moralforschung. Seine Unterscheidung von zwei idealtypischen Formen der Moral – heteronom und autonom – beruht auf zwei unterschiedlichen Formen der Perspektivenübernahme, die in unterschiedlichen Formen von sozialen Beziehungen verankert sind. Diese Unterscheidung hat die Forschungen über Jahrzehnte hinweg beeinflusst und ist bis heute bedeutsam. Nach Piaget ist die egozentrische und heteronome Moral des Kindes in den Eltern-Kind-Beziehungen verankert, in denen Regeln durch Autoritäten vorgegeben sind und nicht verhandelt werden können. Demgegenüber ist die autonome Moral des Heranwachsenden eine Moral der Reziprozität und Gleichheit, die in den kooperativen Beziehungen zwischen Gleichaltrigen verankert ist. Regeln sind in diesen Beziehungen nicht im Zwang, sondern in der Einsicht begründet, dass sie für Kooperation notwendig sind. Die autonome Moral beruht auf der Fähigkeit zur Perspektivenkoordinierung und ist das Produkt gemeinsamer Handlungen

Jean Piaget: Unterscheidung von zwei idealtypischen Formen der Moral

in Beziehungen der Kooperation. Durch diese gemeinsamen Beziehungen zwischen Gleichgestellten wird der kindliche moralische Egozentrismus und damit die Fokussierung auf die eigene Perspektive überwunden und durch die Norm der Reziprozität ersetzt. Für die Entwicklung der Moral und den Respekt vor Regeln sind für Piaget Liebe und Furcht in der Eltern-Kind-Beziehung grundlegend. In den Eltern-Kind-Beziehungen, in denen zunächst einer der Partner (die Eltern) Verhaltensmaximen setzt, die der andere (das Kind) befolgt, entwickelt sich zunächst aus einer Mischung von Liebe und Furcht eine Einstellung des Respekts. Dieser Respekt gegenüber Personen ist die primäre Bedingung für den kindlichen Gehorsam gegenüber moralischen Regeln und Vorschriften. Der Respekt vor den Regeln, wie er in der autonomen Moral zum Ausdruck kommt, macht jedoch andere Erklärungen erforderlich. Denn durch die Erfahrung von Kooperation in den symmetrisch-egalitären Beziehungen der Gruppe der Gleichaltrigen kann die Geltung von Regeln unabhängig von Autorität erfahren werden. Indem erkannt wird, dass Regeln der Aufrechterhaltung der Kooperation dienen, entwickelt sich der Respekt vor den Regeln unabhängig von Autoritäten.

Lawrence Kohlberg: Entwicklung moralischer Vernunft

Die Arbeiten Piagets wurden von dem amerikanischen Psychologen Lawrence Kohlberg (1976/1996) aufgenommen und weitergeführt. Für Kohlberg bildet das Konzept der Gerechtigkeit im Sinne von Kant (oder in den moderneren Formen von Habermas 1983 und Rawls 2001) den Kern der Moralentwicklung als Entwicklung moralischer Vernunft. Das Denken über Gerechtigkeit vollzieht sich nach Kohlbergs Theorie in einer Abfolge logisch aufeinander aufbauender Entwicklungsstufen, deren Grundlage die kognitive Entwicklung der Stufen der Perspektivenübernahme bildet. Moralisches Denken wird über die Diskussion von moralischen Dilemmata erfasst, in denen jeweils zwei gleichermaßen gültige moralische Verpflichtungen miteinander im Konflikt sind. In dem berühmtesten Dilemma geht es dabei um einen Konflikt zwischen dem Recht auf Leben und dem Eigentumsrecht: Ist es moralisch richtig, dass ein Ehemann ein Medikament für seine krebskranke Frau stiehlt, um damit ihr Leben zu retten, wenn es keine andere Möglichkeit gibt? Das moralische Urteil wird nicht anhand der inhaltlichen Lösungen bestimmt, sondern anhand der Be-

Die Entwicklung des Verständnisses von moralischen Regeln

gründung dieser Entscheidungen unter moralischer Perspektive, d. h. im Hinblick darauf, was moralisch richtig ist (vgl. Keller 1996).

Kohlberg bestimmte sechs Entwicklungsstufen des moralischen Urteils, die eine je spezifische Sichtweise auf Selbst, andere Personen, Beziehungen und moralische Regeln implizieren und in einer hierarchischen Abfolge aufeinander aufbauen. Die kognitive Grundstruktur dieser Entwicklungsstufen ist die Fähigkeit, die Perspektiven von Selbst und Anderen zu differenzieren und zu koordinieren (Selman 1984).

Sechs Entwicklungsstufen des moralischen Urteils

In den beiden Stufen des präkonventionellen moralischen Denkens ist auf Stufe 1 zunächst die eigene Perspektive dominant, und die Geltung moralischer Regeln bestimmt sich über Autoritätsgehorsam und Sanktionen. Die Stufe 2 beruht auf der Fähigkeit zur Koordination konkreter individueller Perspektiven, was es auch ermöglicht, dass das Selbst sich mit den Augen des Anderen sehen kann. Die Person hat aber noch ein primär pragmatisches und instrumentelles Motiv, die Befriedigung der eigenen Interessen zu maximieren und negative Folgen für das Selbst zu vermeiden. Auf dieser Entwicklungsstufe gilt die einfache Handlungsregel des »tit for tat« – oder: »Wie du mir, so ich dir.« Diese beiden Entwicklungsstufen sind charakteristisch für Kinder.

Stufen 1 und 2

In den beiden Stufen des konventionellen Denkens, die im Jugendalter im Übergang zum hypothetisch-abstrakten Denken einsetzen, werden auf der Stufe 3 die individuellen Perspektiven in eine hypothetische Beobachterperspektive integriert. Dies ermöglicht nach Kohlberg eine Perspektive der Beziehung, in der die individuellen Interessen den gemeinsamen Interessen der Gruppe untergeordnet werden. Auf dieser Stufe ist die soziale Rolle in der Gruppe von zentraler Bedeutung. Die sozialen Beziehungen beruhen auf der gegenseitigen Anerkennung von Normen der Reziprozität, wie Vertrauen, Respekt, Loyalität und Dankbarkeit. Die Geltung dieser Normen resultiert aus dem Verständnis einer generalisierten Perspektive, die der »Goldenen Regel« zugrunde liegt: »Was du nicht willst, dass man dir tu, das füg' auch keinem anderen zu.« Die Stufe 4 des konventionellen moralischen Urteils beruht auf dem Verständnis einer sozialen Systemperspektive, in der sich die Person als ein gesellschaftliches Wesen sieht. Damit werden Pflichten und Rechte als Bürger einer spezifischen Gesellschaft zentral.

Stufen 3 und 4

Die Entwicklung moralischen Denkens und moralischer Gefühle in der Kindheit

Stufen 5 und 6 Die beiden Stufen 5 und 6 der postkonventionellen Moral beruhen auf einer der Gesellschaft vorgeordneten Perspektive, die das konkrete gesellschaftliche System transzendiert und die Perspektive aller als gleichberechtigte moralische Subjekte einbezieht. Die »Goldene Regel« erweitert sich auf der höchsten Entwicklungsstufe zum Verständnis von allgemeinen Handlungsmaximen und Prinzipien, wie sie z. B. von Kant formuliert wurde: Handle stets so, dass dein Handeln zu einer allgemeinen Maxime werden kann. Diese generalisierte Perspektive ermöglicht eine autonome Haltung der Kritik gegenüber konkreten gesellschaftlichen Systemen und damit auch eine Kritik an Normen, die universelle ethische Prinzipien verletzen.

Kritik am Sechs-Stufen-Modell von Lawrence Kohlberg Kohlbergs Theorie hat die Forschungen über mindestens 25 Jahre dominiert und Impulse für vielfältigste Untersuchungen gegeben. Die zentrale Annahme der allgemeinen Gültigkeit der Entwicklungsstufen schien zunächst empirisch auch im Kulturvergleich gesichert. Dagegen wurde die Annahme, dass jede höhere Entwicklungsstufe eine nicht nur kognitiv sondern auch »moralisch« adäquatere Stufe darstellt, bereits frühzeitig kritisch gesehen. Denn moralisches Denken und moralisches Handeln standen im Allgemeinen nur in einem mäßigen Zusammenhang. Auch zeigte sich zunehmend, dass es keine übergreifenden moralischen Denkstufen gab, sondern die Entwicklungsstufe auch von der Art der Konflikte abhängig ist. So wurden z. B. private interpersonale Dilemmata eher auf der Stufe 3 diskutiert, institutionelle Dilemmata, in denen es um gesellschaftliche Rechte und Pflichten geht, eher auf der Stufe 4.

Andererseits ergab sich auch bereits frühzeitig Kritik am Konzept der postkonventionellen Moral, welches eher philosophische Positionen als das natürliche moralische Denken zu charakterisieren schien. Wie Kohlbergs empirische Untersuchungen gezeigt haben, werden diese beiden höchsten Entwicklungsstufen auch im Erwachsenenalter nur selten erreicht. Damit hat Kohlbergs Konzept der postkonventionellen Moral auch eine andere Bedeutung als Piagets Konzept der moralischen Autonomie, die sich bereits im späten Kindesalter ausbildet. Zunehmend wurden auch die beiden frühen präkonventionellen Moralstufen kritisch gesehen, da sie keine Grundlage für eine positive Moral enthielten. Auch hier hatte sich Kohlberg von Piaget entfernt, der ja die Grundlagen der moralischen Entwicklung nicht einseitig in Furcht, sondern auch in der Liebe zu den Eltern gesehen hatte.

2.3 Die Entwicklung empathischer und moralischer Gefühle

Eine zentrale Kritik an Kohlbergs Theorie kam von Forschern, die Empathie und prosoziale Gefühle als zentrale Faktoren in der Entwicklung der Moral ansahen. Eine besondere Bedeutung erlangte die amerikanische Forscherin Carol Gilligan (1985), die das moralische Prinzip der Fürsorge – als weibliches Moralprinzip – gegenüber dem – männlichen – Prinzip der Gerechtigkeit betonte und dieses Prinzip in Kohlbergs Theorie ausgeschlossen sah. Auch wenn Gilligans Thesen einer »weiblichen Moral« in der empirischen Forschung wenig Bestätigung fanden, so gerieten mit dieser Debatte doch vernachlässigte Aspekte der Moralentwicklung in den Vordergrund der Aufmerksamkeit. Denn Kritiker hatten frühzeitig darauf hingewiesen, dass die kognitive Entwicklung für die Einnahme eines moralischen Standpunktes nicht ausreichend ist. Erst die affektive Komponente einer gefühlsmäßigen Anteilnahme wird als die Voraussetzung dafür angesehen, dass die Person die Perspektive anderer nicht nur versteht, sondern eine Situation auch im Lichte des Wohlergehens anderer Personen sieht.

Empathie und prosoziale Gefühle als zentrale Faktoren der Moralentwicklung

Insbesondere der gefühlsmäßigen Empathie wurde hier eine bedeutsame Rolle zugesprochen. Solche empathischen Gefühle werden z. B. in einem soziobiologischen Mechanismus begründet gesehen, der durch Selektion als evolutionäre Bedingung gegeben ist und als moralisches Motiv fungiert (Hoffman 1991/2000), oder neuerdings auch in einer genetischen Verankerung der Moral (Hauser 2007). Empathie wird dabei als eine gefühlsmäßige Reaktion auf den Zustand anderer verstanden, die zunächst spontan geschieht, sich aber mit der Veränderung kognitiver Prozesse und einer zunehmenden Fähigkeit zur Perspektiven-Dezentrierung auch transformiert: von einer undifferenzierten empathischen Reaktion im frühen Säuglingsalter (z. B. weinen bereits Säuglinge, wenn auch andere Kleinkinder weinen) zur Differenzierung der Sichtweisen anderer und damit auch zu einer zunehmenden Differenzierung der empathischen Emotionen. Zunächst können nur einfache Gefühle (positiv – negativ; glücklich – un-

Empathie als gefühlsmäßige Reaktion auf den Zustand anderer

glücklich) eingefühlt werden, später auch komplexere interpersonale und moralische Emotionen, wie zum Beispiel das Gefühl der Enttäuschung oder betrogen worden zu sein. Zudem entsteht die Möglichkeit, miteinander widerstreitende Gefühle einer Person in einer Situation nachzuvollziehen: Man fühlt sich einerseits gut, wenn man einen kleinen Hund geschenkt bekommt, trauert aber andererseits auch noch um den Verlust des gestorbenen Hundes (Harris 1982).

Auf dem komplexesten Niveau bleibt Empathie nicht mehr lediglich auf eine aktuelle Situation begrenzt, sondern kann im Lichte der verfügbaren Informationen über die Lebensumstände anderer entweder intensiviert oder abgeschwächt werden. Auf der Basis des zunehmenden Verständnisses für gesellschaftliche Prozesse werden Empathieformen möglich, die sich auf benachteiligte, unterdrückte oder verfolgte soziale Gruppen richten. Selbst wenn empathische Dispositionen gegeben sind, so werden sie doch in der sozialen Umwelt geformt und – wie auch moralische Gefühle insgesamt – durch situative Bedingungen beeinflusst.

2.4 Moralische Gefühle und Verantwortungszuschreibung

Erst die gefühlsmäßige Betroffenheit macht eine moralische Haltung aus

Moralische Gefühle – wie z. B. schlechtes Gewissen oder Gewissensbisse – sind intuitive, vorbewusste Reaktionen oder auch »schnelle« Urteile und Bewertungen von Situationen (Montada 1993). Sie zeigen an, dass eine moralische Norm nicht nur als Wissen existiert, sondern eine persönliche Verbindlichkeit für die Person besitzt. Denn eine Person kann zwar wissen, dass man ein Versprechen halten sollte, aber dennoch nicht gefühlsmäßig betroffen sein, wenn sie dies nicht hält. Erst diese gefühlsmäßige Betroffenheit macht jedoch eine moralische Haltung aus.

Wesentliche moralische Gefühle

Eine Vielzahl von Situationen können moralische Gefühle hervorrufen: wenn die berechtigten Bedürfnisse, Interessen oder Gefühle von Personen verletzt werden, wenn jemand sich Vorteile auf Kosten anderer verschafft, wenn Personen leiden und keine Hilfe geleistet wird oder andere ausgegrenzt werden. Hinter allen diesen Beispielen steht die Annahme, dass Moral fundamental damit zu tun hat, wie wir in unserem alltäglichen Leben mit den

Moralische Gefühle und Verantwortungszuschreibung

Belangen anderer Menschen umgehen. Die Person kann in solchen Situationen Handelnder oder Opfer sein, sie kann aber auch eine Beobachterrolle einnehmen und stellvertretende Gefühle empfinden. Die Gefühle von Scham und Schuld und moralische Empörung sind wechselseitig verschränkt: Wenn wir Grund zu moralischer Empörung haben, dann hat die verursachende Person einen Grund, Schuldgefühle zu empfinden. Die Tabelle gibt eine Übersicht über die wesentlichen moralischen Gefühle:

Empathie / Sympathie	Auf andere Personen gerichtete positive Gefühls- und Handlungsdispositionen	Eine Typologie moralischer Gefühle
Scham / Schuld	Auf das Selbst gerichtete Gefühle, wenn das Selbst Verantwortungen verletzt hat	
Ärger / Wut / Empörung	Wenn das Selbst oder andere sich ungerecht oder verantwortungslos behandelt fühlen	
Verachtung	Wenn wir andere als verantwortlich für Handlungen oder Handlungsergebnisse ansehen, die wir für moralisch falsch halten	
Stolz / Zufriedenheit / Bewunderung	Wenn das Selbst oder andere sich (im Falle von Versuchungen) moralisch richtig oder moralisch gut verhalten	

Welche moralischen Gefühle in einer Situation entstehen, hängt von der Zuschreibung von Verantwortung ab. Dabei spielen insbesondere die Zuschreibung von Entscheidungsfreiheit (hatte der Handelnde eine Wahl?), Absichtlichkeit (wurde die Handlung willentlich durchgeführt, oder war sie das Ergebnis nicht kontrollierbarer Umstände?) sowie die Vorhersehbarkeit von Folgen (konnte der Handelnde vorhersehen, welche Folgen sich aus der Handlung ergeben würden?) eine Rolle. Moralische Gefühle sind der Ausdruck dessen, dass wir eine andere Person für ihr Handeln verantwortlich ansehen und sie daher als »moralischen Helden« preisen oder als »moralischen Versager« tadeln. Empathie und prosoziale Handlungsdispositionen entstehen, wenn andere als Opfer einer Situation gesehen werden und ihnen keine Schuld an der eigenen Lage zugesprochen

Zuschreibung von Verantwortung

Die Entwicklung moralischen Denkens und moralischer Gefühle in der Kindheit

wird. Entschuldigungen und Wiedergutmachungen sind Formen des Handelns, die eine Verantwortungsübernahme anzeigen und mit denen die Person versucht, moralisches Fehlverhalten gutzumachen. Personen, die Opfer einer moralischen Verletzung sind, haben in diesem Fall auch eine Disposition zum Verzeihen. So beruht z. B. die Täter-Opfer-Konfrontation auf dieser wechselseitigen Verschränkung von Schuldeingeständnis und Wiedergutmachung beim Täter und Verzeihen beim Opfer. Insbesondere in den alltäglichen Situationen des Zusammenlebens sind diese moralischen Dispositionen sehr wichtig. Umgekehrt kommt es in Situationen, in denen die Person für ihre eigene Lage verantwortlich gemacht wird, zur Verantwortungsabwehr. Das eigene unmoralische Handeln oder das anderer wird als gerechtfertigt dargestellt (z. B.: »Das Opfer ist ja selber Schuld«). Durch diese Verantwortungsabwehr werden auch Empathie, Schuldgefühle und Hilfeleistung verhindert. Ein häufiges Beispiel ist auch die Verantwortungsdiffusion. Dabei handelt es sich darum, dass in einer Situation, in der mehrere Personen Beobachter sind, jeder Einzelne den anderen als verantwortlich sieht und daher nicht eingreift. Die Sensibilisierung für solche Mechanismen und die Ausbildung moralischer Sensibilität sind ein wesentlicher Aspekt der Moralentwicklung.

Repertoire von Entlastungsgründen

Bereits kleine Kinder verfügen über ein Repertoire von Entlastungsgründen, mittels derer sie Verantwortung abwehren können. Mit der Aussage »*Ich war es nicht, es war X!*« wird die Täterschaft geleugnet – mit der Aussage »*Ich habe es nicht gewollt!*« die Absichtlichkeit. Auch die Aussage »*Die anderen haben es auch getan*« ist Teil des kindlichen Repertoires. In ihren Reaktionen auf moralisches Fehlverhalten schreiben bereits jüngere Kinder auch Verantwortung zu und beziehen die Absichten eines Handelnden ein. So hat sich gezeigt, dass aggressive Kinder anderen im Falle eines Fehlverhaltens eher Absichtlichkeit unterstellen und daher mit Aggression reagieren. Im Unterschied zu frühen Forschungen wurde auch nachgewiesen, dass bereits kleine Kinder dann Absichten bei der moralischen Bewertung von Handlungen einbeziehen, wenn die Folgen in einer Situation gleich sind. Wenn also ein Kind helfen wollte und dabei einen Schaden anrichtet, so wird dies als weniger »böse« beurteilt als wenn der gleiche Schaden bei einer verbotenen Handlung verursacht wurde. Komplexere Rechtfertigungen von Regelverletzungen, in denen z. B. anderen die Schuld für die eigene Situation zugesprochen wird (wie die Unterlassung von Hilfe, weil eine bedürftige Person für ihre Situation als selbst verantwortlich gesehen wird), beruhen auf kognitiven Voraussetzungen der Verallgemeinerung.

2.5 Das moralische Denken von Kindern – aktuelle Untersuchungen

In der Forschung ergaben sich zunehmend Zweifel daran, ob das moralische Denken jüngerer Kinder wirklich nur egozentrisch ist und lediglich durch Autoritätshörigkeit oder strategisch-instrumentellen Austausch charakterisiert werden kann. Eine genauere Analyse der Kohlberg-orientierten Forschungen zeigte nämlich, dass es fast keine Untersuchungen mit Kindern unter zehn Jahren gab. Eine der Begründungen dafür bestand darin, dass man annahm, die Dilemmata seien nicht für Kinder geeignet. In unseren eigenen Forschungen (vgl. Keller 1996/1986) haben wir jedoch moralrelevante Dilemmata bereits bei siebenjährigen Kindern untersucht. Im Unterschied zu Kohlbergs Vorgehensweise wurden Kinder zu einem moralisch relevanten Freundschaftsdilemma befragt, in dem Autorität keine Rolle spielt. Denn enge Freundschaft ist eine ganz besonders bedeutsame Beziehung für die Entwicklung des Verständnisses von Verantwortung in Beziehungen (Blum 1980; Keller 1996). Andererseits haben wir auch ein von Kohlberg verwandtes Dilemma einbezogen, in dem es um einen moralrelevanten Konflikt in der Familie geht. Im Unterschied zu Kohlbergs Vorgehensweise ging es uns auch darum, mit den Kindern und Jugendlichen über die verschiedenen Perspektiven der Personen in dem Konflikt nachzudenken und die Gefühle der Handelnden und Betroffenen nachzuvollziehen. Im Blickpunkt steht dabei nicht nur das moralische Urteil darüber, was in dieser Situation »richtig« ist, sondern auch die Reflexion von Handlungsentscheidungen und ihrer Folgen für die Gefühle der Betroffenen sowie auch Konfliktlösungen und Verhandlungen in der Situation (vgl. Keller/Reuss 1986). Dabei zeigt sich auch, dass sich mit den kognitiven Voraussetzungen der Perspektivenkoordination empathische und moralische Emotionen transformieren. Schuld und Scham (im Selbst) sind mit dem Verständ-

Aktuelle Forschungsergebnisse

nis der Emotionen von Ärger, Empörung oder Enttäuschung (im Anderen) und einer zunehmenden Reflexion moralischer Regeln und Prinzipien in der Genese moralischer Sensibilität verbunden.

Interviews über moralische Regeln und soziale Beziehungen

In den Interviews mit Kindern und Jugendlichen haben wir einerseits das Wissen über moralische Regeln und soziale Beziehungen thematisch erarbeitet: Warum ist es wichtig, ein Versprechen zu halten? Was ist in einer engen Freundschaft oder der Eltern-Kind- und Geschwisterbeziehung besonders wichtig? Andererseits ging es aber auch um die moralischen Dispositionen oder Aspekte der moralischen Sensibilität: Wie wird in einer Entscheidung mit den eigenen Interessen und den Erwartungen anderer umgegangen, und wie können eigene Interessen verhandelt werden? Welche Sensibilität besteht für Verpflichtungen und für die Gefühle anderer, wenn solche Verpflichtungen verletzt werden? Welche (moralischen) Gefühle entstehen im Selbst und wie geht man mit einer solchen Situation um?

Freundschaftsdilemma – empathische Argumente bei Kindern

Insbesondere in dem Freundschaftsdilemma, aber auch in der Reflexion der Familiensituation zeigte sich, dass Kinder bereits über eine Vielzahl von Argumenten zur Begründung moralischer Urteile verfügen. Kinder sind nicht nur auf Autoritätsregeln und Sanktionen bezogen, sondern zeigen auch vielfältige empathische Argumente. Die kurze Darstellung der Entwicklungsstufen anhand des Freundschaftsdilemmas soll dies verdeutlichen:

In dem Freundschaftsdilemma mit drei gleichgeschlechtlichen (weiblichen oder männlichen) Akteuren musste sich die Protagonistin entscheiden, eine Verabredung mit der besten Freundin einzuhalten oder eine interessante Einladung ins Kino von einem Kind anzunehmen, welches neu in die Klasse gekommen ist und noch keine Freundinnen hat. Verschiedene Details machen die Situation psychologisch noch einmal komplizierter: Die Freundin möchte über etwas reden und mag das neue Kind offensichtlich nicht.

Zu diesem Dilemma wurde ein umfassendes Interview mit Jungen und Mädchen im Alter von sieben, neun, zwölf, fünfzehn und teilweise neunzehn Jahren aus verschiedenen Kulturen durchgeführt, in dem sie sich in die verschiedenen Perspektiven der Personen in der Geschichte hineinversetzten mussten.

In den Aussagen der Kinder und Jugendlichen aus allen Gesellschaften lassen sich die unterschiedlichen Entwicklungsstufen der Perspektivendifferenzierung und -koordination sehen, die für die Ausdifferenzierung des sozio-moralischen Verstehens grundlegend sind. Die Aussagen werden hier auf die vier Entwicklungsstufen beschränkt, die die Periode von der Kindheit zur Adoleszenz kennzeichnen, aber auch Aspekte enthalten, die zugleich für jüngere Kinder bedeutsam sind:[1]

Unterschiedliche Entwicklungsstufen der Perspektivendifferenzierung

→ Die Entwicklungsstufe 0 einer egozentrischen Perspektive, die allerdings bei Siebenjährigen in dieser Situation nur noch vereinzelt zu sehen ist, zeigt sich darin, dass weder auf die Verabredung mit der Freundin noch auf die Freundschaft Bezug genommen wird. Die Protagonistin in der Geschichte freut sich dann lediglich über eine interessante Einladung, und die Freundin spielt dann einfach mit jemand anderem. Freundschaft wird als eine Beziehung gesehen, in der man gern miteinander spielt und sich mag.

Entwicklungsstufe 0

→ Auf Entwicklungsstufe 1 wird gesehen, dass die Freundin ärgerlich ist, wenn die Protagonistin die Verabredung nicht einhält. Aus der Perspektive der Freundin ergibt sich, dass sie sich auf die Verabredung gefreut hat und auf die Protagonistin wartet. Wenn die Protagonistin das hedonistische Angebot angenommen hat, kann dann in dieser Situation trotz dieses Wissens auch manchmal die Freude über den guten Film überwiegen. Der Typ eines »zufriedenen moralischen Übeltäters« tritt allerdings in den verschiedenen Gesellschaften unterschiedlich häufig auf, und zumeist wissen die Kinder auf dieser Entwicklungsstufe bereits, dass die Nicht-Einhaltung einer Verabredung mit einer Freundin nicht in Ordnung ist. Vorstellungen der Regulierung der Situation können zu einer Verheimlichung der Handlung führen, weil angenommen wird, dass z. B. die Freundin sauer ist und nicht mehr Freundin sein will. Es können aber auch einfache Erklärungen der Handlung gegeben werden, wie etwa: Es war eine so schöne Einladung.

Entwicklungsstufe 1

→ Auf Entwicklungsstufe 2 wird die Verbindlichkeit von Freundschaft und Versprechen verstanden. Wer eine Verabredung/ein Versprechen allgemein und insbesondere in einer engen Freundschaft nicht hält, ist ein Betrüger und kein guter Freund. Auch wenn der Wunsch besteht, die interessante Einladung an-

Entwicklungsstufe 2

---

[1] Eine ausführliche Beschreibung der Stufen findet sich bei Keller (1996) und Keller/Becker (im Druck).

zunehmen, so wird doch zugleich gesehen, dass dies nicht nur die (berechtigte) Erwartung der Freundin verletzt, sondern auch das Selbst betroffen wäre. Man würde sich schlecht oder als Betrüger fühlen, weil man die Freundin sitzengelassen hat und sie dann traurig oder beleidigt ist. Auf dieser Stufe wird eine Verletzung von Verpflichtungen nicht nur erklärt, sondern auch entschuldigt: »*Es tut mir leid, wir gehen nächstes Mal zusammen ins Kino.*« Es kann aber auch zu expliziten Lügen kommen (»*Ich musste mit der Mutter in die Stadt gehen*«), um mögliche Folgen für die Freundschaft abzuwenden. Allerdings wird jetzt auch gesehen, dass eine einmalige Verfehlung nicht den vollständigen Abbruch der Freundschaft bedeutet, sondern wieder gut gemacht werden kann.

Entwicklungsstufe 3
→ Auf Entwicklungsstufe 3 stehen generalisierte Normen der Reziprozität im Vordergrund: Wie muss sich ein guter und verlässlicher Freund – und auch eine moralisch verlässliche Person im Allgemeinen – verhalten, damit das Vertrauen in der Beziehung erhalten bleibt? Auf dieser Entwicklungsstufe ist Freundschaft ein dominanter Wert, an dem man sich orientiert, und Lügen gegenüber einem besten Freund werden moralisch verurteilt. Situationen müssen offen verhandelt werden, wobei die Ansprüche eines besten Freundes immer Priorität haben. Auf dieser Stufe besteht ein differenziertes Einfühlungsvermögen in die Gefühle eines Freundes, wenn es zu einem Vertrauensbruch kommt. Und da Freundschaft in dieser Entwicklungsstufe ein dominanter moralischer Wert ist, werden solche Verletzungen von vornherein vermieden. Die Jugendlichen können sich jedoch durchaus vorstellen, wie man eine solche Situation auch mit dem Freund oder der Freundin verhandeln könnte. Dennoch bleibt dies eher hypothetisch. In einigen wenigen Fällen kommt es allerdings dazu, dass den eigenen Interessen Priorität gegeben wird. Dabei handelt es sich um komplexere Rechtfertigungen – wie: Die Freundin hätte eine solche Einladung auch angenommen, und dass man dies schließlich einmal auch tun könnte, ohne dass es gleich Folgen für die Beziehung hat.

Gleiche Entwicklungsabfolge bei allen Kindern
Die Ergebnisse der Untersuchungen bestätigen die gleiche Entwicklungsabfolge bei allen Kindern in den verschiedenen Gesellschaften. Welche Gesichtspunkte der Situation jedoch besonders wichtig sind, ist nicht nur vom Entwicklungsstand abhängig,

sondern auch von gesellschaftlichen Bedingungen (vgl. Keller 2003). So sehen z. B. die westlichen Kinder vorzugsweise das hedonistische Angebot des neuen Kindes. Die chinesischen Kinder dagegen betrachten das neue Kind unter altruistischen Gesichtspunkten. Insbesondere die jüngeren Kinder beziehen sich auf eine Regel in der Schule, wonach man Kindern, die neu in der Klasse sind, helfen muss, während die Älteren eher auf die Situation und die Gefühle des neuen Kindes eingehen. Dies bedeutet auch, dass westliche Kinder das Dilemma mehr als einen Konflikt zwischen Verpflichtung und Eigeninteresse interpretieren, während chinesische Kinder und Jugendliche einen Konflikt zwischen unterschiedlichen Verpflichtungen interpretieren. Der hedonistische Aspekt der Situation tritt für sie zurück. Die westlichen Kinder fühlen sich deshalb auch gut, wenn sie sich für den Freund bzw. die Freundin entscheiden, denn sie haben einer hedonistischen Versuchung widerstanden. Dagegen fühlen sich die chinesischen Kinder bei jeder Entscheidung schlecht – wie im klassischen moralischen Dilemma.

Trotz dieser Unterschiedlichkeit in den sozialen Erfahrungen gaben jedoch die 15jährigen Jugendlichen in beiden Gesellschaften – wie übrigens auch in allen anderen von uns untersuchten Gesellschaften – der engen Freundschaft Priorität und beurteilten diese auch als moralisch richtig. Eine Erklärung dafür könnten die gleichartigen Erfahrungen in der Pubertät sein, die in allen modernen Gesellschaften eine stärkere Orientierung an den Gleichaltrigen herbeiführt und insbesondere die Bedeutung enger Freundschaft verstärkt.

Die Untersuchungen belegen, wie Kognition und Emotion im Verständnis von Verpflichtungen und Verantwortungen in Beziehungen ineinandergreifen und dass universelle Entwicklung und kulturelle Erfahrungen von Bedeutung in diesem Prozess sind. Insgesamt verdeutlichen alle diese Forschungsbefunde, dass die Koordination von Perspektiven unter moralischen Gesichtspunkten im Verständnis von Gefühlen weitaus früher beginnt, als dies von Befunden zur moralischen Rechtfertigung von Entscheidungen in der Tradition Kohlbergs nahegelegt wird.

Unsere Interviews mit Kindern und auch andere Untersuchungen mit Vorschulkindern belegen, dass diese bereits über eine Vielzahl von unterschiedlichen Begründungen verfügen, warum man (moralische) Regeln einhalten sollte, z. B.

Untersuchungen mit Vorschulkindern

andere nicht zu schlagen und zu stoßen, Versprechen einzuhalten oder auch zu helfen und zu teilen. Sie nehmen dabei auf Verbote oder Gebote Bezug, die nicht weitergehend begründet werden können (»*das muss man tun*«, »*das ist richtig*«), oder treffen einfache moralische Urteile (»*das ist gemein*«, »*das ist nett*«). Autoritätsregeln können eine Rolle spielen (z. B. die Eltern oder Gott wollen es) sowie auch Sanktionen (man wird bestraft, oder die Eltern meckern, wenn man etwas tut), aber auch empathische Argumente werden genannt: Man tut einem anderen weh, oder löst aus, dass eine andere Person dann traurig ist. Es zeigte sich zudem, dass Sanktionen auch in jüngerem Alter nicht als moralische Rechtfertigung gelten und bereits Vorschulkinder Sanktionen nicht als einen wirklichen Grund ansehen. Wenn Kinder Bestrafung als Grund dafür nannten, dass man nicht lügen soll, und nachgefragt wurde, ob es denn in Ordnung ginge, wenn die Lüge nicht entdeckt oder nicht bestraft würde, so urteilten die Kinder, dass es dennoch »*nicht richtig*« oder »*nicht nett*« ist.

Unterscheidung zwischen konventionellen und moralischen Regeln

Bereits Kindergartenkinder unterschieden »konventionelle Regeln«, wie z. B. Verhaltensvorschriften bezüglich Kleidung, von »moralischen Regeln«, wie etwa jemanden nicht zu schlagen (Nucci 1978). Nur die konventionellen Regeln wurden als veränderbar bewertet, nicht aber die moralischen Regeln. Die Geltung moralischer Regeln begründeten die Kinder auch nicht mit Autoritätsvorschriften und mögliche Sanktionen, sondern mit den empathischen Folgen des Handelns: *Es ist nicht richtig, jemanden zu schlagen oder von einer Schaukel zu stoßen, weil das weh tut und vielleicht auch dann die Nase blutet*. Die Kinder argumentierten auch, dass eine solche (moralische) Regelverletzung, die das physische Wohlergehen eines anderen beeinträchtigt, selbst dann nicht richtig ist, wenn eine Autorität – Eltern, Schulrektor oder sogar Gott(!) – sie für richtig erklärt. Dies zeigt, dass moralische Regeln – zumindest das Recht auf körperliche Unversehrtheit – nicht beliebig durch Autoritäten setzbar sind. Der Mechanismus, über den diese »natürlichen« moralischen Vorstellungen vermittelt werden, ist die Empathie, die es den Kindern ermöglicht, eigenes und fremdes Erleben miteinander zu verknüpfen.

Bereits im Vorschulalter können Kinder zwischen unterschiedlichen Regeln unterscheiden und erkennen nicht in allen

Regelbereichen gleichermaßen ungefragt die Autorität Erwachsener an, sowie sie auch Strafe nicht als Grund für die Einhaltung der Regel begreifen. Sie haben auch bereits Vorstellungen von einem persönlichen Bereich, in dem sie eigene Entscheidungen treffen dürfen (insbesondere über Kleidung oder Spielpartner etc). Im Bereich der konventionellen Normen gibt es in der Familie sowie auch in Institutionen wie dem Kindergarten mehr oder weniger große Spielräume zum Verhandeln von Regeln (Pausenregelungen, Essenszeit, Mittagsruhe), während im Bereich der eindeutig moralischen Regeln (»keine körperliche Gewalt!«) keine Verhandlungsspielräume möglich sind.

2.6 Verständnis moralischer Regeln und Gefühle im Entwicklungsverlauf

Untersuchungen haben bereits bei Kindern im Alter von zwei bis drei Jahren Indikatoren von Scham im Verhalten anhand von Entschuldigungen und spontanen Wiedergutmachungen diagnostiziert. Andererseits ergab sich in der Befragung von Vorschulkindern zu Situationen von Regelverletzungen ein überraschender Befund: So beurteilten die Kinder die Verletzung der moralischen Regeln zwar unabhängig von Bestrafung als nicht richtig. Andererseits sprachen sie jedoch einem »moralischen Übeltäter«, der gegen eine moralische Regel verstößt, um ein eigenes, egoistisches Ziel zu erreichen (z. B. Schokolade von einem anderen Kind zu stehlen) positive Gefühle zu: »*Der fühlt sich gut, weil ihm die Schokolade schmeckt.*« Die Kinder urteilten so, obwohl sie durchaus die negativen Folgen für das Opfer sahen und folgerten, dass der andere jetzt sicher traurig ist. Aus diesen Untersuchungen, die vielfach repliziert wurden, wurde gefolgert, dass sich die moralische Motivation später als das moralische Wissen entwickelt.

In unseren Untersuchungen (Keller/Lourenço/Malti/Saalbach 2003) konnten wir allerdings zeigen, dass es einen Unterschied macht, ob die Kinder einem hypothetischen Übeltäter diese Gefühle zusprachen, oder ob sie sich selbst in dieser Situation vorstellen sollten. Weitaus mehr Kinder gingen im letztgenannten Fall davon aus, dass sie sich schlecht fühlen würden. Und auch in den Interviews zum Freundschaftsdilemma kam es

Besondere Bedeutung des Kontextes der Situation

bei siebenjährigen Kindern kaum vor, dass sie sich gut fühlten, wenn sie sich entschieden hatten, eine Verabredung mit der besten Freundin nicht einzuhalten. Wenn man Kindern diese empathischen Gefühle vermitteln möchte, ist also der Kontext der Situation besonders wichtig.

2.7 Kognition, Emotion und prosoziales Handeln in der Kindheit

Bereits im Alter von weniger als einem Jahr reagieren Kinder mit empathischen und prosozialen Handlungen gegenüber Erwachsenen und anderen Kindern. Kinder, die kaum selbst laufen können, nehmen wahr, wenn ein Erwachsener Hilfe braucht, und öffnen ihm z. B. eine Schranktür, wenn er mit einem Stapel Bücher in der Hand versucht, sie selbst zu aufzumachen (Warnecken/Thomassello 2006). Und bereits kleine Kinder können ein anderes Kind trösten, indem sie ihm – noch etwas egozentrisch – den eigenen Lieblingsteddy geben (Hoffman 2000). Im Alter zwischen zwei und drei Jahren nimmt die Häufigkeit tröstenden Verhaltens auch in der Gruppe der Gleichaltrigen zu. Dies hängt sowohl mit der Entwicklung der Fähigkeit zusammen, die Perspektive anderer Personen zu verstehen, als auch mit der Entwicklung von sozialer Kompetenz; d. h., die Kinder haben gelernt, wie man andere trösten kann. Doch ist die Häufigkeit spontaner prosozialer Handlungen auch in der Gruppe der Gleichaltrigen noch nicht sehr hoch.

Gründe für prosoziale Handlungen

Dagegen ist Hilfeverhalten oder auch die Fähigkeit zum Teilen bereits im Kindergartenalter weiter entwickelt. Vorschulkinder helfen anderen Kindern spontan und teilen auch Spielzeug. Allerdings ist das prosoziale Verhalten eher auf die Partner beschränkt, mit denen Kinder häufiger spielen. Unsere neueren Untersuchungen zeigen jedoch auch, dass bereits Vorschulkinder in einer Situation mit einem anonymen Anderen – ein anderes Kind, das sie nie kennenlernen – in fairer Weise »halb und halb« teilen. Dies widerspricht einerseits den Annahmen eines nur auf seinen eigenen Vorteil bedachten »homo oeconomicus«, und andererseits auch früheren Annahmen, dass insbesondere kleine Kinder egozentrisch und nur auf ihren eigenen Vorteil bedacht sind.

Wenn man Kindergartenkinder jedoch über prosoziale Handlungen befragt (»Warum ist es richtig, zu helfen oder zu teilen?«), dann geben sie Gründe an, die sich den ersten beiden Stufen der moralischen Entwicklung zuordnen lassen. Auf der niedrigsten Entwicklungsstufe begründen Kinder Hilfeleistungen mit einfachen Urteilen: »*Es ist nett!*« – oder auch, um einer Autorität zu gefallen. Auf der zweiten Stufe können eigennützige Überlegungen auftreten: »*Der andere hilft mir dann auch.*« Aber auch die über Empathie vermittelten Bedürfnisse anderer treten in den Vordergrund: »*Der andere freut sich dann.*«

2.8 Moralisches Lernen: Die Rolle der sozialen Umwelt

In der frühen lerntheoretischen Tradition wurde der Mensch als eine »Black Box« beziehungsweise eine »tabula rasa« angesehen, und die moralische Entwicklung wurde als das ausschließliche Produkt positiver und negativer Verstärkungen (Lob und Tadel) aufgefasst. Später wurden insbesondere Imitation und Vorbildwirkung als weitergehende Lernfaktoren einbezogen. In der europäischen Tradition, die durch Ideen Freuds beeinflusst war, wurden moralische Vorstellungen dem sogenannten »Über-Ich« zugesprochen. Dieses Über-Ich wurde durch die Verinnerlichung der elterlichen Autorität der Welt der Triebe dem sogenannten »Es« abgerungen. Positive moralische Gefühle waren in einem kleinen Anteil dieses strafenden Über-Ichs verankert, nämlich im Bereich der Ich-Ideale. In der neueren biologischen Perspektive wird dagegen eine genetisch vorgegebene und evolutionär verstärkte moralische Kompetenz angenommen. In allen diesen Positionen haben menschliches Denken und Vernunft wenig Spielraum.

Die neuere Sozialisationsforschung bezieht dagegen eine konstruktivistische Perspektive ein (Grundmann 1999). Die Person wird nicht als passives Objekt der Sozialisation, sondern als aktiv interpretierendes und konstruierendes Subjekt gesehen. Die »Gelegenheiten zur Perspektivenübernahme« in der Familie und vor allem auch in der Peer-Gruppe gelten als wesentliche Bedingungen der sozio-moralischen Entwicklung. Auch wird ein eher pluralistisches Bild der sozialen Einflussfaktoren gezeichnet. Sowohl emotionale als auch kognitive Aspekte werden

Die Familie als der früheste Erfahrungsraum für sozio-moralische Lernprozesse

als bedeutungsvoll für den Prozess moralischen Lernens angesehen (vgl. dazu Keller/Malti 2007). Die Familie kann als der früheste Erfahrungsraum gesehen werden, in dem sich auf der Basis intensiver Gefühlsbindungen sozio-moralische Lernprozesse vollziehen. In den familialen Interaktionserfahrungen ergeben sich die frühesten Gelegenheiten zum Perspektivenwechsel, sowohl in den Interaktionen mit den Eltern als auch mit den Geschwistern. Im Hinblick auf affektive Aspekte wird in der Eltern-Kind-Beziehung die Erfahrung von gefühlsmäßiger Reziprozität betont, durch die das Kind sich als Person erfahren kann, deren Bedürfnisse und Gefühle von anderen respektiert werden. Im Hinblick auf die Vermittlung moralischen Verstehens durch kognitive Akte der Perspektivenübernahme wird dem konkreten erzieherischen Verhalten und der Art der Entscheidungsfindung in der Familie eine zentrale Rolle zugesprochen. Insbesondere in der frühen Moralentwicklung sind Liebe, Empathie und Zuwendung von bedeutsamen Anderen wichtig, die zugleich eine Erziehungsatmosphäre herstellen, in der das Kind sich als Partner erfahren kann. Auch die Bedeutung eines induktiven, erklärenden Erziehungsverhaltens, mit dem eine empathische Einsicht in die Gefühle anderer, sowie in Motive und Folgen eigenen und fremden Handelns ermöglicht wird, hat sich als positiv erwiesen. Für die moralische Entwicklung ist auch die Sensibilisierung für gerechtes und faires Verhalten besonders wichtig. Die Tabelle gibt einen Überblick über die wesentlichen Aspekte (nach Lempert 1988):

Kognitive und affektive Aspekte in der Sozialisation		
	Affektive Aspekte der Interaktion	Erfahrung gefühlsmäßiger Reziprozität Sich als Person erfahren, deren Bedürfnisse und Gefühle von anderen respektiert werden Liebe, Empathie und Zuwendung von »bedeutsamen Anderen«
	Kognitive Aspekte der Interaktion	Lernen von Perspektiven durch Verhandeln von Interessen und Erwartungen Induktives / erklärendes Erziehungsverhalten Verantwortungsübernahme / Eigenständigkeit Klare Haltung gegenüber Regeln sowie Verhandlungsspielräume, Sensibilisierung für andere Personen und Fairness

Moralisches Lernen: Die Rolle der sozialen Umwelt

Eltern-Kind-Beziehungen, in denen die Möglichkeiten zum Verhandeln von Interessen und Erwartungen gegeben sind, erfordern in besonderem Maße die Übernahme der Perspektive anderer. Das Kind erfährt, dass seine eigene Perspektive ernst genommen wird, und dies bildet eine Motivation, andere Perspektiven einzubeziehen. Dabei wird einerseits betont, dass bereits Kindern die Möglichkeit und Verantwortung gegeben werden muss, Konflikte eigenständig zu lösen. Andererseits ist es wichtig, dass Eltern sowie Erzieherinnen und Erzieher eine klare Haltung gegenüber Regeln haben. Das sogenannte autoritative Erziehungsverhalten, in dem Regeln bestehen, die aber zugleich Verhandlungsspielräume zulassen, hat sich als besonders geeignet für die Entwicklung von Kooperation erwiesen.

Gelegenheiten zur Perspektivenübernahme

In der neueren Forschung rückt auch die Interaktion in der Gruppe der Gleichaltrigen in den Blickpunkt des Interesses (vgl. Krappmann 1994). Bereits in der frühen Interaktion mit Geschwistern müssen Interessen und Regeln zwischen eher Gleichgestellten verhandelt werden. Doch auch wenn die Wurzeln moralischer Sensibilität in der Familie gelegt werden, so ist doch die Interaktion in der Peer-Gruppe ein unabhängiges Lernfeld für die Erprobung und Erweiterung sozio-moralischer Kompetenzen. Denn hier müssen Kinder ihre Interessen verhandeln und Rücksicht auf andere nehmen sowie Kompromisse schließen. Schon frühzeitig bilden sich Freundschaften, und der Wert von Freundschaft für die moralische Entwicklung ist immer wieder hervorgehoben worden (vgl. Keller 1996). Andererseits zeigen sich in der Gruppe der Gleichaltrigen auch Vorurteile von Kindern, die zum Ausschluss anderer oder der Bildung von Innen- und Außengruppen führen können (»Wir und die!«). Hier müssen Erzieherinnen und Erzieher besonders sensibel eingreifen, um solche Strukturen frühzeitig zu verhindern und wechselseitiges Verständnis füreinander zu entwickeln.

Interaktion in der Peer-Gruppe

Für die moralische Erziehung in der Schule ist es wichtig, moralisches Wissen und Verständnis und zugleich die moralischen Gefühle von Empathie und Fürsorge zu fördern (Edelstein/Oser/Schuster 2001). Dies bedeutet auch, dass Kinder und Jugendliche sensibel für die Verletzung von Verantwortung und Gerechtigkeit werden und die entsprechenden moralischen Gefühle und moralischen Handlungsdispositionen entwickeln.

Die Einhaltung moralischer Regeln ist nicht verhandelbar

Die Einhaltung moralischer Regeln ist nicht verhandelbar. Hier gilt es, Kindern Einsicht und Sensibilität für Handlungen zu vermitteln, die das Wohlergehen anderer beeinträchtigen. Konventionelle Regeln können zwar in einem gewissen Maße verhandelt werden, doch sind sie nicht beliebig und müssen vor allem auch dann befolgt werden, wenn sie – möglichst unter Zustimmung aller Beteiligten – aufgestellt worden sind. Eine solche Zustimmung zu erreichen erfordert Diskurse mit wechselseitiger Perspektivenübernahme (vgl. Keller 2003). In einfacher Weise lässt sich das auch bereits mit kleinen Kindern einüben, denn es geht immer darum, die eigenen Wünsche zum Ausdruck zu bringen und die berechtigten Wünsche anderer zu verstehen und zu berücksichtigen. Aushandlungen erfordern immer Kompromisse – und diese herzustellen und auch zu ertragen, muss in einer demokratischen Gesellschaft frühzeitig geübt werden, damit die grundlegenden Kompetenzen für demokratisches Handeln ausgebildet werden (Edelstein 2007).

Literatur

Blum, L. A. (1980): Friendship, altruism and morality. London
Edelstein, W./Oser, F./Schuster, P. (2001): Moralische Erziehung in der Schule: Entwicklungspsychologie und pädagogische Praxis. Weinheim
Edelstein, W. (2007): Demokratie als Praxis und Demokratie als Wert. In A. A. Bucher (Hrsg.), Moral, Religion, Politik: Psychologisch-pädagogische Zugänge. Festschrift für Fritz Oser. Wien und Berlin (S. 141–154)
Gilligan, C. (1985): Die andere Stimme. Lebenskonflikte und Moral der Frau. München
Grundmann, M. (1999): Konstruktivistische Sozialisationsforschung: lebensweltliche Erfahrungskontexte, individuelle Handlungskompetenzen und die Konstruktion sozialer Strukturen. Frankfurt/M.
Habermas, J. (1983): Moralbewusstsein und kommunikatives Handeln. Frankfurt/M.
Harris, P. L. (1992): Das Kind und die Gefühle. Göttingen
Hauser, M. (2007): How Nature Designed Our Universal Sense of Right and Wrong. London
Hoffman, M. L. (2000): Empathy and moral development. Implications for caring and justice. New York
Keller, M. (1986): Freundschaft und Moral: Zur Entwicklung der moralischen Sensibilität in Beziehungen. In: H. Bertram (Hrsg.): Gesellschaftlicher Zwang und moralische Autonomie. Frankfurt/M. (S. 195–223)

Keller, M./Reuss, S. (1986): Der Prozess moralischer Entscheidungsfindung. In: F. Oser/R. Fattke/O. Höffe (Hrsg.): Transformation und Entwicklung. Frankfurt/M. (S. 124–148)

Keller, M./Lourenço, O./Malti, T./Saalbach, H. (2003): The multifacetted phenomenon of happy victimizers: A cross-cultural comparison. In: British Journal of Developmental Psychology, Jg. 21 (S. 1–18)

Keller, M. (2003): Moralische Entwicklung als Voraussetzung für soziale Partizipation. In: D. Sturzbecher/H. Großmann (Hrsg.): Soziale Partizipation im Vor- und Grundschulalter: Grundlagen. München (S. 143–172)

Keller, M./Malti, T. (2007): Sozialisation moralischer Kompetenzen. In K. Hurrelmann/M. Grundmann/S. Walper (Hrsg.): Handbuch für Sozialisationsforschung. Göttingen

Kohlberg, L. (1996): Die Psychologie der Moralentwicklung; Hrsg. W. Althof unter Mitarbeit von G. G. Noam/F. Oser. Frankfurt/M.

Krappmann, L. (1994): Sozialisation und Entwicklung in der Sozialwelt gleichaltriger Kinder. In: K. A. Schneewind (Hrsg.): Psychologie der Erziehung und Sozialisation. Bd. 1. Göttingen (S. 495–524)

Lempert, W. (1988): Soziobiographische Bedingungen der Entwicklung moralischer Urteilsfähigkeit. Kölner Zeitschrift für Soziologie und Sozialpsychologie, Jg. 40 (S. 62–92)

Montada, L. (1993): Moralische Gefühle. In: W. Edelstein/G. Nunner-Winkler/G. G. Noam: Moral und Person. Frankfurt/M. (S. 259–277)

Nucci, L. P./Turiel, E. (1978): Social interactions and the development of social concepts in preschool children. In: Child Development, Jg. 49 (S. 400–407)

Piaget, Jean (1973): Das moralische Urteil beim Kinde. Frankfurt/M. (Original 1932)

Rawls, J. (2001): Eine Theorie der Gerechtigkeit. Frankfurt/M.

Selman, R. L. (1984): Zur Entwicklung interpersonalen Verstehens. Frankfurt/M.

Turiel, E. (1983): The development of social knowledge: Morality and convention. Cambridge, MA

Warnecken, F./Tomasello, M. (2006): Altruistic helping in human infants and young chimpanzees. Science, 311 (S. 1301–1303)

3 Vielfalt und Diskriminierung im Erleben von Kindern

3.1 Wie erleben junge Kinder Vielfalt? – Einführung

Petra Wagner

3.1.1 Botschaften für Moralentwicklung und Identitätsbildung

Kindern begegnet die soziale Vielfalt nicht neutral, sondern jeweils zusammen mit Bewertungen. Welche Merkmale von Menschen als positiv und erstrebenswert gelten und welche negativ und abzulehnen sind, erfahren Kinder zunächst von ihren Bezugspersonen, die damit ihre Wertvorstellungen und ihre Identität als Familie zum Ausdruck bringen. Mit jeder Ausweitung ihres Aktionsradius sind es weitere Informationsquellen, denen Kinder wichtige Botschaften für ihre Moralentwicklung und eigene Identitätsbildung entnehmen.

Auswirkungen auf soziales Lernen und Handeln

Die Botschaften haben unterschiedliche Auswirkungen in Abhängigkeit davon, welcher sozialen Gruppe Kinder angehören, wie deren gesellschaftlicher Status ist und wie in der Familie damit umgegangen wird. Überwiegen die positiven Bewertungen der eigenen sozialen Gruppe, so haben Kinder die Chance, ein positives Selbstbild auszubauen. Wird die eigene soziale Gruppe abgewertet, so ist der Aufbau eines gesunden Selbstwertgefühls außerordentlich erschwert, insbesondere wenn Diskriminierung und soziale Marginalisierung hinzukommen. Aber auch für Kinder der in einem bestimmten Merkmal privilegierten und sozial anerkannten Gruppe sind die stereotypen und abwertenden Botschaften über andere eine problematische Grundlage für ihr soziales Lernen und Handeln. Der Glaube an die eigene Höherwertigkeit verbunden mit der Vorstellung von Minderwertigkeit der anderen betont die Unterschiede und ignoriert die Gemeinsamkeiten zwischen Menschen. Empathie für andere kann sich nur schwer entwickeln, Solidarisierung mit anderen gegen Ungerechtigkeiten ist unwahrscheinlich.

Ein auf Inklusion beruhendes System frühkindlicher Bildung und Erziehung braucht pädagogische Praxiskonzepte, die von gleichen Bildungsrechten für Kinder ausgehen und die vorhandene Heterogenität sozialer Lebensverhältnisse und individueller Lernwege systematisch berücksichtigen. Gefragt sind Konzepte, die vor dem Hintergrund der europäischen Anti-Diskriminierungsgesetze aufmerksam sind gegenüber gesellschaftlichen Bewertungen von Unterschieden, die als Diskriminierung, Benachteiligung oder Privilegierung wirken können. Konzepte müssten den Umstand berücksichtigen, dass einzelne Differenzmerkmale und deren Bewertungen zwar für eine soziologische Analyse auseinander gehalten und getrennt betrachtet werden können, im Leben von Kindern und Familien aber immer zusammen mit all den anderen relevant sind. Deshalb vertreten die Anti-Diskriminierungs-Richtlinien der EU[1] einen »horizontalen Ansatz«: Da Individuen auf Grund mehrerer Merkmale diskriminiert werden können, geht es darum, diese nicht zu hierarchisieren, sondern Diskriminierungsmechanismen als solche in den Blick zu nehmen und zu bekämpfen.

Pädagogische Praxiskonzepte

Wenn auch in einer »horizontalen« Betrachtungsweise die Gleichzeitigkeit und jeweils subjektive Bedeutsamkeit von Diskriminierungserfahrungen aufgrund unterschiedlicher Merkmale betont wird, so ist für ein wirkliches Verständnis der Auswirkungen von Diskriminierung auch ein vertieftes Wissen darüber nötig, was es mit den einzelnen Aspekten von Vielfalt auf sich hat: Welche Rolle spielen sie im aktuellen gesellschaftlichen Kontext Deutschlands und welche Differenzen sind damit verbunden, was den Zugang zu Ressourcen und Einfluss anbelangt? Welche diskriminierenden Ideologien (wie Rassismus, Sexismus, Antisemitismus, Islamfeindlichkeit, Homophobie) gibt es zu bestimmten Merkmalen und welche Verbreitung und Wirkung haben sie? Wie wird in den Erziehungs- und Bildungseinrichtungen damit umgegangen, was kennzeichnet die pädagogi-

Wissen über die einzelnen Aspekte von Vielfalt

---

[1] In den EU-Richtlinien geht es um Diskriminierung aufgrund der ethnischen Herkunft, des Geschlechts, der sexuellen Ausrichtung, des Alters, der Religion und Weltanschauung.

sche Praxis in Kindertageseinrichtungen und wie sind die Bewältigungsstrategien von Fachkräften zu interpretieren?

3.1.2 Was wissen wir über Vorurteile bei Kindern?

Im deutschsprachigen Raum fehlt es bislang an systematischen und breit angelegten Untersuchungen, wann und wie junge Kinder damit beginnen, sich auf Unterschiede bei Menschen zu beziehen und welche Implikationen diese Unterscheidungen für ihre Identitätskonstruktionen haben. Die meisten der vorliegenden Untersuchungen stammen aus den USA. Glenda Mac Naughton, Erziehungswissenschaftlerin in Australien, hat in einem aktuellen Überblick[2] die relevanten Untersuchungsergebnisse nach den Bereichen Herkunftskultur/Hautfarbe, Gender, Behinderung und sozioökonomische Vielfalt systematisiert und zusammengetragen, welche Erkenntnisse zur Wirksamkeit pädagogischer Interventionen vorliegen. Soziale Ungleichheit, Vorurteile und Diskriminierung sind nach dieser Übersicht von einem frühen Alter an Angelegenheiten der Kinder.

»Horizontaler« Zugang

Sie sind es sicherlich auch für Kinder in Deutschland: Die folgenden Beiträge in Kapitel 3 stellen einen ersten Versuch dar, in einem »horizontalen« Zugang eine ganze Reihe von Vielfaltsmerkmalen aus der Sicht von jungen Kindern zu analysieren und nebeneinander zu stellen. Zu jedem Merkmal gibt es diejenigen Kinder, die es tragen, zu deren Identitäten es gehört. Und es gibt immer auch die Kinder, zu deren Identitäten es nicht gehört und die es bei anderen kennenlernen. Jedes Merkmal kann dafür herhalten, Kinder abzuwerten oder auszugrenzen. Wenn auch das Ausmaß der Nachteile, die man erleidet, unterschiedlich sein mag, ist Ausgrenzung immer leidvoll. Daher verbietet sich eine Hierarchisierung des Leidens.

---

[2] Glenda Mac Naughton (2006): Respect for diversity. An international overview. Bernard van Leer Foundation: Den Haag. www.bernardvanleer.org

3.2 Geschlechtsbewusste Pädagogik – eine Gratwanderung

Tim Rohrmann

3.2.1 Genderaspekte in Kindertageseinrichtungen

Kinder sind Jungen und Mädchen, und pädagogische Fachkräfte sind Frauen und – weit seltener – Männer. Jungen und Mädchen beschäftigt, was es mit den Geschlechterunterschieden auf sich hat. Geschlechtstypisches Verhalten insbesondere der älteren Kinder ist im Kindergarten häufig zu beobachten und prägt den Alltag entscheidend mit. Schon vor 30 Jahren wurde dies gelegentlich reflektiert, meist mit dem Ziel, diesen Unterschieden entgegenzuwirken. Im Vordergrund stand das Ziel einer »Gleichbehandlung« von Jungen und Mädchen, das heute Bestandteil vieler Ausbildungs- und Rahmenpläne geworden ist.

Unterschiede zwischen den Geschlechtern wurden in der Pädagogik lange Zeit überwiegend unter der Perspektive einer möglichen Benachteiligung von Mädchen betrachtet. Davon ausgehend kam es zu einer kritischen Reflexion der Koedukation in der Schule und zu vielfältigen Ansätzen der Mädchen- und später auch Jungenarbeit im Bereich der Jugendarbeit. Am Arbeitsfeld Kindertageseinrichtungen gingen diese Entwicklungen allerdings weitgehend vorbei. Viele Erzieherinnen waren der Ansicht, dass das Geschlecht im Kindergartenalter noch keine große Rolle spielt.

Entsprechend wenig wurde die traditionelle Dominanz des weiblichen Geschlechts im »Garten der Frauen« thematisiert. 1996 formulierte das Netzwerk für Kinderbetreuung der EU das Ziel, dass 20 Prozent der Beschäftigten in Kitas Männer sein sollten. Davon ist Deutschland nach wie vor weit entfernt: Trotz leicht steigender Tendenz liegt der Männeranteil am pädagogischen Personal nur bei 3,2 Prozent (Rohrmann 2007).

In den letzten Jahren haben mehrere Entwicklungen dazu geführt, dass Genderthemen in Kindertageseinrichtungen vermehrt aufgegriffen werden:
→ die öffentliche Diskussion über Jungen als »Bildungsverlierer«

Aktuelle Entwicklungen

→ die Berücksichtigung geschlechtsbezogener Themen in der Qualitäts- und in der Bildungsdiskussion im Elementarbereich
→ die Implementierung von Gender Mainstreaming in der Kinder- und Jugendhilfe.

3.2.2 Jungen als Verlierer?

Seit einigen Jahren gibt es immer wieder teils dramatisierende Veröffentlichungen zu den Problemen von Jungen – aktuell wird sogar von der »Jungenkatastrophe« gesprochen (Beuster 2006; vgl. Rose/Schmauch 2005). Insbesondere Daten zum im Durchschnitt niedrigeren Schulerfolg von Jungen haben zur Folge gehabt, dass es nicht mehr in erster Linie um die Förderung benachteiligter Mädchen geht, wenn geschlechtsbezogene Fragen diskutiert werden. Die Ursachen der Probleme von Jungen werden nicht zuletzt in den Bildungsinstitutionen der Kindheit vermutet, in denen sie es vor allem mit Frauen zu tun haben. Vor diesem Hintergrund wird unter anderem die Forderung nach einem höheren Männeranteil in Kitas und Grundschulen zunehmend populär.

Neuer Blick auf beide Geschlechter

In diesem Zuge beginnen sich auch Menschen für das Thema zu interessieren, die bislang mit Geschlechterfragen »nichts am Hut hatten« und feministischen Ansätzen kritisch bis skeptisch gegenüberstanden. Entsprechende Diskussionen treiben bisweilen seltsame Blüten. So scheinen Jungen manchmal nur noch als Problemgruppe gesehen zu werden, oder feministischen Frauen und Fachkräften aus der Jungenarbeit wird vorgeworfen, die Identität von Jungen »zerstören« zu wollen. Von solchen Auswüchsen einmal abgesehen, ist das gestiegene Interesse an der Situation von Jungen eine Chance für einen neuen Blick auf *beide* Geschlechter.

3.2.3 Qualität und Bildung im Elementarbereich

Die Diskussionen über Qualität und den Bildungsauftrag von Kindertageseinrichtungen haben zu einer Professionalisierung und gesellschaftlichen Aufwertung des Elementarbereichs geführt. Wenn Bildung im Vordergrund der Weiterentwicklung pädagogischer Arbeit von Kitas steht, wirft das auch ein anderes Licht auf geschlechtstypische Neigungen sowohl von Fachkräften als auch von Kindern. Erzieherinnen und Erzieher befassen sich heute mehr als bisher mit »männlichen« Bereichen wie Mathematik und Naturwissenschaften. Jungen wie Mädchen können sich nicht nur auf geschlechtstypische Interessensbereiche beschränken, sondern ihnen muss auch die Auseinandersetzung mit Bildungsthemen zugemutet werden, die sie von sich aus eher vermeiden.

Allerdings berücksichtigen die meisten Bildungs- und Orientierungspläne der Bundesländer die Geschlechterthematik nur am Rande. Selbst wenn geschlechtergerechte bzw. geschlechterbewusste Pädagogik dort als Auftrag formuliert wird, wird dies für die einzelnen Bildungsbereiche nicht oder kaum konkretisiert. So bleibt dies den Erzieherinnen und Erziehern überlassen, die dafür allerdings weder Zeit haben noch ausgebildet sind. Dessen ungeachtet ist die Frage nach Bildungschancen ein wichtiger Zugang für einen neuen Blick auf geschlechtsbezogene Zusammenhänge in Kindertageseinrichtungen (Rohrmann 2006a; Niesel 2006).

Neuer Blick auf geschlechtsbezogene Zusammenhänge in Kitas

3.2.4 Gender Mainstreaming

In vielen Institutionen und Verbänden wird seit einigen Jahren die Strategie des *Gender Mainstreaming* eingeführt. Der sperrige Begriff bedeutet, dass geschlechterbezogene Fragen und das Ziel gleicher Chancen für Frauen und Männer nicht mehr als Spezialthema betrachtet, sondern in der ganzen Breite des Alltagshandelns berücksichtigt werden sollen. Er beinhaltet auch, dass Gleichberechtigung ein gemeinsames Projekt von Frauen und Männern ist und daher auch die Situation von Männern und Jungen in den Blick genommen werden muss.

Seit 1996 ist Gender Mainstreaming als politische Vorgabe durch Verträge in allen Staaten der Europäischen Union verbindlich. Auch in der Kinder- und Jugendhilfe sollen die besonderen Lebenslagen von Mädchen und Jungen überall berücksichtigt und Angebote und Einrichtungen geschlechtergerecht ausgerichtet werden. Was Gender Mainstreaming in der Praxis

Politisch-verbindliche Vorgabe

der pädagogischen Arbeit konkret bedeuten kann, ist bislang nicht festgelegt. Nur vereinzelt gibt es Projekte, in denen dies konkret umgesetzt wird. Für die pädagogische Praxis kann Gender Mainstreaming eine Chance sein, weil Projekte nicht mehr nur auf das Engagement Einzelner angewiesen sind, sondern durch den formalen Rahmen auch offiziell begründet und abgesichert werden können (vgl. Rabe-Kleberg 2003; Rohrmann 2005; www.genderloops.eu).

3.2.5 Wer ist benachteiligt?

Geschlechtsbewusste Pädagogik hat das Ziel, den Bedürfnissen und Interessen beider Geschlechter gerecht zu werden. Ein einseitiges Verständnis von Benachteiligung ist nicht dazu geeignet, die Realität von Mädchen und Jungen angemessen zu erfassen. Im Kindergarten ist zum Beispiel zu beobachten, dass Jungen deutlich mehr Aufmerksamkeit der Erzieherinnen bekommen. Um die Mädchen, die weniger mit lautem und störendem Verhalten auffallen, machen sich die Erzieherinnen oft weniger Gedanken. Sind Mädchen also benachteiligt? Ein anderer Eindruck entsteht beim Blick auf die Angebote. Der »weibliche« Mal- und Bastelbereich ist oft gut ausgestattet, wohingegen eine »männliche« Werkbank gar nicht vorhanden ist oder in einem Abstellraum verstaubt. Bedeutet dies nun eine Benachteiligung von Jungen?

Benachteiligungs- und Bevorteilungsbilder aufgeben

Lotte Rose hat vorgeschlagen, »die Benachteiligungs- und Bevorteilungsbilder aufzugeben und anzuerkennen, dass *beide* Geschlechter in dem komplexen und widersprüchlichen Feld gesellschaftlicher Hierarchisierungen je eigene biographische Spannungen zu bewältigen haben, die sich nicht gegeneinander aufrechnen lassen, und dass sie beide spezifischen Normalitätszwängen ausgesetzt sind, die ihre je eigenen Konflikte produzieren« (Rose 2000, S. 17).

»Doing gender«

Für geschlechtsbewusste Pädagogik ist noch ein weiterer Aspekt von zentraler Bedeutung: Die Betonung der Analyse geschlechtsbezogener Sozialisationsbedingungen und Benachteiligungen birgt die Gefahr, dass der Blick auf Unterschiede *innerhalb* der Geschlechtsgruppen verstellt wird. Die Rede von »den« Jungen und »den« Mädchen kann gerade die Geschlechtsstereotype mit produzieren, deren Überwindung angestrebt wird. In den Vordergrund neuerer Ansätze der Geschlechterforschung treten daher Vielfältigkeiten bei beiden Geschlechtern sowie die Aneignungs- und Konstruktionsprozesse, mit denen geschlechtsbezogene Zuordnungen im Alltag von Frauen und Männern, Mädchen und Jungen selbst »hergestellt« werden (»*doing gender*«).

Die Praxis zeigt, dass es nicht ausreicht, »Gleichbehandlung« zu postulieren oder Curricula und Angebote daraufhin zu durchforsten, ob irgendwo Mädchen oder Jungen benachteiligt werden. Analysen wie die von Mac Naughton (2000) und Browne (2004) weisen darauf hin, dass auch untersucht werden muss, wie die zugrundeliegenden Bildungskonzepte zur Konstruktion von Geschlecht beitragen. Sonst ist zu befürchten, dass es den (zukünftigen) Fachkräften nicht gelingen wird, Genderaspekte in der tagtäglichen pädagogischen Arbeit tatsächlich zu berücksichtigen. Als Beispiel: Wenn Beobachtungsverfahren darauf ausgerichtet werden, *individuelle* Selbstbildungsprozesse von Kindern zu dokumentieren, geraten geschlechtstypische Strukturen in den Einrichtungen, geschlechtsbezogene Gruppenprozesse und Machtverhältnisse wenig in den Blick.

Geschlechtsbewusste Pädagogik ist vor diesem Hintergrund eine mehrfache Gratwanderung: zwischen der Wahrnehmung von individuellen Unterschieden und der Schärfung des Blicks für geschlechtstypische Muster und Strukturen; zwischen dem Bemühen um Chancengleichheit und eine möglichst breite Persönlichkeitsentwicklung einerseits und dem Anerkennen vorhandener Geschlechtsunterschiede andererseits.

Mehrfache Gratwanderung

3.2.6 Entwicklungspsychologie: Die Entdeckung der Geschlechterunterschiede

Für das Verständnis der Geschlechterunterschiede und die Entwicklung der Geschlechtsidentität ist das Kindergartenalter von zentraler Bedeutung. Bereits gegen Ende des ersten Lebensjahres finden erste Selbstkategorisierungsprozesse statt (Volbert 1999, S. 144). Kinder können bereits früh Männer und Frauen unterscheiden. Erst zu Beginn des Kindergartenalters beginnen Kinder aber zu verstehen, dass es nicht nur zwei Geschlechter gibt, sondern dass sie zu einem dieser beiden Geschlechter gehören und sich dies nicht mehr ändern wird (*Geschlechtskonstanz*). Dies kann für Kinder eine große Enttäuschung sein und starke Neidgefühle auslösen, z. B. wenn ein Junge akzeptieren muss, dass er niemals eine Mama werden und ein Kind bekommen kann. Viele Kinder sind in der Folgezeit darum bemüht, »richtige« Mädchen bzw. Jungen zu werden, und verhalten sich zunehmend geschlechtstypisch – oft mehr, als es den Erwachsenen lieb ist. Andere Kinder vermeiden das Thema, während manche Kinder auffällig untypisches Verhalten zeigen, vielleicht weil sie noch nicht bereit sind, Interessen und Vorlieben der Kleinkindzeit aufzugeben, die bei älteren Mädchen und Jungen gesellschaftlich nicht mehr akzeptiert werden.

Grenzen unserer Offenheit für Vielfalt

Gerade für die letztgenannten Kinder ist natürlich von entscheidender Bedeutung, wie viel Vielfalt und Anders-Sein ihre Umwelt ihnen zugesteht. *Darf ein dreijähriger Junge mit dem Kleid seiner großen Schwester in den Kindergarten kommen? Darf er dies auch noch, wenn er fünf ist und sich jeden Tag die Fingernägel rot lackieren will? Und was ist, wenn er so in die Schule gehen möchte?* An diesem Beispiel werden die Grenzen unserer Offenheit für Vielfalt deutlich. Erwachsene begründen ihre Bedenken oft damit, dass sie ihrem Kind Kränkungen und Ablehnung in der Peergruppe ersparen wollen. Tatsächlich können Kinder meist selbst gut einschätzen, wie ihre Umwelt reagieren wird. Die Aufgabe der Erwachsenen besteht nicht darin, solchen Erfahrungen vorzubeugen, sondern Kinder zu *begleiten* und sie in jedem Fall darin zu bestätigen, dass sie ein Mädchen bzw. ein Junge sind, egal wie sie aussehen oder was sie tun.

Erfahrungen in den Gleichgeschlechtlichengruppen

Wenn Kinder unter sich sind, bevorzugen sie ab dem Vorschulalter gleichgeschlechtliche Spielpartner und Freunde. Diese Tendenz verstärkt sich bis zum Ende der Grundschulzeit. Die Erfahrungen in den Gleichgeschlechtlichengruppen haben eine große Bedeutung für die Entwicklung der geschlechtlichen Identität. Nicht zuletzt unterscheiden sich die Interaktionsstile, die Mädchen und Jungen in ihren Gruppen entwickeln, zum Teil erheblich voneinander. Es kann daher von zwei Kulturen oder »Welten« der Geschlechter gesprochen werden, auch wenn das Ausmaß und die Bedeutung dieses Phänomens umstritten sind (vgl. Maccoby 2000; Rohrmann, in Vorbereitung). Dies ist nicht nur für das soziale Miteinander von Bedeutung, sondern wirkt sich auch entscheidend auf das Selbstkonzept und den Umgang mit Lernen und Leistung in der Schule aus.

In ihrer weiteren Entwicklung lernen Kinder, dass geschlechtsbezogene Zuordnungen nicht für alle Jungen und Mädchen, Männer und Frauen gelten, nicht für die eigenen Eltern, die besten Freunde und schon gar nicht für einen selbst. Dies zu verstehen ist für Kinder manchmal nicht einfach. Aber auch pädagogischen Fachkräften fällt diese Unterscheidung nicht so leicht wie man meinen könnte. Die verbreitete Aussage »wir behandeln Mädchen und Jungen gleich« bedeutet ja keineswegs, dass Erzieherinnen und Erzieher (oder auch Eltern) meinen, dass Mädchen und Jungen gleich *sind*. Sie möchten aber nicht die Verantwortung für das Fortbestehen der im Alltag unübersehbaren geschlechtstypischen Unterschiede in die Schuhe geschoben bekommen. Je nach persönlicher Orientierung werden daher gesellschaftliche oder biologische Ursachen ins Feld geführt, die die beobachteten Unterschiede erklären können (vgl. Rohrmann 2006b).

»Wir behandeln Mädchen und Jungen gleich ...«

Darüber hinaus *wollen* die meisten Erwachsenen auch gar nicht, dass Mädchen und Jungen gleich sind. Die Frage, wie wir uns Mädchen und Jungen im beginnenden 21. Jahrhundert *wünschen*, ist jedoch nur schwer zu beantworten und von zahlreichen Widersprüchen geprägt. Mädchen sollen stark sein, aber nicht zickig; ihnen werden schöne Kleidchen gekauft, aber sie sollen sich nicht am Barbie-Ideal orientieren. Jungen sollen mehr Gefühle zeigen, aber keine Heulsusen sein; sie sollen nicht als »kleine Macker« auftreten, sich aber gegen andere Jungen wehren können ... und so weiter.

3.2.7 Was Kinder selbst sagen: »Junge sein ist besser! Kannste alles machen ...«

Seit den 1970er-Jahren gab es immer wieder Versuche, geschlechtstypischem Verhalten bereits im Kindergartenalter entgegenzuwirken. Oft waren sie allerdings nur von geringem Erfolg. Warum? Viele dieser Versuche blieben an der Oberfläche und stellten die kindlichen Vorstellungen von Geschlecht nicht wirklich in Frage. Mac Naughton (2000) meint in ihrer spannenden Studie *Rethinking Gender in Early Childhood Education*, dass

Vielfalt und Diskriminierung im Erleben von Kindern

»Die Jungs finden Jungs besser – die Mädchen finden Mädchen besser«

viele Bemühungen um Geschlechtergerechtigkeit bestenfalls kurzfristigen Erfolg hatten, weil sie die »Schuld« für Ungerechtigkeiten bei den Mädchen und/oder den Jungen suchten. Langfristige Veränderungen seien eher zu erwarten, wenn die *Diskurse* der Kinder verändert würden, also die Art und Weise, wie Jungen und Mädchen über Gender denken und sprechen.

In einem Projekt mit Kindern im Hort kamen wir mit Mädchen und Jungen darüber ins Gespräch, wie sie sich selbst und das andere Geschlecht sehen und was für Vorstellungen sie von Männlichkeit und Weiblichkeit haben (van Dieken/Rohrmann/Sommerfeld 2004). Mädchen finden es gut, ein Mädchen zu sein: »*Eine Muschi ist ja nicht so schlimm wie ein Pillermann*«, meinte ein Mädchen, und ein anderes fand gut: »*Also, dass wir im Sommer immer Kleider tragen und die Jungs müssen trotzdem kurze Hosen tragen.*« Auch Jungen sind mit ihrem Geschlecht zufrieden: »*Es ist einfach schön. Wir sind viel stärker, wir können uns besser wehren. Und es ist gut 'n Mann zu sein, weil wir keine Babys kriegen müssen. Das tut bestimmt sehr doll weh.*« Und ein anderer meinte: »*Wenn ich ein Mädchen wär', müsste ich auch dieses Barbie-Zeug mögen, das mag ich auch nicht.*« Es lässt sich zusammenfassen, dass die meisten Kinder mit ihrer Geschlechtszugehörigkeit zufrieden sind. Ein Mädchen fasste zusammen: »*Ja, und das Beste ist, die Jungs finden Jungs besser und die Mädchen finden Mädchen besser, das ist ja der Unterschied*«.

Schattenseiten des eigenen Geschlechts

Allerdings sehen Kinder auch die Schattenseiten ihres eigenen Geschlechts. So meinten manche Mädchen, dass es besser sei, ein Junge zu sein: »*... weil die schlagen können und helfen. Aber wir können das nicht*«. Ein anderes Mädchen erzählte: »*Wenn die Jungen anfangen zu prügeln, dann wünsche ich mir immer, ein Junge zu sein. Dann könnte ich die auch verkloppen.*« Auf der anderen Seite benannten manche Jungen auch Nachteile des Junge-Seins: »*Jungs kann mehr passieren als Mädchen.*« »*Es ist auch gut, ein Mädchen zu sein, denn Jungs dürfen eigentlich keine Mädchen schlagen.*« Das unterschiedliche Konfliktverhalten von Mädchen und Jungen spielt eine wichtige Rolle für ihr Selbstkonzept. Viele Jungen sehen als Vorteil des Junge-Seins, dass sie »*stärker sind*« als Mädchen. Diese wiederum führen ihr in ihren Augen besseres Konfliktverhalten ins Feld: »*Mädchen sehen schöner aus und streiten und boxen nicht so viel und sagen nicht so schlimme Wörter und kriegen nicht so Ärger.*«

Gespräche mit Kindern ergeben oft ein überraschend breites Spektrum von Erfahrungen und Einstellungen zu Geschlechterunterschieden. Viele Mädchen und Jungen äußern allerdings ab dem Ende des Kindergartenalters sehr klischeehafte Vorstellungen von Männlichkeit und Weiblichkeit: Männer fahren Auto, Frauen kochen; rosa ist weiblich, Pistolen sind männlich ... Dies liegt daran, dass sie in diesem Alter die Geschlechtsstereotype erlernen, von denen unsere Gesellschaft geprägt ist. Dabei verallgemeinern sie, was sie tagtäglich sehen und erleben, und Ausnahmen bestätigen dabei nur die Regel. Natürlich fährt Mama auch Auto, aber beim Familienausflug sitzt doch Papa am Steuer – und wenn am Motor etwas zu tun ist, macht sich in der Regel ein Mann die Hände schmutzig. Im Laufe des Grundschulalters werden Kinder dann flexibler und können sich differenzierter äußern. Dies setzt allerdings voraus, dass sie im Alltag Gelegenheit haben, tatsächlich Vielfalt zu erleben.

Geschlechtsstereotype und tatsächliche Vielfalt

3.2.8 Konsequenzen für pädagogisches Handeln

Was kann eine »Pädagogik der Vielfalt« für den Umgang mit geschlechtsbezogenen Themen in Kindertageseinrichtungen bedeuten? Kindertageseinrichtungen werden vielfältiger, wenn es dort Männer und Frauen gibt. In jüngster Zeit gibt es Bemühungen, mehr Männer für die Arbeit in Kindertageseinrichtungen zu gewinnen (Krabel/Stuve 2006; Rohrmann 2007). Dies führt allerdings auch zu Kontroversen. Nicht zu Unrecht wird befürchtet, dass dabei geschlechtsstereotype Muster und Hierarchien verstärkt werden können. Daher müssen die Ziele einer Einbeziehung und Beteiligung von Männern geklärt werden. *Ein* Ziel ist es, dass Kinder vielfältige Möglichkeiten des Mann-Seins »hautnah« erleben können. Dazu reicht ein »Vorzeigemann« in der Einrichtung nicht aus. Es sollte mindestens zwei Männer im Kita-Alltag geben, damit Kinder erleben können, dass Männer – wie auch Frauen – *unterschiedlich* sind.

Beteiligung von männlichen Erziehern und Vätern

Während männliche Mitarbeiter bislang selten sind, ist die Einbeziehung von Vätern in jeder Kindertageseinrichtung möglich. Hier stehen oft eingefahrene Gewohnheiten und Strukturen im Wege – zum Beispiel Arbeitszeiten, die die Beteiligung von Berufstätigen an Elterngesprächen und Aktionen verhin-

Vielfalt und Diskriminierung im Erleben von Kindern

Gemeinsame Erziehung durch Frauen und Männer – historisch ein neues Projekt

dern. Viele gute Anregungen für die Zusammenarbeit mit Vätern gibt der Praxisband von Verlinden/Külbel (2005). Damit geschlechtsbewusste Pädagogik neue Perspektiven für beide Geschlechter eröffnen kann, müssen Fachkräfte ihre eigenen Lebenserfahrungen und Einstellungen reflektieren und sich im Dialog von Frauen und Männern auf gemeinsame Grundhaltungen und Ziele verständigen. Gemeinsame Erziehung von kleinen Kindern durch Frauen und Männer ist historisch ein neues Projekt. Sie ist eine Chance, aber auch eine große Herausforderung für alle Beteiligten, die ohne gute Praxisbegleitung oder Supervision manchmal misslingen kann.

Beobachtungen und Experimente

Für die alltägliche Praxis in der Kindertageseinrichtung ist entscheidend, geschlechterbewusste Pädagogik nicht als Zusatzprogramm zu verstehen, sondern als Querschnittsaufgabe, die in allen Bildungsbereichen von Kindertageseinrichtungen von Bedeutung ist. Geschlechtsbewusste Erziehung und Bildung lässt sich nicht als Programm verwirklichen. Wichtiger als spezifische Angebote sind daher geschlechterbewusste Beobachtungs- und Reflexionsmöglichkeiten. Ausgangspunkt für die Reflexion des Bildungsangebotes können Fragen wie die folgenden sein:

→ In welchen Spielbereichen spielen Jungen, in welchen Mädchen?

→ Welche Angebote und Themen werden vor allem von Mädchen aufgegriffen, welche von Jungen?

→ Wie berücksichtigt das pädagogische Angebot typisch »weibliche« und typisch »männliche« Themen?

→ Wo gibt es Ausnahmen, abweichendes Verhalten, Überraschungen?

Balanceakt zwischen Entdramatisierung und Thematisierung

Geschlechtsbewusste Pädagogik ist ein Balanceakt zwischen Entdramatisierung und Thematisierung von Geschlecht, zwischen einer Akzeptanz von Unterscheidung und Trennung einerseits und einer Förderung des Miteinanders von Mädchen und Jungen andererseits. Konkrete Angebote und Interventionen können zunächst als »Experimente« verstanden werden. Bereits ein einstündiges Angebot, das getrennt für Jungen und Mädchen durchgeführt wird, kann zu eindrucksvollen Erkenntnissen führen. So meinte ein Mädchen am Ende einer Mädchenstunde im Bewegungsraum begeistert: »*Das war toll! Endlich dürfen wir auch mal an die Geräte!*« Erst dadurch bemerkte die Erzieherin, dass es nicht Desinteresse war, was viele Mädchen

Geschlechtsbewusste Pädagogik – eine Gratwanderung

von den Geräten ferngehalten hatte, sondern die Dominanz einiger Jungen. Eine zeitweise Trennung der Geschlechter kann nicht nur den Blick für Geschlechterunterschiede schärfen, sondern auch Unterschiede *innerhalb* der Geschlechtergruppen sichtbar machen und auf Kinder aufmerksam machen, die beim Reden über »die« Jungen und »die« Mädchen leicht übersehen werden.

Jungen und Mädchen im Kindergarten- und Grundschulalter wollen nicht gleich sein. Sie suchen Antworten auf ihre Fragen nach den Geschlechterunterschieden und probieren sich als Mädchen und Jungen aus. Sie brauchen geschützte Räume, in denen sie unter sich sein und tun und lassen können, was ihnen Spaß macht. Sie brauchen aber auch Anregungen in Bereichen, die sie wenig kennen oder vermeiden. Kindertageseinrichtungen müssen daher sowohl Raum für geschlechtstypische Themen und Interessen lassen als auch Mädchen und Jungen neue und ungewohnte Erfahrungen zumuten.

Gender Play – Geschlechtsbewusste Pädagogik als Entdeckungsreise

Geschlechtsbewusste Pädagogik kann die Chancen nutzen, die aus der aktuellen »Verflüssigung« traditioneller geschlechtstypischer Normen und Vorgaben erwachsen. Sie kann Mädchen und Jungen Raum geben zu experimentieren und spielerisch mit Geschlechtszuschreibungen umzugehen. Kindertageseinrichtungen sind dafür eine wunderbare Bühne, denn Jungen und Mädchen sind im Vor- und Grundschulalter nicht nur auf der Suche nach klarer Orientierung in ihrer Geschlechtsidentität, sondern gleichzeitig auch neugierig und offen für ein Spiel mit Geschlechterbildern, das unerwartete Kombinationen und »verrückte« Erklärungen genauso wertschätzen kann wie eindeutige Antworten und traditionelle Rosa-Blau-Polaritäten.

Um stereotype Haltungen von Kindern zu verändern, müssen Pädagoginnen und Pädagogen die geschlechtsbezogenen Inszenierungen und Erzählungen von Kindern erforschen, mit denen Kinder sich selbst und andere verstehen. Sie müssen Räume schaffen, in denen Kinder die Verhaltensweisen und Erzählungen der anderen Kinder kommentieren und in Frage stellen können. Und sie müssen sich selbst in den Dialog mit den Kindern einbringen. Mädchen und Jungen brauchen neugierige Gegenüber, die ihre geschlechtsbezogenen Fragen und Themen ernst nehmen, die aber auch selbst Position beziehen, ihnen »alternative Geschichten« zum Geschlechterverhältnis erzählen

Mädchen und Jungen brauchen neugierige Gegenüber

und neue Perspektiven eröffnen. Pädagoginnen und Pädagogen werden damit zu Forscherinnen und Forschern, die gemeinsam mit Jungen und Mädchen Geschlechterwelten erkunden. Im Vordergrund stehen dabei Neugier und Spaß am Entdecken neuer Orientierungen für beide Geschlechter.

Empfehlung zum Weiterlesen

Walter, Melitta (2005): Jungen sind anders, Mädchen auch. Den Blick schärfen für eine geschlechtergerechte Erziehung. München

Bilderbücher für Kinder

Funke, Cornelia/Meyer, Kerstin (1997): Prinzessin Isabella. Hamburg
Janisch, Heinz/Wolfsgruber, Linda (1998): Die Prinzessin auf dem Kürbis. Wien
Lenain, Thierry/Durand, Delphine (2002): Hat Pia einen Pipimax? Das Buch vom kleinen Unterschied. Hamburg
Thiele, Jens (2004): Jo im roten Kleid. Wuppertal
Widerberg, Siv/Torudd, Cecilia (1988): Es waren einmal eine Mama und ein Papa. Hamburg

Literatur

Browne, Naima (2004): Gender equity in the early years. Maidenhead
van Dieken, Christel/Rohrmann, Tim/Sommerfeld, Verena (2004): Richtig streiten lernen. Neue Wege in der Konfliktbewältigung unter Kindern. Freiburg
Gender Loops (2007): Gender Mainstreaming. Implementierungsstrategien in der Aus- und Fortbildung im Bereich der frühkindlichen Erziehung. http://www.genderloops.eu
Krabel, Jens/Stuve, Olav (Hrsg.) (2006): Männer in »Frauen-Berufen« der Pflege und Erziehung. Opladen
Maccoby, Eleanor (2000): Psychologie der Geschlechter. Sexuelle Identität in den verschiedenen Lebensphasen. Stuttgart
Mac Naughton, Glenda (2000): Rethinking gender in early childhood education. London
Niesel, Renate (2006): Geschlechtsbewusste Erziehung. In: Bayerisches Staatsministerium für Arbeit und Sozialordnung, Familie und Frauen & Staatsinstitut für Frühpädagogik München (Hrsg.): Der Bayerische Bildungs- und Erziehungsplan für Kinder in Tageseinrichtungen bis zur Einschulung. 2. Auflage. Weinheim (S. 133–141)
Rabe-Kleberg, Ursula (2003): Gender Mainstreaming und Kindergarten. Reihe Gender Mainstreaming in der Kinder- und Jugendhilfe. Weinheim

Geschlechtsbewusste Pädagogik – eine Gratwanderung

Rohrmann, Tim (in Vorbereitung): Zwei Welten? Geschlechtertrennung in der Kindheit: Empirische Forschung und pädagogische Praxis im Dialog. Dissertation an der Universität Oldenburg
Rohrmann, Tim (2007): Männer in Kindertageseinrichtungen für Kinder: Es werden mehr – aber nur sehr allmählich. Switchboard, Zeitschrift für Männer und Jungenarbeit, Nr. 182, Herbst 2007 (S. 4–7)
Rohrmann, Tim (2006a): Lernen Jungen ander(e)s als Mädchen? Zusammenhänge zwischen Bildung und Geschlecht. In: kindergarten heute (S. 6–14)
Rohrmann, Tim (2006b): Die Henne und das Ei, oder: Löst das Hormon das Verhalten aus oder umgekehrt? In: TPS Theorie und Praxis der Sozialpädagogik (S. 6–11)
Rohrmann, Tim (2005): Gender Mainstreaming in Kindertageseinrichtungen. Online-Handbuch Kindergartenpädagogik. http://www.kindergartenpaedagogik.de/1318.html
Rose, Lotte (2000): Die Geschlechterkategorie im Diskurs der Kinder- und Jugendhilfe. Diskurs (S. 15–20)
Rose, Lotte/Schmauch, Ulrike (Hrsg.) (2005): Jungen – die neuen Verlierer? Auf den Spuren eines öffentlichen Stimmungswechsels. Königstein/Taunus
Verlinden, Martin/Külbel, Anke (2005): Väter im Kindergarten. Anregungen für die Zusammenarbeit mit Vätern in Tageseinrichtungen für Kinder. Weinheim
Volbert, Renate (1999): Sexualwissen von Kindern. In: Bundeszentrale für gesundheitliche Aufklärung (Hrsg.): Kinder. Köln (S. 139–174)

3.3 Heterogenität als Motor für Bildungsprozesse – Kinder mit Behinderung beteiligen und mitnehmen

Daniela Kobelt Neuhaus

3.3.1 Kinder mit Behinderung

Menschen sind behindert, wenn ihre körperliche Funktion, geistige Fähigkeit oder seelische Gesundheit mit hoher Wahrscheinlichkeit länger als sechs Monate von dem für das Lebensalter typischen Zustand abweichen und daher ihre Teilhabe am Leben in der Gesellschaft beeinträchtigt ist. Sie sind von Behinderung bedroht, wenn die Beeinträchtigung zu erwarten ist (§ 2 Abs. 1 SGB IX). Etwa drei bis vier Prozent aller Kinder haben schwere, zum Teil dauerhafte Beeinträchtigungen. Eine zahlenmäßig wesentlich größere Gruppe von Kindern zeigt leichtere Störungen und Auffälligkeiten. Wir begegnen ihnen in der Praxis als Kinder mit Entwicklungsrückständen und Verhaltensauffälligkeiten. Beide Störungskreise überlappen sich.

Wie viele Kinder sind betroffen? Wie viele Kinder betroffen sind, ist nur schwer exakt zu ermitteln: Deutsche und internationale Untersuchungen über das Vorkommen von Verhaltensauffälligkeiten zeigen für das Alter von drei bis sechs Jahren Störungsraten zwischen 13 und 35 Prozent, je nachdem wie weit der Störungsbegriff gefasst wird. Zu diesen mittelschweren Behinderungen gehören auch sogenannte Teilleistungsstörungen (Kognition, Sprache, Sensorik, Motorik), die man oft erst bei Kindern in diesem Alter entdecken kann. Angaben, wonach etwa zehn Prozent aller Vorschulkinder unter Teilleistungsschwächen leiden, dürften eher eine Untergrenze markieren. Sehr häufig sind Entwicklungsverzögerungen in den Bereichen Sprechen und Sprache: Einige Erhebungen fanden hier zum Teil Störungsraten von weit über 20 Prozent, was die in einigen Bundesländern flächendeckend betriebenen Sprachscreenings rechtfertigt, aber auch nicht besser macht. Denn häufig führen solche Sprachstandserhebungsmaßnahmen zu einseitigen Interventionen und zu Diskriminierung von Kindern (und Eltern).

Außerdem gibt es eine relativ große Gruppe von Kindern mit außergewöhnlichen Belastungen im familiären und sozialen Umfeld (z. B. psychische Erkrankung eines Elternteils, chronische Konflikte zwischen Eltern, soziale Benachteiligung). Armut stellt ein besonderes Entwicklungsrisiko dar. Ein Teil der von den verschiedenen Belastungen betroffenen Kinder hat bereits faktisch Schädigungen erlitten. Bei einem anderen Teil besteht ein relativ großes Risiko, dass sich in der Folge noch Behinderungen oder Entwicklungsauffälligkeiten einstellen. Entscheidend dafür, ob es tatsächlich zu Schädigungen kommt, sind unter anderem die Schwere und Anzahl der einwirkenden Belastungsfaktoren. Dazu hat die Resilienzforschung inzwischen auch in Deutschland einige Studien vorzuweisen (vgl. z. B. Wustmann 2007).

Was die Versorgungssituation betrifft, besteht in Deutschland für Kinder mit Behinderung ein gesetzlicher Anspruch auf Eingliederungshilfe. Kinder mit leichteren Behinderungen wie Entwicklungsauffälligkeiten oder Kinder, die in einem Risikoumfeld aufwachsen (»Risikokinder«), haben dagegen derzeit kein vergleichbares Recht auf Unterstützung. Aber gerade diese Kinder tappen leicht in die Diskriminierungsfalle. Weil ihre Behinderung oft erst im fortgeschrittenen Stadium medizinisch diagnostizierbar ist und weil die sozioökonomischen Faktoren so vielfältig sind, passen diese Kinder in kein Raster. Sie haben spezifische Bedürfnisse, denen man im Sinn einer langfristigen Stabilisierung der Entwicklung seitens der Einrichtungen Rechnung tragen müsste. Wie dies bei den derzeitigen Rahmenbedingungen in deutschen Kindertageseinrichtungen zu schaffen ist, bleibt ein Rätsel. Die »Early Excellence Centres« in England, die im Rahmen eines politischen Programms »sure start« entstanden sind, zeigen in Ansätzen, wie für multifaktorielle Ursachen individuelle Maßnahmen greifen könnten (vgl. Hebenstreit-Müller/Lepenies 2007).

Rechte auf Unterstützung?

3.3.2 Integrationsbemühungen

Das SGB IX betont im Paragraf 1 das Recht Behinderter auf gleichberechtigte Teilhabe am gesellschaftlichen Leben und auf Vermeidung von Benachteiligungen. In den Paragrafen 4 und 19 wird gefordert, dass Leistungen für behinderte oder von Behinderung bedrohte Kinder so geplant und gestaltet werden, dass diese nach Möglichkeit nicht von ihrem sozialen Umfeld

Vielfalt und Diskriminierung im Erleben von Kindern

Gemeinsame Bildungs- und Lernprozesse?

getrennt, sondern gemeinsam mit Kindern ohne Behinderung erzogen werden.

In Deutschland wurde während der 1980er-Jahre eine Reihe von Modellversuchen zur Integration behinderter Kinder und zur Unterstützung von Risikokindern in Kindertageseinrichtungen (z. B. durch pädagogisch-psychologischen Dienst im Kindergarten, Festanstellung oder Kooperation von therapeutischen Fachkräften) durchgeführt. Die Ergebnisse haben mittlerweile Eingang in staatliche Planungen, Empfehlungen und in die Gesetzgebung gefunden. Aufgrund der sehr dehnbaren Formulierung »nach Möglichkeit nicht von ihrem sozialen Umfeld getrennt« gibt es inzwischen viele Formen an mehr oder weniger gemeinsamen Bildungs- und Lernprozessen von Kindern mit und Kindern ohne Behinderung.

Die jahrelange, fachlich hochwertige heilpädagogische Betreuung der Kinder mit Behinderung, die außerhalb familiärer und nachbarschaftlicher Bezüge stattfand, hatte zwar einerseits erfolgreiche Ertüchtigung von Kindern in bestimmten Fertigkeiten zur Folge, andererseits jedoch auch eine Entfremdung der »besonderten« Menschen. D. h. bezogen auf praktisches Können und Fertigkeiten profitieren die Kinder in Sondereinrichtungen und in heilpädagogischen Gruppen. Allerdings geht der Reparaturgedanke auf Kosten der demokratischen Partizipation und der Teilhabe am Alltag der Gesellschaft. Im Gegensatz zu Autos, die in der Werkstatt repariert werden und hinterher auch auf der Straße wieder funktionieren, sind Kinder mit und Kinder ohne Behinderung abhängig von einem Bindungsgefüge und einem sozialen Umfeld, die ihre Bildungs- und Entwicklungsprozesse in Richtung Autonomie und Solidarität stützen. So sind viele Kinder mit Behinderung, die sich nicht von Anfang an mit Kindern ohne Behinderung auseinandersetzen und messen konnten, ungeübt, was Kontakte zu Nichtbehinderten anbelangt – und das Gleiche gilt auch für Kinder ohne Behinderung gegenüber Kindern mit Behinderung.

Adäquate Lernbedingungen – Verschmelzung von Sonder- mit Regeleinrichtungen

Je älter die Kinder werden, umso wahrscheinlicher wird die Aussonderung der Kinder mit Behinderung aus den Regeleinrichtungen. Ein Grund dafür ist, dass Kindergärten und Grundschulen sich den ungewöhnlichen Bedürfnissen und Problemen der Kinder fachlich, zeitlich und inhaltlich nicht gewachsen fühlten und fühlen. Das verwundert wiederum nicht, wurde doch Lehrerinnen und Erzieherinnen über viele Jahre hinweg weisgemacht, sie wären ungeeignet ausgebildet, um die Kinder mit besonderen Bedürfnissen adäquat zu fördern. Und nun soll das plötzlich anders sein? Weil es heute zur »political correctness« gehört, dass sich Kinder mit Behinderung gemeinsam mit Kindern ohne Behinderung bilden sollen? Darüber hinaus bleibt bis heute ein erbitterter Widerstand vieler Sondereinrichtungen oder heilpädagogischer Einrichtungen, sich mit den Regeleinrichtungen verschmelzen zu lassen und ihr Know-how in die allgemeine Pädagogik einfließen zu lassen. Dabei wäre dies die optimale Art und Weise, allen Kindern adäquate Lernbedingungen zu verschaffen und sie individuell in ihren Entwicklungs- und Bildungsvorhaben zu unterstützen.

3.3.3 Diversity als Lösung?

Der Begriff des *Diversity-Management* (Vielfaltsmanagement) kommt ursprünglich aus der Unternehmensführung, wo die Vielfalt (Heterogenität) der Mitarbeiter für das Gemeinwohl genutzt werden möchte. Es wird davon ausgegangen, dass die Unterschiedlichkeit der einzelnen Menschen wie eine Kette ineinander greift und dass jeder Mitarbeiter nicht nur seine ihm eigenen Kompetenzen einbringen kann, was sehr zufrieden macht, sondern darüber hinaus durch das Gefühl, ein wichtiges Glied der Kette zu sein, beflügelt wird, seine Kompetenzen zu erweitern. Auch in Kindertageseinrichtungen und Grundschulen nähern sich immer mehr Fachleute der Überzeugung, dass kompensatorische Erziehung nur begrenzt taugt und »Angleichung« der Verschiedenen nicht wirklich weiter bringt: Wir müssen lernen, mit Verschiedenheiten zu leben und sie als wertvoll für die Gemeinschaft zu betrachten.

3.3.4 Voraussetzungen für Diversity in Einrichtungen für Kinder

Die Aufnahme eines Kindes mit Behinderung in Regeleinrichtungen bedarf einer intensiven Reflexion aller erwachsenen Beteiligten über das in der Einrichtung vorherrschende Menschen-

Intensive Reflexion über »das Bild vom Kind« notwendig

Vielfalt und Diskriminierung im Erleben von Kindern

bild: das Bild vom Kind. Inwiefern spukt in unseren Köpfen noch das Bild des »kindergartenreifen« Kindes herum, das wohlerzogen, trocken, sprechfähig und mit Lerneifer ausgestattet ist? Wie stark sind wir geprägt vom Bild des »normalen« Kindes, d. h. vom deutschsprachigen, gut erzogenen, sauber und anständig gekleideten Kind? Wie stark bringen uns Sabbern und Spucken aus der Fassung? Wie gehen wir damit um, wenn wir einem Kind nicht hundert Mal, sondern während der ganzen Zeit im Kindergarten täglich das Gleiche wieder neu erklären müssen?

Die gemeinsame Aufgabe einer Kindertageseinrichtung ist per Gesetz die Bildungs- und Erziehungs*gemeinschaft*. Nur in ihr wird Behinderung relevant. Gisela Dittrich (2007) schreibt: »Integration erreicht ihr Ziel nicht, wenn über die Aufnahme eines Kindes hinaus keine Änderung des pädagogischen Selbstverständnisses stattfindet.«

Die Geschichte von Raphael

Raphael[1] ist mit einer Hemiplegie (Halbseitenlähmung) zur Welt gekommen. Er interessierte sich von Anfang an (nur) für Dinge und Handlungen, die mit Geräuschen verbunden sind. Staubsauger an – schreien – Staubsauger aus – Staubsauger an – schreien ... Am liebsten war ihm Musik – aber nicht die Rockmusik, die seine Mutter gut fand. Allzu laut sollte es nicht sein, und vor allem wollte er die Geräusche unter Kontrolle haben. Im Kindergarten waren es dann zu viele Geräusche und sie konnten nicht leiser und lauter gedreht werden. Der Junge flüchtete unter einen Tisch. Die Erzieherin legte ein Tischtuch darüber. Dort blieb Raphael ein halbes Jahr. Es war für die Erzieherinnen nicht leicht, ihr Bild vom autonomen Kind, das im Dialog mit anderen ist, aber selber bestimmt, was es annehmen möchte, beizubehalten. Immer wieder waren sie versucht, Raphael hervorzulocken; sie blieben im Dialog und hielten das Angebot aufrecht. Die Erzieherinnen und andere Kinder setzten sich neben oder an den Tisch, blieben mit Raphael in Kontakt, spielten aber ihr Spiel. Das Klavier war dann für den fast Vierjährigen die Entdeckung seines Lebens. Er wollte Klavier spielen. Dafür war er auch bereit, unter dem Tisch hervorzukommen. Wie groß der Frust zunächst auch war, dass die eine Hand nie hergab, was der Kopf wollte – der Junge blieb dran und war sogar bereit, »anständig« zu sitzen, sich aufrecht zu

---

[1] Alle Namen im Text sind geändert.

halten, um an diesem Instrument zu arbeiten. Gelernt hat er dabei auch Schreiben und Lesen, selbst Mathematik musste sein. Die Kommunikation mit anderen Kindern blieb schwierig – aber er wurde wertgeschätzt. Er war bezüglich Körperpflege länger als viele andere Kinder abhängig von der Unterstützung der Erwachsenen. Da wo er aber selber bestimmen konnte, tat er es, weil es ihm von Anfang an erlaubt war. Trotz dieser Autonomie blieben die Erzieherinnen im intensiven distanzierten Dialog und gaben ihm das Gefühl, in Ordnung zu sein. Das war vor allem unter dem Tisch nicht einfach. Eine Erzieherin erzählte später, sie habe ihm eigentlich nicht zugetraut, für sich zu wissen, was gut ist. Aber sie habe sich auf die Kompetenz, das Expertentum der Eltern dieses Kindes verlassen und die Bestätigung durch eine Therapeutin hätte sie ermutigt, bei der Stange zu bleiben.

Das Beispiel macht deutlich: Integration bedeutet auch bei Kindern mit Behinderung nicht die Auflösung der eigenen Identität. Sie ist sozusagen ein Härtetest dafür, ob die Aufnahme eines Kindes mit besonderen – teilweise noch unsichtbaren – Kompetenzen aufgrund einer »political correctness« erfolgt oder aus der tiefen Überzeugung heraus, dass jeder Mensch ausgehend von dem, was er mitbringt, neue Schritte wagt. Und dies gerade dann, wenn ihn etwas anspricht und nicht dann, wenn andere finden, es sei an der Zeit.

Zwischenfragen an die Leserinnen und Leser: Wie stark ist in Ihnen der Wunsch, Kinder zu erziehen und zu überzeugen? Wie vertraut ist Ihnen der Satz: »Manche Kinder muss man zu ihrem Glück zwingen«? Was macht es mit Ihnen, wenn Kinder Ihre Wege nicht gut finden? **Selbstreflexion**

3.3.5 Zusammenarbeit von Eltern und Fachkräften

Viele Kinder mit Behinderung haben nicht die Chance, mit ihrer Mitwelt von Anfang an in einen wertschätzenden Dialog zu kommen. Gerade Kinder, bei denen sofort nach der Geburt oder noch im ersten Lebensjahr eine Schädigung erkannt wird, haben es oft mit traumatisierten Müttern und Vätern zu tun. Andere Eltern erkennen erst später, dass ihr Kind nicht so ist, wie sie es glauben

Erfahrungen der Eltern

wollten oder konnten. Eine Welt bricht zusammen. Aber die Hoffnung, man könnte etwas dagegen tun, stirbt zuletzt.

Eltern von Kindern mit Behinderung sind nicht per se stolz auf ihre Kinder – zumindest nicht anfänglich. Erst später schätzen sie die Fortschritte, die ihre Kinder machen, und verweisen gerne darauf. Aber zunächst sind Kinder mit Behinderung nicht vorzeigbar. Viele Eltern fühlen sich nach der Geburt oder bei der Entdeckung von Schädigungen oder ungewöhnlichen Entwicklungsverläufen schuldig, verunsichert, gekränkt und alleine gelassen. Einige lassen sich schnell ins Rad der stetigen Verbesserung einspannen. Unter dem Motto »viel hilft viel« werden alle möglichen therapeutischen und homöopathischen Mittel ausprobiert, immer in der Hoffnung, dass dem Kind dadurch Chancen eröffnet würden, eine höchst mögliche »Normalität« zu erreichen.

In diesen Bemühungen treffen Eltern oft auf Erzieherinnen und Erzieher, die ähnlich gestrickt sind. Auch sie können nicht annehmen, was sie sehen und hören. Sie spüren schon das »Damokles-Schwert« Schule über sich. In der ernsthaften Sorge um Kind und Eltern steuern sie ihre Tipps und Ratschläge zur erfolgreichen Entwicklung des Kindes bei und gehen oft eine »unheilige Allianz« (Milani Comparetti) mit den Eltern ein, indem sie mit ihnen zusammen für das Kind anstatt mit dem Kind oder aus der Perspektive des Kindes denken und handeln.

Das Zusammenleben braucht eine völlig neue Konzeption

Auch zwischen Eltern und Erzieherinnen bleibt oft die Klärung gegenseitiger Erwartungen und Vorstellungen an das Kind aus. Eltern erwarten von den professionellen Fachkräften häufig viel zu viel. Und diese von sich selber auch. Vielen Erzieherinnen fällt es schwer, in einem Kind mit geistiger Behinderung das Kind zu sehen, das sich neugierig mit seiner Welt auseinandersetzt und in seinem ihm eigenen Kontakt mit der Umwelt lernt. Sie fühlen sich herausgefordert, das Kind voran zu bringen und suchen ihrerseits nach therapeutischer Unterstützung.

Auch wenn Erzieherinnen kaum Vorurteile oder Urteile für Kinder mit Behinderung bereit haben, auch wenn sie Mitleid und Erschrecken überwunden haben, kommen sie oft nicht auf die Idee, dass das Zusammenleben mit Kindern mit Behinderung eine völlig neue Konzeption braucht.

3.3.6 Konzeptionelle Voraussetzungen für die inklusive Pädagogik der Vielfalt

Vielen Fachkräften und Teams fällt es inzwischen leicht zu formulieren, dass sie ihre Handlungen und Aktionen einzig und alleine darauf abstellen, dass sich jedes Kind mit seinen Interessen und Bedürfnissen in ihnen wiederfinden kann. Nimmt man ein Kind mit Behinderung auf, kann dieser Satz zur Folge haben, dass sich schlagartig alles verändert, wenn bestehende pädagogische Grundsätze und Rahmenbedingungen, die einen ausschließenden Charakter in sich tragen, entdeckt und hinterfragt werden.

Die Perspektive des Kindes einzunehmen bedeutet, die Einrichtung und die Pädagogik mit neuen Augen zu sehen und Kindern eine Lernumgebung zu schaffen, die zu Selbstständigkeit verhilft. Allerdings ist bei Kindern mit Behinderung dies alleine trotzdem nicht immer ausreichend. Eine gute Versorgung der Kinder mit Brille, Prothese, Schiene oder Hörgeräten ist parallel dazu genauso wichtig. Aber auch dann muss überlegt werden, was wann seinen Platz hat.

Die Perspektive des Kindes einnehmen

Rafik ist ein Kind, das durch seinen Zehengang auffällt. Es gelingt ihm nicht, den Fuß abzurollen und durch das Absetzen der Ferse Stabilität zu gewinnen. Aus Sorge um sich verkürzende Sehnen verschreibt der Arzt eine Schiene, die das Kind möglichst ganztägig tragen soll. Rafik kann sich mit den Schienen nur auf einen Stuhl setzen, wenn eine Erzieherin ihn beim Knicken der Schiene im Kniebereich unterstützt. Ansonsten steht er an den Tischen oder lässt sich der Länge nach auf den Boden fallen, um auf dem Bauteppich dabei zu sein. Die Hochebene ist mit den Schienen selbsttätig nicht zu erreichen. Dort aber spielen Rafiks Freunde. Was tun? Soziale Beziehungen beinhalten ja weit mehr als Freundschaften. In sozialen Bezügen lernen Kinder von- und miteinander, entfalten ihre Kreativität und üben Kommunikation. Soll das jetzt alles geopfert werden? Die Erzieherinnen sind auf Grund der Eindringlichkeit, mit der Arzt und Eltern dafür plädieren, geneigt, Rafik darin zu bestärken, nur noch am Tisch oder im Stehen zu spielen.
Über eine Fortbildung wurde ein Kompromiss gefunden, durch den Rafik mindestens eine bestimmte Zeit am Tag ohne Schiene spielen konnte. Welche Zeit es sein sollte, wollte er selbst bestimmen. Die Er-

Die Geschichte von Rafik

zieherinnen mussten lernen, dem Kind die Schiene aus- und anzuziehen. Aber das hat sie Rafik nur näher gebracht. Zudem waren andere Kinder immer hoch interessiert daran, mit auf die faltenfreien Strümpfe in den Schuhen zu achten.

3.3.7 Neue pädagogische Ansätze

In den letzten Jahren hat ein tiefgreifender Paradigmenwechsel in der Pädagogik stattgefunden, der gerade den Kindern mit besonderen Bedürfnissen zugute kommt. Die Erkenntnis, dass jedes Kind sich in seinem Tempo entlang seiner Interessen die Welt erschließt und im Dialog mit seiner Mitwelt persönliche Kompetenzen überprüft und weiterentwickelt, hat sich in den Bildungsplänen und -empfehlungen der Länder deutlich niedergeschlagen. Ausgehend vor allem von den Entwicklungen in den Vereinigten Staaten und den skandinavischen Ländern verbreitete sich auch in Deutschland die Idee einer »integrativen« Erziehung. Leitend waren drei Prinzipien:

Das Prinzip des Vorrangs präventiver Maßnahmen
→ Hilfen sollen nicht erst dann zur Verfügung gestellt werden, wenn »das Kind in den Brunnen gefallen ist« – es ist vielmehr daraufhin zu wirken, dass der Eintritt einer Behinderung oder chronischen Erkrankung vermieden wird (§ 3 SGB IX).

Das Normalisierungsprinzip
→ Hilfen dürfen die betroffenen Kinder nicht mehr als unbedingt notwendig in ihren (bezogen auf den Rest der Gesellschaft) normalen Lebensvollzügen einschränken.

Das Prinzip der sozialen Inklusion
→ Kinder mit besonderen Bedürfnissen dürfen und sollen an allen Aktivitäten und Angeboten für Kinder, die sich »normal« entwickeln, voll partizipieren.

In der Folge treten das persönliche Wohlgefühl jedes Kindes sowie die soziale Komponente der gemeinsamen Erziehung in den Vordergrund. Es soll und kann ein gemeinsames Ziel entwickelt werden. Die Lernwege jedes einzelnen Kindes verlaufen aber in der Auseinandersetzung mit den Projektthemen individuell. Somit ist eine pädagogische Differenzierung von Förderung gefragt, in der Gemeinsamkeiten aktiv unterstützt werden, ohne dass die Individualität der Lernwege aus dem Blick geraten darf.

In der Diskussion um neue pädagogische Ansätze und deren Gültigkeit für die gemeinsame Erziehung von Kindern mit und

Kinder mit Behinderung beteiligen und mitnehmen

Kindern ohne Behinderung sind vor allem folgende Gesichtspunkte wichtig:

→ Bei der vereinzelten Aufnahme behinderter Kinder in Regeleinrichtungen werden – sofern eine Auswahl möglich ist – oftmals »nur« Kinder aufgenommen, die leichter behindert und »von Behinderung bedroht« sind, da sich die Erzieherinnen und Erzieher die Betreuung eines schwerer behinderten Kindes weniger zutrauen. In der Folge kommt es in integrativen oder heilpädagogischen Gruppen bzw. Einrichtungen zu einer Anhäufung von Einzelfällen mit jeweils spezifischen Problemen. Dort wird das Problem sozusagen zur Normalität. Kinder mit Behinderungen, die in solchen Gruppen zusammengefasst werden, verlieren oft anspornende Modelle des Miteinandergroßwerdens, denn auch Kinder mit besonderen Bedürfnissen lernen am positiven kompetenten Vorbild der anderen. *(Aussonderung begünstigt Stigmatisierung und soziale Ausgrenzung)*

→ Der Kontakt zu den anderen Kindern ist dank räumlicher Nähe auch außerhalb der Zeit in der Einrichtung leichter herzustellen. Allerdings stoßen wir gerade an dieser Stelle auf die gleichen Barrieren wie sie auch Kinder mit Migrationshintergrund erleben. Sie bleiben außerhalb der Einrichtung häufig in ihrem sprachlichen Kulturkreis, in den Großfamilien oder mit den zahlreichen Geschwistern zusammen. Im Idealfall haben sie noch zehn Freunde, die in der gleichen Straße wohnen und die gleiche Sprache sprechen. Kinder mit Behinderung haben nicht nur weniger Auswahl, sie sind darüber hinaus meist so verschieden, dass Freundschaften unter Kindern mit Behinderung nach wie vor selten sind. Aber auch die Kontakte zwischen Kindern mit und Kindern ohne Behinderung stellen sich oft nur schwer her. Grund dafür sind eigentlich selten die Kinder, sondern häufiger die Eltern, die es »sich nicht zutrauen« oder »keine Nerven haben«, auf ein Kind mit Behinderung aufzupassen. *(Dezentrale und wohnortnahe Hilfen schützen Kinder vor Aussonderung)*

→ Auch »Kinder ohne Behinderung« und ihre Eltern ziehen Gewinn aus der gemeinsamen Erziehung, da sie zum Beispiel ein breiteres Spektrum an Tempi, Wissen, Können und Kompetenzen eröffnet. Die Reflexion unterschiedlicher Kompetenzen wird vor einem viel weiteren Horizont getätigt. *(Gemeinsame Erziehung öffnet Freiräume)*

3.3.8 Heterogenität und Inklusion

Selbstverständliche Zugehörigkeit und gleichzeitige Verschiedenheit sind kein Widerspruch in sich. Dass Menschen gleichzeitig verschieden sind und dazugehören ist die Erkenntnis aus dem täglichen gesellschaftlichen Zusammenleben, aber auch aus wissenschaftlichen Untersuchungen.

Es ist normal, verschieden zu sein

Inklusion und Integration in der Zeit der Postmoderne (Fthenakis 2003) bedeuten keineswegs »Gleichheit« für alle. Unterschiedlichkeit sollte nicht als Makel, sondern als Normalität verstanden werden. Doch ist es noch nicht so, dass potenziell jedes Kind ohne besondere Maßnahmen gut in einer Kindertagesstätte aufgenommen wäre. Noch ist nicht garantiert, dass jedes Kind sein optimales Lernumfeld für seine spezifischen Bedürfnisse und Nahrung für seinen ihm eigenen Lernhunger bekommt.

3.3.9 Aufgaben der Kindertageseinrichtungen – Primärprävention

Pädagogische Einrichtungen wie Kindergärten und Schulen kümmern sich gemeinsam mit den Eltern der Kinder durch schützende und motivierende Maßnahmen um die Entwicklungspotenziale von Kindern. Sie tragen primärpräventiv dazu bei, dass keine zusätzlichen Probleme bei Kindern entstehen, indem sie die geistige, körperliche und seelische Gesundheit der Kinder gezielt fördern und familiäre und soziale Belastungen kompensieren. Zielgruppe der Primärprävention sind alle Kinder in der Einrichtung.

Die Einrichtung als positiver Entwicklungsrahmen
Als Querschnittsaufgabe betrifft primärpräventives Handeln zunächst die gesamte pädagogische Arbeit in der Einrichtung. Rahmenbedingungen sind so zu verändern, dass optimale Entwicklungsbedingungen für Kinder realisiert und – bezogen auf körperliche und seelische Gesundheit – positive Entwicklungsanreize gesetzt werden können. Von besonderer Bedeutung sind dabei folgende Bedingungen:

Gruppengröße und -zusammensetzung

→ Manche Kinder reagieren auf große Gruppen mit Stresssymptomen und problematischen Verhaltensweisen. Andere hingegen genießen das Bad in der Menge. Dies ist bei der Entscheidung über Gruppengrößen und bei der Zusammenstellung von Gruppen zu berücksichtigen. Im Zweifelsfall sind kleinere Gruppen, die sich frei bewegen und sich zu großen formieren können, allemal besser als konstante Gruppen mit 18 Kindern, die fast den ganzen Tag einen Raum teilen müssen. In den vielfältigen Vorlieben für kleine oder große Gruppen unterscheiden sich Kinder mit und Kinder ohne Behinderung nicht. Aber einige Kinder mit Behinderung können sich dazu nicht äußern. Eine sorgfältige Beobachtung ihrer Reaktionen ist Voraussetzung.

→ Kinder brauchen ein großes und übersichtliches Raumangebot mit genügend Platz für Bewegung, aber auch für Rückzug und Geborgenheit. Anzustreben ist eine Reduzierung von Großraumsituationen zugunsten einer kleinteiligen räumlichen Gliederung mit spezifischen Erfahrungs- und Lernangeboten bei gleichzeitig höchstmöglichem Durchblick durch Fenster, Luken, unterschiedliche Ebenen ... Dies erleichtert es Kindern über längere Zeiträume individuellen Interessen und Neigungen nachzugehen, ohne von anderen gestört zu werden oder im Ungewissen zu bleiben, was andere tun. Um Kindern ohne eigene Mobilität Durchblicke zu verschaffen und Wunsch-Orte bereit zu halten, müssen oft ungewöhnliche Veränderungen geplant werden. *Raumbedingungen und Raumausstattung*

→ Wie Kinder sich entwickeln, wie gut und gerne sie lernen, hängt wesentlich davon ab, wie Fachkräfte Beziehungen gestalten. Haltungen, die der psychosozialen Gesundheit von Kindern zuträglich sind, beinhalten emotionale Wärme, Einfühlungsvermögen, Klarheit, Echtheit, Verlässlichkeit und Autonomieförderung. Emmi Pikler spricht von »Feinfühligkeit«. Milani Comparetti verwendet für diese Beziehung den Begriff »Dialog von Vorschlag und Gegenvorschlag«. Die Äußerungen der Kinder werden aufgegriffen und zurückgespiegelt durch wertschätzende Rückfragen, Anregungen oder Handlungen. Dadurch entsteht ein spiralförmiger Dialog, der zwar die Richtungen wechselt, aber nicht abreißt (vgl. Milani-Dokumentation 1996, S. 25). *Gestaltung der Beziehung zu den Kindern*

→ Ein Teil der Kinder reagiert auf Übergangssituationen, etwa den Eintritt in die Kindertageseinrichtung, mit Stresssymptomen. Besondere Beachtung erhält in diesem Zusammen- *Unterstützung in Übergangssituationen* hang eine angemessene Gestaltung der Eingewöhnungsphase. In dieser Zeit entwickelt sich auch der Kontakt zu den Eltern, die Experten sind für ihre Kinder. Einige Kinder mit Behinderung sind schwer zu verstehen. Ihre Reaktionen sind ungewöhnlich oder sogar missverständlich. Erzieherinnen und Erzieher sind darauf angewiesen, dass die Bezugspersonen der Kinder anfänglich »übersetzen« und die Zeichen deuten.

Individualisierung und innere Differenzierung des pädagogischen Angebots

→ Individualisierung und innere Differenzierung des pädagogischen Angebots schaffen die Voraussetzungen dafür, dass Kinder sich entsprechend ihrem individuellen Entwicklungsstand in Lernprozesse einbringen können. Mit jedem Kind, das in die Einrichtung kommt, verändern sich unter Umständen die Spielsachen oder die zur Verfügung gestellten Erfahrungsmöglichkeiten.

Förderung der körperlichen und der psychischen Gesundheit

Systematische Stärkung von Lebenskompetenzen

Kindertageseinrichtungen sollen gezielt die körperliche und psychische Gesundheit von Kindern fördern. Besonders wichtig ist in diesem Kontext die systematische Stärkung von Lebenskompetenzen *(life skills)*. Dies sind Fähigkeiten, die einen angemessen Umgang mit Mitmenschen, aber auch mit Anforderungen, Problemen und Stresssituationen im Alltag ermöglichen. Förderlich ist die Unterstützung der Entwicklung von

→ Selbstwahrnehmung
→ Einfühlungsvermögen
→ Umgang mit Stress und »negativen« Emotionen
→ Kommunikationsverhalten
→ kritischem, kreativem Denken
→ Problemlösen.

Projekte und Maßnahmen

Raum für primärpräventive Projekte

Über die Berücksichtigung primärpräventiver Konzepte im Rahmen der allgemeinen pädagogischen Arbeit hinaus bieten Kindertageseinrichtungen Raum für primärpräventive Projekte. Sie richten sich nicht nur an die Kinder, sondern auch an die Erwachsenen und an Adressaten im Stadtteil oder im Dorf. Inhalte sind zum Beispiel Ernährung, Bewegung, Grenzen setzen oder Erkenntnisse über die Netzwerke im Umfeld der Kindertageseinrichtung. Bei Vorbeugungsprojekten können und sollen Kin-

dertageseinrichtungen eng mit Fachdiensten und Experten (z. B. in Gesundheitsämtern, Erziehungsberatungsstellen, Familienbildungseinrichtungen) zusammenarbeiten, die eine besondere Expertise im primärpräventiven Bereich haben. Insgesamt gilt, was für alle Projekte gilt:
Primärpräventive Projekte
→ haben klare Ziele
→ sind für die jeweiligen Zielgruppen leicht zugänglich
→ finden hohe Akzeptanz bei den Adressaten
→ sind theoretisch begründet
→ sind im Hinblick auf ihre Wirksamkeit empirisch überprüft
→ und erzielen hoffentlich nachhaltige Wirkungen.

3.3.10 Aufgaben der Kindertageseinrichtungen – Sekundärprävention

In Kindertageseinrichtungen gibt es inzwischen viele »Risikokinder« und »Risikofamilien«. Wir sprechen hier analog zur Resilienzforschung nur von Risikofamilien, wenn mehrere Faktoren der Gefährdung zusammenkommen: z. B. Armut, mangelnde Schulbildung der Eltern, gesundheitliche Risiken, Fehlen oder Tod eines Elternteils, Traumatisierung durch dramatische Ereignisse. All diese Faktoren können zusätzlich zu Behinderung eine Rolle spielen. Frühzeitiges Eingreifen ist oft nicht möglich, weil Probleme gar nicht erkannt werden. Die Sekundärprävention sollte solche Faktoren frühzeitig erkennen und Maßnahmen zur Abwehr indizieren. Folgende Aspekte sind bedeutsam:

→ Je intensiver der Dialog mit den Familien, desto höher die Chance zur Verbesserung der Früherkennung in den Einrichtungen. Entwicklungsgefährdungen werden häufig erst sehr spät erkannt, weil die Probleme von Eltern, aber auch von pädagogischen Fachkräften und von Ärzten nicht rechtzeitig ernst genommen werden. Um möglichst früh eine pädagogische Diagnose stellen zu können, sind regelmäßige Beobachtungen und Analysen des Lebensumfeldes des Kindes, regelmäßige Kontakte zu den Eltern der Kinder, regelmäßige Reflexion zu jedem Kind im Team, mit den Eltern und wenn möglich mit dem Kind selber sowie regelmäßige Fort- und Weiterbildung bzw. Kontakte zu anderen professio-

Früherkennung von Entwicklungsproblemen

nellen Experten wie Therapeuten, Arzt, Frühförderung unabdingbar notwendig. Gerade bei Kindern, die nicht auf Anhieb dem Bild des »idealen Kindes« entsprechen, sind diese Maßnahmen besonders wichtig.

Konstruktiver Umgang mit Meinungsunterschieden und Expertenmeinungen

→ Nicht nur zwischen Eltern und Erzieherinnen kommt es zu unterschiedlichen Ansichten bei der Beschreibung kindlichen Verhaltens. Je konkreter und wertungsfreier es gelingt, die Kompetenzen und Entwicklungsschritte der Kinder darzustellen, desto leichter ist eine gemeinsame Planung der nächsten »Vorschläge« an das Kind. Dazu eignen sich hervorragend Lerngeschichten von Kindern (vgl. Schnell in: Lipp-Peetz 2007, S. 146ff.).

Angemessener pädagogischer Umgang mit »Risikokindern« und Kindern mit Behinderung

→ Risikokinder und Kinder mit Behinderung haben oft bereits ein »Störungsbewusstsein«, sind im Selbstwertgefühl beeinträchtigt und gehen bestimmten Anforderungen systematisch aus dem Weg, wenn sie in die Einrichtung kommen. Häufig gibt es auch schon negative Reaktionen und Ausgrenzungsprozesse durch andere Kinder sowie eine Beeinträchtigung der Beziehungen zu erwachsenen Bezugspersonen. Was tun? Fachkräfte machen sich kundig über die Ressourcen des Kindes. Sie berücksichtigen bei der Gestaltung des pädagogischen Angebots spezifisches fachliches Know-how. Um beispielsweise ein blindes Kind in seiner Autonomie zu unterstützen, werden markante »Wegweiser« in Griffhöhe des Kindes installiert. Soziale Ausgrenzungen und Zurückweisungen durch andere Kinder werden angesprochen – Lösungen mit den Kindern zusammen gesucht. Die persönliche Beziehung zwischen pädagogischen Fachkräften einerseits und den betreffenden Kindern und ihren Eltern andererseits wird vertieft reflektiert und bearbeitet. Übergangssituationen – insbesondere solche zur Schule – haben für Kinder mit Behinderung besondere Bedeutung, weil nicht automatisch davon ausgegangen werden kann, dass nachfolgende Institutionen und Einrichtungen die inklusive Haltung einer Kita teilen. Häufig endet die gemeinsame Erziehung von Kindern mit und Kindern ohne Behinderung nach der Kita-Zeit. Wo Inklusion in Schulen stattfindet, sind Voraussetzungen notwendig, die auch in Kindertageseinrichtungen mit Inklusion gelten.

3.3.11 Forderungen für eine gelingende Pädagogik der Vielfalt

Integrative Erziehung geht vom Grundsatz der uneingeschränkten Teilhabe *(inclusion)* aus: Danach werden Kinder mit Behinderung in Tageseinrichtungen gemeinsam mit Kindern ohne Behinderungen gebildet und erzogen. Sie erhalten dort eine auf ihre individuellen Bedürfnisse abgestellte spezifische Förderung und Unterstützung. Die gemeinsame Erziehung ist dabei eingebettet in einen allgemeinen Prozess der Förderung einer vollen Teilhabe behinderter Kinder und ihrer Eltern an allen Sektoren gesellschaftlichen Lebens. Wichtige Voraussetzungen für eine gelingende Pädagogik der Vielfalt sind:

Eine gemeinsame pädagogische Philosophie betrachtet das Zusammenleben und -lernen vieler Verschiedener als notwendig und sinnvoll und sichert allen Kindern nicht nur ein Recht auf volle Teilhabe, sondern auch die Möglichkeit dazu zu. Unabdingbar für das Gelingen von Pädagogik der Vielfalt ist die Wertschätzung einer engen Zusammenarbeit (im Team, mit anderen Berufsgruppen) und einer Erziehungspartnerschaft zwischen Familien und Fachkräften. Solche inneren Werthaltungen lassen sich nicht anordnen. Es gibt aber doch verschiedene Möglichkeiten, hier gezielt Einfluss zu nehmen – im Rahmen der Personalauswahl oder durch eine gezielte Diskussion inklusionsfördernder Haltungen.   *Eine gemeinsame pädagogische Philosophie*

Grundlage für die pädagogische Arbeit in Einrichtungen, die für alle Kinder und ihre Familien in einem Orts- oder Stadtteil offen sind, soll eine Atmosphäre von gegenseitiger Akzeptanz und Zusammengehörigkeit sein. Unterschiedlichkeit wird hier nicht als zu überwindendes Defizit gesehen, sondern als Chance, von- und miteinander zu lernen und gemeinsam Neues zu entwickeln. Es werden Rahmenbedingungen geschaffen, die die Teilhabe jedes Kindes und jeder Familie ermöglichen und ihre individuelle Weiterentwicklung unterstützen. Die Kinder, die in der Einrichtung lernen, sollen sich spiegeln können in den Angeboten. Es ist selbstverständlich, dass die Kinder in den Kinderbüchern, auf den Fotos oder in Erzählungen große Ähnlichkeiten mit den konkreten Kindern der Einrichtung haben. Unterschiede werden benannt und gemeinsam Lösungen gefunden, diese zu akzeptieren und im Alltag nutzbar zu machen.   *Vielfalt als Chance wahrnehmen und wertschätzen*

Die Familie ist als einflussreichster und zeitlich dauerhafster Einflussfaktor für das Leben und für die Entwicklung von Kin-   *Erziehungspartnerschaft ernst nehmen* dern mit Behinderungen von besonderer Bedeutung. Kinder mit Behinderung sind oft über viele Jahre eng mit ihren Familien verbunden bzw. abhängig von ihnen. Die Unterstützung der Eltern durch die Einrichtung orientiert sich am Lebensstil, den Werten und den Prioritäten der einzelnen Familie. Zusammenarbeit erfolgt auf einer partnerschaftlichen Grundlage: Eltern werden als Experten für die Entwicklung und Erziehung ihres Kindes ernst genommen, sie sind gleichberechtigte Partner. Dabei wissen die Fachkräfte in der Einrichtung um die spezifischen Probleme von Eltern mit behinderten Kindern, sie haben Verständnis dafür und sind in der Lage, Eltern effektiv zu unterstützen.

Therapie-Praxis-Verbindung

Wenn Kinder über die Regelpädagogik hinaus spezifische therapeutische Förderung und Unterstützung benötigen, sollen diese möglichst im Alltag des Kindes bei den »normalen« Aktivitäten und an individuellen Interessen und Vorlieben der Kinder anknüpfen. Die therapeutischen Maßnahmen sind in ihren Zielsetzungen ganzheitlich angelegt; es geht also nicht in erster Linie um das Training isolierter Fertigkeiten. Fördermaßnahmen sollen die Kinder anregen und unterstützen beim Erwerb breiter, auch im Alltag sinnvoll einsetzbarer Fähigkeiten. Insbesondere Kinder mit geistiger Behinderung – aber auch andere Kinder – schaffen den Transfer von Übungsblättern, Mandalas oder anderen symbolischen Aktivitäten auf konkrete Handlungen nur schwer.

Teamarbeit und Zusammenarbeit

Pädagogik der Vielfalt gelingt nur im Verbund. Im Sinn einer optimalen Entwicklungsförderung ist es deshalb notwendig, dass alle Beteiligten eng kooperieren. Leitend für die Zusammenarbeit ist das Modell des sogenannten »transdisziplinären« Teams: Familie, Fachkräfte der Einrichtung und Spezialisten der Fachdienste planen gemeinsam die notwendigen diagnostischen Untersuchungen, das pädagogische Vorgehen in der Gruppe und die therapeutischen Leistungen. Entscheidungen werden für alle transparent vorbereitet und schließlich gemeinsam getroffen.

Fachkräfte sind Lernende und Lehrende zugleich

Die Arbeit in integrativen Einrichtungen stellt erhöhte Anforderungen an die Qualifikation und die Qualifizierungsbereitschaft der Fachkräfte. Dabei geht es zunächst um gute allgemeinpädagogische, entwicklungspsychologische und heilpädagogische Fachkenntnisse. Wichtige persönliche Voraussetzungen der Mitarbeiterinnen und Mitarbeiter sind reflexive Kompetenzen und Kommunikationsfähigkeit.

Kinder mit Behinderung beteiligen und mitnehmen

Ob eine sozialintegrative Bildung, Erziehung und Betreuung von Kindern mit Behinderungen in Kindertageseinrichtungen gelingt, hängt entscheidend ab vom Kontext, in den Einrichtungen eingebettet sind: Träger, andere Einrichtungen, Wohnumfeld, Gemeinde ... Die einschlägigen gesetzlichen und administrativen Regeln stärken oder schwächen eine Einrichtung. Inklusive Einrichtungen vertreten ihr Konzept offensiv nach außen und nehmen Einfluss auf die Gestaltung guter Rahmenbedingungen und ein förderliches Klima, z. B. die Bereitstellung von Geld und Personal. Konkrete Ansatzpunkte sind: Teilnahme an regionalen Arbeitskreisen; Kontaktaufnahme zu Ärzten, Beratungseinrichtungen und Schulen; der Kontakt zu Behörden, Gremien und Vereinigungen; die Präsentation der eigenen Arbeit in Veranstaltungen; die Präsenz in den Medien.

Einbettung der Einrichtung im sozialen Kontext

Inklusion beinhaltet zwingend vorurteilsbewusste Bildung und Erziehung. Sie zielt darauf, allen Kindern Erfahrungen mit Vielfalt zu ermöglichen. Unterschiede fordern Kinder kognitiv und sprachlich heraus, wenn sie zum Vergleichen, Aufeinanderbeziehen, Differenzieren anregen. Sie sind der ideale Motor für Entwicklung, wenn Gespräche darüber in einer Sprache stattfinden, die anerkennend, respektvoll, einfach, sachlich, nüchtern und direkt ist.

Empfehlenswerte Kinderbücher

Almond, David (1999): Zeit des Mondes. Ravensburg
Baumgärtner, Karin/Klein, Silke (2003): Andi ist anders. Würzburg
Cohen, Peter/Ladström, Olof (2003): Boris mit Brille. München
Friedrich, Daniela/Möhle, Eva (2003): Eine Brille für das Krokodil. Stuttgart, Wien
Gemmen, Heather/Lagares, Luciano (2003): Alle starren mich an. Frankfurt/M.
Hoppe, Matthias/Lenica, Jan (1996): Verrückt ist ganz normal. Zürich
Huainigg, Franz-Joseph/Ballhaus, Verena (2003): Meine Füße sind der Rollstuhl. Hamburg
PiuminI, Roberto (1999): Eine Welt für Madurer. München
Schreiber-Wicke, Edith/Dahlke, Margit (Hrsg.) (2000): Regenbogenkind. Stuttgart
Stewens, Christa (Hrsg.) (2003): Na und! Freundschaftsgeschichten für Kinder zum Europäischen Jahr der Menschen mit Behinderungen. Würzburg

Literatur

Booth, Tony/Ainscow, Mel/Kingston, Denise (2006): Index für Inklusion. (Tageseinrichtungen für Kinder) Lernen, Partizipation und Spiel in der inklusiven Kindertageseinrichtung entwickeln. Deutschsprachige Ausgabe hrsg. von der GEW, Frankfurt/M.

Carda-Döring, Claudia (2006): Berührt – Alltagsgeschichten von Familien mit behinderten Kindern. Frankfurt/M.

Fthenakis, Wassilios E. (Hrsg.) (2003): Elementarpädagogik nach Pisa. Wie aus Kindertageseinrichtungen Bildungseinrichtungen werden können. Freiburg

Hebenstreit-Müller, Sabine/Lepenies, Annette (Hrsg.) (2007): Early Excellence: Der positive Blick auf Kinder, Eltern und Erzieherinnen. Neue Studien zu einem Erfolgsmodell. Berlin

Hessisches Sozialministerium (Hrsg.) (2002): Gemeinsam im Kindergarten – gemeinsam in die Schule. Kobelt Neuhaus, Daniela/Walter, Jutta: Ein Leitfaden für Eltern von Kindern mit Behinderung bzw. von Behinderung bedrohten Kindern sowie für Erzieherinnen und Erzieher in Tageseinrichtungen für Kinder

Hessisches Sozialministerium und Bundesvereinigung Lebenshilfe für Menschen mit geistiger Behinderung e.V. (Hrsg.) (2001): Ansichten über Frühförderung. Ergebnisse aus Wissenschaft und Praxis. Marburg

Jonas, Monika (1994): Behinderte Kinder, behinderte Mütter? Frankfurt/M.

Jonas, Monika (1999): Trauer und Autonomie bei Müttern schwerstbehinderter Kinder. Mainz

Kobelt Neuhaus, Daniela (1998): Zusammenarbeit mit Eltern von Kindern mit und Kindern ohne Behinderung. In: TPS 4/98 (S. 45–48)

Kobelt Neuhaus, Daniela (2002): Der Fall Mensch. Wertvolle Lebenswürde – bei Nicht-Gefallen Geld zurück. In: TPS 7/2002

Kobelt Neuhaus, Daniela (2003): Dazugehören ist nicht logisch. In: TPS 5/2003 (S. 4–7)

Kobelt Neuhaus, Daniela (2004): Stigma: Risiko und Chance für die Lebensbewältigung. In: TPS 5/2004 (S. 26–29)

Kobelt Neuhaus, Daniela (2006): Wenn du nicht deutsch lernst, musst du in die »Redezeit«! Eine kritische Auseinandersetzung mit Förderprogrammen. In: TPS 10/2006 (S. 22–25)

Kobelt Neuhaus, Daniela (Hrsg.) (2001): Qualität aus Elternsicht. Gemeinsame Erziehung von Kindern mit Behinderung und Kindern ohne Behinderung. Seelze

Kobelt Neuhaus, Daniela/Kossolapow, Marianne (1998): Integration. TPS extra 29

Kron, Maria (2002): Gemeinsame Erziehung von Kindern mit und ohne Behinderung im Elementarbereich. Theorieansätze und Praxiserfahrungen. In: H. Eberwein/S. Knauer (Hrsg.): Integrationspädagogik. Kinder mit und ohne Beeinträchtigung lernen gemeinsam. Ein Handbuch. Weinheim/Basel (S. 178–190)

Lipp-Peetz, Christine (Hrsg.) (2007): Praxis Beobachtung. Auf dem Weg zu individuellen Bildungs- und Erziehungsplänen. Berlin, Düsseldorf, Mannheim
Loseff Lavin, Judith/Sproedt, Claudia (Hrsg.) (2004): Besondere Kinder brauchen besondere Eltern. Behindert oder chronisch krank: Wie sie Ihr Kind beschützen und unterstützen können. Ratingen
Milani-Dokumentation (1996): »Von der Behandlung der Krankheit zur Sorge um Gesundheit« und »Entwicklungsförderung im Dialog«. Dokumentation von Fachtagungen, hrsg. von Edda Janssen und Hans von Lüpke im Auftrag des Paritätischen Bildungswerkes Bundesverband. Frankfurt/M.
Pikler, Emmi et al. (2002): Miteinander vertraut werden: Erfahrungen und Gedanken zur Pflege von Säuglingen und Kleinkindern. Überarbeitet und zusammengestellt von Anna Tardos. Freiburg
Pithan, Annabelle et al. (Hrsg.) (2002): Handbuch Integrative Religionspädagogik. Reflexionen und Impulse für Gesellschaft, Schule und Gemeinde. Gütersloh
Regel, G./Wieland, J.-A. (Hrsg.) (1993): Offener Kindergarten konkret. Hamburg
Wustmann, Corinna (2007): Resilienz. Widerstandsfähigkeit von Kindern in Tageseinrichtungen fördern. Berlin, Düsseldorf, Mannheim

3.4 »Woher kommst du?« – Wie junge Kinder Herkunftsfragen begreifen

Anke Krause

3.4.1 Zugehörigkeitsmarkierungen bei der Identitätsentwicklung

»*Woher kommst du?*« »*Aus Vietnam!*« »*Wie alt bis du?*« »*Sechs Jahre alt.*« »*Wie lange bist du schon hier?*« »*Zehn Jahre!*« – Ein etwas kurioser Dialog mit einer Sechsjährigen? Nein. Denn bevor Kinder den abstrakten Begriff von ethnischer und nationaler Zugehörigkeit entwickelt haben können (vgl. Marvakis 1995), operieren sie bereits mit ethnischen und nationalen Bestimmungen, da sie früh darauf gestoßen werden: Sie erleben, dass bestimmte äußere Merkmale – Hautfarbe, Haarstruktur, Augenform – in der Frage »*Woher kommst du?*« münden und nicht nur mit der augenblicklichen Standortbestimmung ihrer eigenen Person, sondern dem Hintergrund ihrer ganzen Herkunftsfamilie »erklärt« werden sollen.

Auslöser für die Fragen nach der Herkunft

Vorschulkinder verstehen die Frage nach dem »Woher« im alltagssprachlichen Sinn und geben freimütig Auskunft darüber, woher sie gerade kommen: »*Vom Spielplatz*« – oder: »*Aus dem Kindergarten*«. Sechsjährige hingegen haben oft schon verstanden, dass diese Frage auf die ethnische/nationale Herkunft der Familie abzielt und sagen: »*Aus der Türkei*« – oder: »*Aus Polen*«. Das sagen sie, auch wenn sie in Deutschland geboren sind. Die Kinder wissen vermutlich, dass sie hier nicht als Individuen, sondern als Angehörige einer bestimmten Bezugsgruppe angesprochen sind, und die Frage »*Woher kommst du?*« mit Informationen zur Migrationsgeschichte ihrer Familie beantwortet werden soll.

Mitunter nehmen solche Dialoge einen bizarren Verlauf – wie das Eingangsbeispiel zeigt: Das Alter des gefragten Kindes (sechs Jahre) ist kürzer als die Aufenthaltsdauer der Eltern (zehn Jahre) in Deutschland. Und darüber informiert das Kind die Fragenden, denn es hat offenbar verstanden, dass die Frage »*Woher kommst du?*« auf den Herkunftsort der Eltern zielt.

Auslöser für die Frage nach der Herkunft sind »eine Physiognomie, ein Name oder ein Akzent, aufgrund derer der Fragende die Hypothese bildet, sein Gegenüber komme aus einem anderen Land oder Kulturkreis und sei ›hier‹ z. B. als Touristin, Gastarbeiter(kind), Asylbewerber oder zu Besuch« (Battaglia 2007, S. 182). Die »Herkunftsfrage« wird denen gestellt, die »als natio-ethnokulturell auffällig« (ebd.) eingestuft werden und zielt auf mehr als eine Ortsangabe. Die »Herkunftsfrage« spielt in der Einwanderungsgesellschaft eine besondere Rolle, denn sie fordert die Gefragten auf, sich als Angehörige einer »bestimmten national, ethnisch und kulturell definierten Gruppe von Menschen« (ebd., S. 181) darzustellen. Das ist verbunden mit Zuschreibungen, Bewertungen und Erwartungen, wie z. B. auch die nach einer interessanten Konversation (ebd., S. 182).

Während jüngere Kinder auf die Herkunftsfrage noch ganz unbefangen mit einer Ortsangabe antworten und damit die Fragenden »enttäuschen«, weil sie keine Informationen über die Herkunftsgeschichte ihrer Familie geben, zeigen sich ältere Kindergartenkinder bereits als kompetentere Gesprächspartner in Dialogen über Herkunft. Sie müssen ein soziales Wissen darüber erworben haben, welche Unterschiede zwischen Menschen es sind, die Anlass zur »Herkunftsfrage« geben.

Zugehörigkeit und Nicht-Zugehörigkeit

Kinder sind in ihren Vorstellungen von sich und anderen von sozialen Konstruktionen beeinflusst, die Menschen über ein Merkmalsbündel entlang von ethnischer, nationaler und kultureller Zugehörigkeit unterscheiden und einordnen. Kindergartenkinder verwenden solche Unterscheidungen, markieren damit Zugehörigkeit und Nicht-Zugehörigkeit und setzen sie auch in Spielhandlungen ein:

Serkan zeigt stolz seine Adidas-Schuhe und sagt: »*Aber ich bin türkisch!*« Selda meint beim Besuch von Louise Derman-Sparks bei einer Tagung in Berlin: »*Sie ist aus Amerika und ich bin aus Samsun.*«[1] Fabian sagt: »*Warum bin ich deutsch? Ich wäre viel lieber arabisch.*« Sein bester Freund ist Mouhammed.

Woher komme ich?

Bislang fehlen in Deutschland Untersuchungen darüber, welche Rolle diese Unterscheidungen und Zugehörigkeitsmarkierungen bei der Identitätsentwicklung junger Kinder spielen (vgl. Diehm/Kuhn 2005, S. 226).[2] Erste Ergebnisse aus der Erkun-

---

[1] Stadt in der Türkei am Schwarzen Meer. Selda ist in Berlin geboren.
[2] Ausführungen auf der Grundlage Wagner (2003, S. 53f.),

Kinder thematisieren Ethnizität

dungsphase eines ethnographischen Forschungsprojekts, das in einer Frankfurter Kindertagesstätte mit einem hohen Anteil an Kindern mit Migrationshintergrund (60 Prozent) durchgeführt wurde, bestätigen Forschungsergebnisse aus anderen Ländern: Auf Ethnizität bezogene Interaktionen der Kinder konnten in den alltäglichen Spiel- und Handlungszusammenhängen relativ häufig beobachtet werden. Kinder thematisierten Ethnizität über phänotypische Merkmale – also Merkmale des Aussehens, auch über Sprache und Nationalität. Es handelte sich um eine selbstgewählte und ungesteuerte Thematisierung, aus eigenem Interesse der Kinder. Sie geschah im Freispiel, bei Tischgesprächen und verfolgte unterschiedliche Zwecke: Manchmal wurde Ethnizität spielerisch oder scherzhaft thematisiert, dann wieder diente sie dem Vergleich oder der Abgrenzung von Merkmalen, manchmal auch der Ein- oder Ausschließung. »Dabei scheint die soziale Bewertung ethnischer Unterscheidungen insbesondere denjenigen Kindern bewusst zu sein, die einen Migrationshintergrund haben und/oder sich phänotypisch nicht zur ›weißen‹ Mehrheit zählen (können).« (ebd., S. 227)

Kinder üben einerseits ein, was ihnen an Unterscheidungspraxis begegnet und übernehmen diese in ihre Handlungsroutinen. Gleichzeitig experimentieren sie damit, welche soziale Bedeutung solche Unterscheidungen in bestimmten Situationen und Kontexten bekommen. Sie lernen, Unterscheidungen aktiv selbst hervorzubringen (vgl. ebd., S. 223).

3.4.2 Kinder entwickeln Vorstellungen von »Nationalität«

Was wissen wir darüber, wie Kinder eine Vorstellung von nationaler/ethnischer Herkunft entwickeln? Marvakis (1995) diskutiert zu dieser Frage die Arbeiten von Piaget und Weil (1951, 1976) zur kognitiven und affektiven Entwicklung des Verständnisses von Heimatland und Ausland bei Schweizer Kindern. Piaget und Weil hatten Interviews mit Kindern im Alter zwischen sechs und vierzehn Jahren durchgeführt und stellten fest: »Ein Heimatgefühl und eine genaue Vorstellung von dieser Heimat sind in der normalen kindlichen Entwicklung nicht etwa erste oder auch nur frühe Elemente des kindlichen Denkens, sondern erscheinen erst relativ spät. (...) Das Kind muss be-

»Woher kommst du?« – Wie junge Kinder Herkunftsfragen begreifen

trächtliche Anstrengungen hinsichtlich einer ›Dezentrierung‹[3] oder Erweiterung seiner Interessenschwerpunkte (Stadt, Kanton usw.) unternehmen, bevor es seines Heimatlandes kognitiv und affektiv gewahr wird.« (zit. in Marvakis 1995, S. 69) Den Anfangspunkt der kindlichen Entwicklung sahen die beiden Wissenschaftler in einem »unbewussten Egozentrismus«, in dem Kinder davon ausgehen, »dass die unmittelbaren Einstellungen, die sich aus seiner [des Kindes] eigenen spezifischen Umgebung und seinen Handlungen ergeben, die einzig möglichen sind.« (ebd.)

Fasst man die Ergebnisse zusammen, läuft die Entwicklung eines Verständnisses des Landes, in dem man lebt, in drei Phasen ab. In der ersten Phase sind die Aussagen der Kinder konkret auf ihre unmittelbaren Erfahrungen und Gefühle bezogen: »*Italien ist schön, denn der Kuchen ist leckerer als in der Schweiz. Die Türkei ist schön, weil dort Delphine im Meer schwimmen. Ich komme vom Spielplatz in der Berliner Straße, wo mein Zuhause ist.*« In der zweiten Phase ist die Fähigkeit zur »Dezentrierung« bereits weiter entwickelt und durch die Übernahme familialer Orientierungen gekennzeichnet – der Beginn der Entwicklung einer Gruppenidentität: »*Die Schweiz ist schön, weil meine Eltern dort leben, weil ich dort geboren bin.*« Die dritte Phase ist gekennzeichnet durch die Übernahme der nationalen Stereotype, die vorherrschend sind. Die Schweiz z. B. steht für »Freiheit« und staatliche »Neutralität«: »*Hier gibt es keinen Krieg.*«

> Entwicklung eines Heimatgefühls und einer genauen Vorstellung von Heimat

Vergleicht man die Aussagen der Schweizer Kinder aus den Untersuchungen der 1960er- und 1970er-Jahre mit denen von Kindern, die heute aufwachsen, kann vermutet werden, dass die Erkundung des Themas heute früher beginnt: Medien, Urlaubsreisen, Freunde und Freundinnen und deren Familien bringen Kinder sehr viel früher in Kontakt mit unterschiedlichen Ländern, Kulturen, Traditionen und Ritualen. Unerforscht

---

[3] Der von Jean Piaget geprägte Begriff der Dezentrierung beschreibt in der Entwicklungspsychologie die Fähigkeit des Kindes, seine Aufmerksamkeit auf mehrere Merkmale eines Objektes oder Ereignisses zu richten und diese Merkmale in Beziehung zueinander zu setzen. Diese Beziehungen der Merkmale untereinander werden nicht nur erkannt, sondern auch vom Kind verstanden. Das Kind begreift die Mehrdimensionalität von Objekten. Zu neueren Erkenntnissen vgl. den Beitrag von Monika Keller (Kap. 2) in diesem Band.

sind insbesondere die Erfahrungen und Theorien von Kindern, die in Familien mit Migrationshintergrund aufwachsen.

3.4.3 Von der Notwendigkeit, sich und die »Anderen« zuzuordnen

Aus Erfahrungen in der Praxis ist zu vermuten, dass die Frage der nationalen/ethnischen Herkunft bereits unter Kindergartenkindern bei der Ko-Konstruktion von Welt, der eigenen Identität und der Auseinandersetzung mit der eigenen Bezugsgruppe eine Rolle spielt, die Art und Weise und die Intensität aber nicht für alle Kinder gleich sind.

Erfahrungen von Kindern unterschiedlicher ethnisch-nationaler Herkunft

Weiße deutsche Kinder[4] beschäftigen sich wahrscheinlich später mit dem Thema Deutschsein als Kinder anderer ethnisch-nationaler Herkunft. Sie sind deutsch, sie gehören dazu und werden nicht ausdrücklich darauf hingewiesen, dass Aspekte ihrer ethnisch-nationalen Identität anders sind als die von anderen. Es handelt sich so um keine wesentliche Kategorie, mit der sie sich bei der Aneignung von Welt auseinandersetzen müssten. Anders sieht die Situation von Kindern mit einer anderen ethnisch-nationalen Herkunft als der deutschen aus. Spätestens im Kindergarten fällt auf, dass sie eine andere Sprache zu Hause sprechen, eine andere Hautfarbe haben, andere Feste und Rituale feiern, vielleicht auch andere Musik zu Hause hören. Diese Kinder werden wahrscheinlich früher aufgefordert, sich damit auseinander zu setzen, was es heißt z. B. »türkisch« oder »marokkanisch« zu sein, weil sie im Unterschied zu weißen deutschen Kindern als »anders« identifiziert werden. Hierbei übernehmen sie die Wahrnehmungen der Mehrheitsgesellschaft über sich selbst als »Andere«:

Spielerisch die Stereotype der Mehrheitsgesellschaft erkunden

Drei fünfjährige Mädchen, alle aus türkischen Familien, bauen ethnisch-kulturell konnotiertes Spiel im Laufe des Kindergartentages ein: In der Puppenecke spielen sie »Familie«, sie sind Mütter mit Kopftüchern, die beim Kochen betonen, kein Schweinefleisch zu essen. Vor dem Mittagessen stimmen sie untereinander Gesten ab, die aussehen wie das islamische Gebetsritual. Die Eltern der Mädchen sind

---

[4] Zu den Bezeichnungen »Weiß« und »Schwarz« vgl. Kap. 3.5 in diesem Band.

»Woher kommst du?« – Wie junge Kinder Herkunftsfragen begreifen

erstaunt, als sie das Video sehen, denn alle drei Aspekte spielen in ihrer Alltagskultur kaum eine Rolle: Die Mütter tragen keine Kopftücher, sie essen durchaus auch Schweinefleisch und gebetet wird zuhause auch nicht.[5]

Die Kinder handeln, als untersuchten sie spielerisch die Stereotype der Mehrheitsgesellschaft über ihre ethnisch-nationale Gruppe, indem sie sie nachspielen und erproben und auf ihre Wirksamkeit bei den Erwachsenen hin überprüfen. Sie greifen religiöse Bestände von Alltagskultur auf, die zwar in ihrem konkreten Umfeld nicht vorherrschend sind, wohl aber im öffentlichen Bild von türkischen Familien, die immer mehr unter dem Gesichtspunkt islamischer Religionszugehörigkeit dargestellt werden. Und damit als »anders«, manchmal auch als »merkwürdig« und »exotisch«.

Was daran ist für die Kinder so anziehend, dass sie diese Stereotype intensiv in ihr Spiel einbauen? Auch weiße deutsche Kinder waren an der Szene beteiligt, aber weniger aktiv, da sie dem schnellen Sprachwechsel zwischen Deutsch und Türkisch nicht gewachsen waren. Die drei Mädchen lenken ihr Spiel ideenreich, aktiv und tonangebend – und positionieren sich als nicht-deutsch.[6]

Was ist das eigentlich – »deutsch«?

Deutsches Aussehen und Deutschsein sind eine Konstruktion, »die von einem fiktiven Vorstellungsbild der Normalität genährt wird: Die Deutsche und den Deutschen gibt es nicht. Wie nah eine Person dem Idealtyp kommt, ob sie von dem Typ abweicht, ob sie zu weit von ihm abweicht und welche Konsequenzen die Abweichung mit sich bringt, das bestimmen vor allem aber die historisch entstandenen und sich wandelnden Vorgaben der sozialen Ordnung.« (Mecheril 1997, S. 176)

---

[5] Das Beispiel ist der Videografie eines »typischen Tages in einer Berliner Kita« im Rahmen des internationalen Projekts »Children crossing borders« entnommen. Forschungsfrage des Projekts ist, welche Selbstverständnisse fünf Systeme frühkindlicher Bildung in der Frage der Inklusion von Kindern mit Migrationshintergrund leiten. Beteiligt sind die USA, England, Frankreich, Italien und Deutschland unter Leitung von Joe Tobin. Deutscher Träger ist die Internationale Akademie an der Freien Universität Berlin. www.ina-fu.org/ista und www.childrencrossingborders.org

[6] Zur Unsicherheit über den Zusammenhang von Sprachen und national-ethnischer Zugehörigkeit vgl. Kap. 3.6 in diesem Band.

Weiß-Sein, so Ulrike Wachendorfer, ist ein soziales Konstrukt, das durch unterschiedliche soziale Praxen hergestellt wird und nicht etwas objektiv Vorgegebenes: »Es symbolisiert ein Machtsystem, beschreibt die Linien von Ausgrenzung und ist auch mit anderen sozialen und politischen Konstruktionen wie Klasse, Geschlecht, Nation, Religion etc. verknüpft.« (Wachendorfer 2001, S. 87)

3.4.4 Nationale Identität als Konstrukt

Eine Nationalkultur, die alle Unterschiede einebnet?

»Ein Mensch braucht eine Nationalität, so wie er eine Nase und zwei Ohren haben muss.« (Gellner in: Eickelpasch/Rademacher 2004, S. 68) Äußerlich unterscheiden sich moderne Nationen durch die Gemeinsamkeit eines Territoriums, einer oder mehrerer Ethnien und einer oder mehrerer Sprache(n). Der wesentliche Unterschied wird durch einen Diskurs über das »Wesen« der Nation hergestellt, d. h. über eine Weise, »Bedeutungen zu konstruieren, die sowohl unsere Handlungen, als auch unsere Auffassungen von uns selbst beeinflusst und organisiert« (Hall 1994, S. 201). Diese »Erzählungen« dienen der Herstellung einer »identitätsstiftenden gemeinsamen Vergangenheit, Tradition, Geschichte und Herkunft« (Eickelpasch/Rademacher 2004, S. 69) und bilden die Grundlage für ein Gefühl der Zusammengehörigkeit und der zeitlichen und geschichtlichen Eingebettetheit, das die Individuen an »ihre« Nation bindet und verpflichtet. Die so hergestellte »Aura des Ewigen und Unveränderlichen« naturalisiert bestehende gesellschaftliche Strukturen und Herrschaftsverhältnisse und entzieht sie jeder »rationalen Rechtfertigung und Kritik« (ebd.).

Die einheitlich und homogen gedachte Nation muss, um die ethnischen, sprachlichen, kulturellen und religiösen Differenzen, die die Nation spalten könnten, auf die Herstellung einer Nationalkultur bauen, die Unterschiede einebnet. »Kultur ist heute das notwendige gemeinsame Medium, das Lebensblut oder vielmehr besser die minimale gemeinsame Atmosphäre, innerhalb derer allein die Mitglieder einer Gesellschaft atmen und überleben und produzieren können.« (Gellner 1991, zit. in: Eickelpasch/Rademacher 2004, S. 74) Aber der Versuch, die Entstehung von Nationen über den Ursprung eines »Volkes« diskursiv zu rechtfertigen, überzeuge nicht, meint Stuart Hall:

»Westeuropa hat keine Nation, die nur aus einem Volk, einer Kultur oder Ethnizität besteht. Alle modernen Nationen sind kulturell hybrid[7].« (Hall 1994, S. 207)

Nationen sind künstliche und relativ junge Konstruktionen. Ihre Anfänge fallen meistens mit der gewaltsamen Herstellung von territorialen Grenzen und der gewaltsamen Unterdrückung von kulturellen Differenzen zusammen. Nationen sind das Ergebnis von Machtausübung – Macht im physischen wie im kulturellen Sinn »starker nationaler Diskurse und Erzählungen, die versuchen, alle inneren Spaltungen und Differenzen zu einer Einheit zu vernähen« (Eickelpasch/Rademacher 2004, S. 73). Sie sind auf erfundene Traditionen angewiesen, die eine historische und kulturelle Kontinuität suggerieren und die es ermöglichen, einen »Schleier des Vergessens« über die Künstlichkeit des Bildes der ewigen Nation zu werfen.

Die Macht der Diskurse und der »erfundenen Traditionen« ist erstaunlich. Mit ihrer Hilfe wird die Vorstellung von Homogenität glaubhaft gemacht, die auch das Welt- und Menschenbild von Kindern nicht unbeeinflusst lässt. Ein 14-jähriger Junge kam z. B. in der Untersuchung von Piaget/Weil zu folgender Schlussfolgerung über die Menschen: »*Sie haben nicht alle die gleiche Mentalität. Jedes Volk hat seinen eigenen spezifischen Charakter.*« (zit. in Marvakis 1995, S. 72)

Einfluss auf das Welt- und Menschenbild von Kindern

Während die Einheitlichkeit und Unveränderlichkeit der nationalen Identität bei näherem Hinsehen »nichts Reales und Naturhaftes« sei, sei die Nation »real« in der Vorstellung ihrer Angehörigen, die sich mit der Nation als Kollektiv identifizieren und so ein imaginäres »Wir« entstehen lassen. Dass »wir« untereinander nicht ungleicher, unterschiedlicher und vielfältiger sein könnten, wird durch das »Wir« abstrahiert und überdeckt. Die Konstruktion des »Wir« erlaubt uns gleichsam die Unterscheidung zwischen »uns« und »den Anderen, den Fremden«, denn ohne »die Fremden« würde sich die Definition »der Ein-

---

[7] Aus der Biologie (vermischt, Mischling) entlehnte Bezeichnung für »das Ineinander/die Vermischung kultureller Elemente in den Identitätskonstruktionen« (Auernheimer 2007, S. 71); zentraler Begriff der Kulturwissenschaft und postkolonialer Studien, die Reinheitsvorstellungen von »Rassen«, die Dominanz des Westens und stereotype Bilder problematisieren.

heimischen in Differenzierungen auflösen« (Eickelpasch/Rademacher 2004, S. 68).

3.4.5 Für eine Kultur des Aufwachsens mit Respekt für Vielfalt

Ethnisch-nationale Herkunft ist kein wertfreier und neutraler Aspekt von Vielfalt. Er ist eingebettet in Vorstellungen von »Wir« und »den Anderen«, in Diskurse der Zugehörigkeit, der Teilhabe an gesellschaftlichen Ressourcen, Wertschätzung und Anerkennung. Die Beschäftigung mit dem Thema kann nicht aus der Angst heraus vermieden werden, man könnte etwas Falsches sagen, tun oder vermitteln. Vielmehr heißt es, die vielfältigen Zugehörigkeiten respektvoll und im Bewusstsein der ungleichen Bewertungen von Unterschieden zu erkunden. Was heißt das für die Gestaltung von Praxis? Ein Beispiel aus einer Kindertageseinrichtung zeigt Wege auf:

Eine »reale« Weltkarte

Im Eingangsbereich der Kita hängt eine Weltkarte. Eine dieser Weltkarten, die wir überall in Einrichtungen für Kinder finden: Die Native American Indians werden als »Indianer« in Lendenschurz und mit Feder im Haar abgebildet, in Afrika steht ein kleiner Mensch mit Bastrock vor einer Rundhütte. Um die Weltkarte herum sind Fotos der Kinder aus der Kita angebracht. Von jedem Foto aus führt ein Bindfaden zum jeweiligen »Heimatland« des Kindes. Die Vielfalt der Kulturen soll auf diese Weise sichtbar gemacht werden. Gut gemeint? Bestimmt, aber die meisten der Kinder sind in Berlin geboren. Wie wird diese Zugehörigkeit gesehen und sichtbar gemacht? Wie wird sie durch diese Art der Darstellung ausgeblendet? Nach Diskussionen im Team, mit den Kindern und Eltern wird die Karte umgestaltet: Jetzt führen die Bindfäden von den Fotos zu Orten auf der Landkarte, zu denen für die einzelnen Kinder wichtige Bezüge bestehen: nach Trabzon, wo die Großeltern eines Kindes leben; nach Alicante, wohin die Familie eines Kindes seit vier Jahren in die Sommerferien fährt; nach Köln, wo der beste Freund eines Kindes hingezogen ist; nach Berlin, wo der Lebensmittelpunkt der Familien und Kinder ist. Die stereotypen Bilder, die Kinder in den Ländern der Welt repräsentieren sollten, werden überklebt. Stattdessen sammeln Erzieherinnen und Erzieher, Kinder und Eltern Bilder, die die Vielfalt des Lebens in den Ländern widerspiegeln und gestalten aus ihnen eine »reale« Weltkarte.

»Woher kommst du?« – Wie junge Kinder Herkunftsfragen begreifen

Eine Reihe von Erkundungen in der Kindertageseinrichtung und darüber hinaus schließen sich an: Was heißt es, deutsch, türkisch, angolanisch, US-amerikanisch, thailändisch oder russisch zu sein? Welche Bilder gibt es, welche Stereotypen, welche Erzählungen? Welche Bewertungen? Was ist daran unfair? Stimmen die Aussagen? Woher stammen die Informationen über Menschen, die sich von einem selbst unterscheiden? Die Fragen und Antworten auf der Suche nach Vielfalt hören nie auf – ähnlich einem Kieselstein, den man in den Teich wirft, und der immer weitere Kreise zieht.

Literatur

Auernheimer, Georg (2007): Einführung in die Interkulturelle Pädagogik. Darmstadt

Battaglia, Santina (2007): Die Repräsentation des Anderen im Alltagsgespräch: Akte der natio-ethno-kulturellen Belangung in Kontexten prekärer Zugehörigkeiten. In: A. Broden/P. Mecheril (Hrsg.): Re-Präsentationen. Dynamiken der Migrationsgesellschaft. Düsseldorf

Diehm, Isabell/Kuhn, Melanie (2005): Ethnische Unterscheidungen in der frühen Kindheit. In: F. Hamburger/T. Badawia (Hrsg.): Bildung und Migration. Wiesbaden

Eickelpasch, Rolf/ Rademacher, Claudia (2004): Identität. Bielefeld

Hall, Stuart (1994): Rassismus und kulturelle Identität. Ausgewählte Schriften 2. Hamburg

Marvakis, Anastasios (1995): Der weiße Elefant und andere nationale Tiere. Zu einigen entwicklungspsychologischen Voraussetzungen nationaler Orientierungen. In: Forum kritische Psychologie 35. Konstruktionen von Fremdheit. Berlin

Mecheril, Paul (1997): Rassismuserfahrungen von Anderen Deutschen – eine Einzelfallbetrachtung. In: P. Mecheril/ T. Theo (Hrsg.): Psychologie und Rassismus. Reinbek bei Hamburg

Wagner, Petra (2003): »Anti-Bias-Arbeit ist eine lange Reise ...« Grundlagen vorurteilsbewusster Praxis in Kindertageseinrichtungen. In: C. Preissing/P. Wagner (Hrsg.): Kleine Kinder – keine Vorurteile? Interkulturelle und vorurteilsbewusste Arbeit in Kindertageseinrichtungen. Freiburg im Breisgau

Wachendorfer, Ursula (2001): Weiß-Sein in Deutschland. Zur Unsichtbarkeit einer herrschenden Normalität. In: S. Arndt (Hrsg.): AfrikaBilder. Studien zu Rassismus in Deutschland. Münster

3.5 »Weil ich dunkle Haut habe ...« – Rassismuserfahrungen im Kindergarten

Stefani Boldaz-Hahn

3.5.1 Rassismus und Kinder?!

Felix ist gerade vier Jahre alt geworden. Eigentlich geht er gerne in den Kindergarten. Doch vor kurzem ist er von den anderen Kindern wegen seiner Hautfarbe gehänselt worden. Felix hat eine dunkle Hautfarbe.

Von Rassismus betroffene Kinder gibt es nicht? Dass bereits junge Kinder rassistische Diskriminierung in Kindertageseinrichtungen erfahren, können sich viele Menschen in Deutschland nur schwer vorstellen. Wird diese Erfahrung bei Erzieherinnen und Erziehern angesprochen, so heißt es häufig: *»So etwas gibt es bei uns nicht. Das ist ja übertrieben. Und wenn, dann können nur Erwachsene rassistisch sein!«*

Rassismus und Kinder – das wird nicht gern in einen Zusammenhang gebracht. Leichter ist es, das Thema mit Erwachsenen oder Jugendlichen in Verbindung zu setzen, insbesondere mit Rassismus ausagierenden oder rechtsradikalen Jugendlichen. Dieser »Zielgruppe« widmen sich bisherige interkulturelle pädagogische Maßnahmen und Förderprogramme in besonderer Weise, während die Zielgruppe der von Rassismus Betroffenen und in ganz besonderem Maße von Rassismus betroffene Kinder kaum Beachtung finden.

Auch im Bereich der Wissenschaften fehlt es in Deutschland an Studien, die sich gezielt mit dem Erleben von Rassismus befassen. Beckmann (1997, S. 203) führt hierzu aus, dass die Darstellung von Rassismuserleben aus der Perspektive von Betroffenen zwar »aus ethischen Gesichtspunkten, gewissermaßen als éducation sentimentale«[1] hingenommen werde, jedoch sei oft die Vorstellung vorhanden, dass »die Betroffenenperspektive keine theoretischen Erkenntnisse dafür liefere, wie dem Rechtsradikalismus präventiv zu begegnen sei« (ebd.).

---

[1] Frz.: Sentimentale Erziehung, evtl. in Anspielung auf den gleichnamigen Roman von Gustave Flaubert (»Erziehung des Herzens«), der von Lehrjahren in einer Situation gesellschaftlichen Umbruchs handelt.

»Weil ich dunkle Haut habe ...« – Rassismuserfahrungen im Kindergarten

Programme, die von Rassismus betroffene Kinder zum Fokus haben, sind in Deutschland rar. Vereinzelt gibt es Projekte[2] oder wissenschaftliche Arbeiten[3], die sich der Thematik widmen. Insgesamt gibt es hier noch einen großen Forschungsbedarf. Die mangelnde Berücksichtigung dieser Thematik führt wiederum zu einer »Reproduktion der Ausgrenzung, Nicht-Beachtung und Nicht-Anerkennung« der von Rassismus Betroffenen (ebd.), die sich auch bei Kleinkindern zeigt. Denn Rassismus bzw. die Auswüchse seiner Ideologie machen weder Halt vor Kindern noch vor Erwachsenen noch vor Institutionen wie Kindertageseinrichtungen. Die Folge ist, dass Kinder, die aufgrund ihrer Hautfarbe ausgegrenzt werden, häufig mit ihren Erfahrungen sich selbst überlassen sind und keine adäquate Unterstützung finden.

Reproduktion der Ausgrenzung, Nicht-Beachtung und Nicht-Anerkennung

Felix interessiert sich sehr für Ritter. Konzentriert liest er die Ritterbücher im Kindergarten. Nach einer Weile sagt er zu seiner Erzieherin: »Jetzt habe ich alles gelesen, und ich habe keine dunklen Ritter gefunden. Immer sind alle hell.«

3.5.2 Äußere Merkmale als Hilfsmittel zur Vergewisserung der Gruppenzugehörigkeit

Bereits mit zwei Jahren besitzen Kinder die Fähigkeit, Geschlechter, Farben und eben auch Hautfarben zu unterscheiden (vgl. Derman-Sparks & Anti Bias Task Force 1989, S. 2). Im Alter von etwa drei Jahren entwickeln Kinder eine Vorstellung darüber, welche Merkmale unverändert bleiben und welche Merkmale von den Eltern vererbt sind (vgl. Hirschfeld 1995). Durch ihre Erfahrung mit der Umwelt entwickeln sie erste Annahmen über die Zusammengehörigkeit von Menschengruppen und fühlen sich der jeweiligen Gruppe zugehörig. Dabei dienen konstante äußere Merkmale als Hilfsmittel. Diese Kategorisierung von Menschen stellt ein soziales Konstrukt dar, um zwischen der eigenen Bezugsgruppe »Wir« und der Fremdgruppe »die

---

[2] Z. B. das Projekt KINDERWELTEN (2000–2008) und das von Isabell Diehm und Melanie Kuhn an der Uni Bielefeld geplante Forschungsprojekt zu den Perspektiven junger Kinder auf Ethnizität.
[3] Z. B. Hahn (2000), Melter (2006).

Anderen« zu unterscheiden bzw. sich seiner eigenen Gruppenzugehörigkeit zu vergewissern.

Welche Erfahrungen machen junge Kinder mit ihrer Hautfarbe?

Da es sich dabei um ein soziales Konstrukt handelt, lassen die Erfahrungen, die Kinder in ihrem gesellschaftlichen Umfeld gemacht haben, die Bezugsgruppenbildung und Zuordnung von Merkmalen unterschiedlich stark ausbilden (vgl. Kattmann 1999). So ist für das Zugehörigkeitsgefühl von Kindern in der Kindertageseinrichtung auch entscheidend, welche Erfahrungen sie dort mit ihrer Hautfarbe machen bzw. im gesellschaftlichen Umfeld gemacht haben. Haben Kinder bereits gelernt, welche äußeren Merkmale in unserer Gesellschaft privilegiert und anerkannt sind, können sie bereits mit drei Jahren Unbehagen gegenüber Merkmalen zeigen, die nicht den gesellschaftlichen Normvorstellungen entsprechen – in Bezug auf Geschlecht, Hautfarbe, Herkunft und körperliche Beeinträchtigung (Derman-Sparks & Anti Bias Task Force 1989, S. 2). Und umgekehrt nehmen es Kinder, die in unserer Gesellschaft einer Minderheit angehören, bereits in diesem Alter wahr, wenn andere Kinder ihnen gegenüber Unwohlsein äußern. Sie müssen schließlich bei ihrer Identitätsbildung die Botschaften verarbeiten, ständig aufzufallen bzw. nicht als selbstverständlicher Teil der Gesellschaft angesehen zu werden (Hahn 2001, S. 28).

3.5.3 Kindertageseinrichtungen – wesentlicher Einfluss auf die Identitätsbildung der Kinder

Auseinandersetzung mit äußeren Merkmalen

Als Ausschnitt gesellschaftlicher Realität hat auch die Kindertageseinrichtung einen wesentlichen Einfluss auf die Identitätsbildung der Kinder. Hier lernt das einzelne Kind im Kontakt mit anderen Kindern seine äußeren Merkmale und die seiner Bezugsgruppe zu reflektieren. Die Auseinandersetzung mit äußeren Merkmalen ist damit verknüpft, welche gesellschaftliche Stellung das jeweilige Merkmal hat bzw. inwieweit es der mehrheitlichen Normvorstellung entspricht. Hat ein Kind in seiner Kindergruppe zum Beispiel als einziges eine dunkle Hautfarbe, wird es diesen Unterschied wahrnehmen, auch wenn er von der Erzieherin nicht direkt thematisiert wird. Dies geschieht zunächst einmal ohne weitere Bewertung, ist aber häufig mit Fragen verbunden – wie: »*Warum habe ich eine dunkle Hautfarbe und die anderen Kinder nicht?*«

»Weil ich dunkle Haut habe ...« – Rassismuserfahrungen im Kindergarten

Hat ein Kind hingegen eine helle Hautfarbe und sieht sich in der Kindertageseinrichtung in der Mehrheit, so fühlt es sich in seinem äußeren Merkmal bestätigt und wird seine eigene Hautfarbe nicht unbedingt thematisieren oder gar in Frage stellen. Es kann dann sogar im Kontakt zu dunkelhäutigen Kindern in seiner Erfahrung bestärkt werden, zur weißen dominanten Mehrheit zu gehören (vgl. Derman Sparks/Ramsey 2006).

Da die Kindertageseinrichtung kein Schonraum oder Labor ist, sondern ein politischer Raum, der widerspiegelt, was als gesellschaftliche »Norm« in Deutschland zu gelten hat, lernen Kinder sehr schnell, welche Hierarchien es gibt und welche gesellschaftliche Anerkennung Hautfarben in unserer Gesellschaft haben. Dies bleibt nicht ohne Folgen für die Kinder:

Kindertageseinrichtung – ein politischer Raum

Felix weint. Gerade haben ihn ein paar Kinder »Schokolade« genannt und mit dem Finger auf ihn gezeigt. Das war nicht das erste Mal. Auf dem Spielplatz ist Felix sogar schon einmal von einem Kind als »Neger« bezeichnet worden.

Rassismus kann sich auf direkte und indirekte Art und Weise äußern. Werden Kinder zum Beispiel als »Schokolade«, »Mohrenkopf« oder »Neger« betituliert bzw. beschimpft oder aufgrund ihrer Hautfarbe vom Spiel ausgegrenzt, erfahren sie eine direkte Form der Diskriminierung. Indirekt und nicht weniger effektiv können Kinder auch durch institutionalisierten Rassismus in ihrer Identitätsentwicklung beeinflusst werden. Dies geschieht z. B. durch eine tendenziöse Repräsentanz von Menschen dunkler Hautfarbe in Spielen, Kinderbüchern oder Liedern in der Kindertageseinrichtung. Als Beispiele können hier das Kinderbuch »Pippi Langstrumpf im Taka-Tuka-Land«, die Spiele »Wer hat Angst vorm Schwarzen Mann« und »Schwarzer Peter« angeführt werden. Hinzu kommt die verbreitete Verwendung von »schwarz« mit eindeutig negativer Bedeutung – wie z. B. »schwarzfahren« oder »schwarzsehen«.

Rassismus – direkte und indirekte Erfahrungen

Sind Kinder mit einseitigen und stereotypen Darstellungen von Menschen dunkler Hautfarbe konfrontiert und von Redeweisen umgeben, in denen schwarz gleichgesetzt wird mit negativ, unheimlich, unmoralisch, so können sie sich kaum damit in positiver Weise anfreunden oder identifizieren. Sie lernen unter Umständen, Menschen dunkler Hautfarbe eher mit Angst, Misstrauen, Ablehnung oder Respektlosigkeit zu begegnen. Verstärkt wird dieser Umstand durch einseitige Spielmaterialien und Me-

Einseitige, stereotype Darstellungen

dien in der Kindertageseinrichtung – wenn es z. B. keine dunkelhäutigen Puppen gibt oder in den Büchern lediglich Menschen mit heller Hautfarbe auftreten; wenn nur beim Küchenpersonal jemand mit dunkler Hautfarbe anzutreffen ist und niemand vom pädagogischen Fachpersonal. So wird Kindern suggeriert, dass Menschen dunkler Hautfarbe in der deutschen Gesellschaft keinen oder eben nur einen bestimmten Platz haben.

3.5.4 Hautfarbe – konstantes äußeres Merkmal und permanente Projektionsfläche

Da die Hautfarbe ein konstantes äußeres Merkmal ist, welches sich nicht verändern lässt, stellen Kinder auch im Alltag der Kindertageseinrichtungen aufgrund ihrer dunklen Hautfarbe eine permanente Projektionsfläche für Abwertungen dar. Dabei wird die Botschaft, nicht dazuzugehören und als minderwertig in der Gesellschaft gesehen zu werden, gesendet – egal ob als Kind einfach nachgesprochen oder als Erwachsener bewusst eingesetzt.

Felix wird vom Kindergarten abgeholt. Nachdenklich erklärt er: »Mama, ich bin braun und Ben ist hell. Ich möchte auch helle Haut haben – so wie meine Freunde.«

Die Akzeptanz der eigenen Hautfarbe erweist sich dann als schwierig, wenn diese in der Gesellschaft nicht anerkannt ist bzw. als etwas Minderwertiges gesehen wird. Dies hat Auswirkungen auf das Selbstbild von Kindern dunkler Hautfarbe. Der Wunsch, seine dunkle Hautfarbe in eine helle zu verwandeln und so das Erleben von Rassismus verhindern bzw. in der Gesellschaft anerkannt und unauffällig sein zu können, ist gerade bei Kindern häufig zu beobachten. Dies äußert sich z. B. auch im Versuch, sich hell zu waschen, sich mit weißer Creme zu behandeln oder durch das Essen von Seife (Hahn 2000, S. 56). Da sich die Hautfarbe dadurch nicht ändert und das gesellschaftliche Bild von »schwarz« weiterhin negativ besetzt ist, kann das Erleben von Stigmatisierung und Ausgrenzung auch in Autoaggression oder in nach außen gerichteter Aggression ausagiert werden. Häufig reagieren Kinder auf rassistische Beschimpfungen mit dem Streben nach perfektem Verhalten und äußerster Sauberkeit. Vor allem für Kinder erweist sich diese Form der Reaktion als besonders anstrengend, da sie beim Spielen draußen eher mit

Auswirkungen auf das Selbstbild von Kindern

»Weil ich dunkle Haut habe ...« – Rassismuserfahrungen im Kindergarten

schmutzig machenden Elementen in Berührung kommen als Erwachsene. So sind die Kinder einem permanenten Stress ausgesetzt. Verstärkt wird diese Belastung, wenn Eltern oder Erzieherinnen und Erzieher ein perfektes Verhalten einfordern – in der Annahme, dass »ordentliche« und »saubere« Kinder weniger Rassismus erleben würden, was jedoch nicht der Fall ist.

Felix ist ganz aufgeregt. Die Erzieherin hat eine große Weltkarte mitgebracht und alle Kinder sollen zeigen, aus welchem Land sie kommen. Als Felix mit dem Finger auf Hamburg zeigt, korrigiert ihn die Erzieherin: »Felix, zeig uns doch deine richtige Heimat – du weißt doch, was ich meine.« »Aber ich bin doch deutsch!«, antwortet er.

»Aber ich bin doch deutsch!«

Ein sehr entscheidendes Kriterium, um in Deutschland als »deutsch« empfunden und anerkannt zu werden, ist neben der akzentfreien Aussprache der deutschen Sprache eine helle Hautfarbe. Die vorherrschende Illusion einer Einheitlichkeit der Menschen in Deutschland bezüglich Kultur, Herkunft und insbesondere des Phänotyps (äußere Erscheinungsmerkmale) suggeriert bereits Kindern, dass sie aufgrund ihrer dunklen Hautfarbe oder der Herkunft der Eltern keine Deutschen seien und so auch nicht Teil der deutschen Gesellschaft. Und das, obwohl es weder eine homogene kulturelle noch eine auf der elterlichen bzw. großelterlichen Herkunft basierende Übereinstimmung in Deutschland gibt – geschweige denn eine einheitliche Hautfarbe.

Da für viele die Vorstellung schwer fällt, dass es Deutsche auch mit einer dunklen Hautfarbe gibt, entsteht ein gedanklicher Ausschluss aus der Gesellschaft, indem dunkelhäutige Menschen als nicht zu Deutschland zugehörig kategorisiert und so als Aus- und nicht als Inländer verstanden werden. Sie erfahren eine »gedankliche Extraterritorialisierung« (Hahn 2000, S. 26 ff.). Die Folge ist – und dies geschieht auch in Kindertageseinrichtungen –, dass Kinder immer wieder aufgefordert werden, ihre Existenz, ihre Zugehörigkeit und ihr Heimatgefühl zu Deutschland zu rechtfertigen bzw. das Gefühl haben, dies tun zu müssen. Anlässe dazu gibt es andauernd, denn Kinder mit dunkler Hautfarbe fallen in einem von Weißen dominierten Umfeld ständig auf. Dieses Auffallen ist häufig mit der Wahrnehmung verknüpft: »*Ich gehöre nicht dazu.*«

Gedankliche Extraterritorialisierung: zum Ausländer gemacht

Immer wieder bestärkt wird dies durch das direkte Infragestellen der Heimat und der Zugehörigkeit: wenn Kinder immer wie-

Zugeschriebene Heimatlosigkeit

der nach ihrer Heimat gefragt werden oder danach, wann sie wieder dorthin »zurückkehren« wollen; wenn darauf bestanden wird, dass die Heimat des Kindes nicht in Deutschland sein kann, sondern sicher irgendwo im Ausland ... Die »zugeschriebene Heimatlosigkeit« (Hahn 2000, S. 33) spricht den Betroffenen Zugehörigkeit, Identifikation und auch eine kompetente Eigenwahrnehmung ab. Sie kann neben Gefühlen der Wut oder Enttäuschung auch Probleme bei der Identitätsfindung verursachen. Besonders stark kommt es zu einem Identitätsverlust, wenn weiterhin nach der Rückkehr in »die Heimat« gefragt wird, obwohl das Kind bereits Deutschland als sein Herkunftsland angegeben hat. Durch die wiederholte Rückfrage werden Kinder dunkler Hautfarbe ihres Anspruchs auf Heimat in Deutschland beraubt, was bedeutet, dass sie gedanklich aus ihrer Heimat verdrängt werden – ihnen eine Heimatlosigkeit aufgedrängt wird.

Zugehörigkeit – unabdingbare Voraussetzung, um gut zu lernen

Das kann Unsicherheit schüren, ob eine Lebensperspektive in Deutschland überhaupt möglich ist, Existenzängste oder Gefühle der Hoffnungslosigkeit hervorrufen. Insbesondere, wenn Kinder die von der Mehrheitsgesellschaft für eine gelungene Integration geforderten Kompetenzen – wie Sprache, Rituale, Lebensweise – allesamt erfüllen. Dies kann Ohnmachtgefühle auslösen, denn Hautfarbe ist nicht beeinflussbar durch individuelles Verhalten oder Anstrengungen. Sie ist im Unterschied etwa zum sozialen Status oder zu individueller Leistung ein unveränderbares Merkmal. Ein zwiespältiges Verhältnis zur eigenen Heimat ist häufig das Resultat. Doch Kinder brauchen ein Umfeld, dem sie sich zugehörig fühlen. Wohlergehen und Zugehörigkeit sind unabdingbare Vorraussetzungen, um gut zu lernen. Nur so können Kinder selbstsicher sein und sich für Lernprozesse stärker öffnen.

Die Erzieherin ist verunsichert. Gerade wurde Felix aufgrund seiner Hautfarbe ausgegrenzt. Sie will die Situation nicht zuspitzen und tröstet ihn mit den Worten: »Die Kinder haben das nicht so gemeint.« Den anderen Kindern erklärt sie: »Felix ist ›farbig‹. Da kann er nichts dafür.«

3.5.5 Rassistische Äußerungen oder Handlungen thematisieren und bearbeiten

Damit Kinder lernen, rassistisches Gedankengut nicht weiterzutransportieren, ist es wichtig, dass sie von Erwachsenen oder Gleichaltrigen darauf aufmerksam gemacht werden, wenn sie sich anderen Kindern gegenüber diskriminierend verhalten. Dies setzt jedoch voraus, dass es erwachsene Bezugspersonen gibt, die Rassismen gegenüber aufmerksam sind und auch subtile Formen wahrnehmen können. Wie bei vielen Erwachsenen zeigt sich auch bei Erzieherinnen und Erziehern eine starke Unsicherheit mit dem Thema Rassismuserleben, Rassismusgeschehen sowie im Umgang mit eigenen Rassismen. Dies äußert sich neben der Angst vor eigenen Anteilen (Selbstreflexion) und Gefühlen der Hilflosigkeit deutlich in Verdrängungsmechanismen, wie Tabuisierung oder Verharmlosung von rassistisch diskriminierenden Situationen. Kommt es dazu, wird betroffenen Kindern oftmals zu verstehen gegeben, sie seien zu empfindlich, wenn sie wütend oder traurig auf rassistische Bemerkungen reagieren.

So kommt es in Kindertageseinrichtungen vor, dass rassistische Äußerungen oder Handlungen, selbst wenn sie als solche erkannt wurden, weder thematisiert noch bearbeitet werden. Dabei steht die Befürchtung der Erwachsenen im Vordergrund, dass durch die Thematisierung von Rassismus das Rassismusgeschehen und die Stigmatisierung des betroffenen Kindes verstärkt werden könnten. Es wird jedoch übersehen, dass die Diskriminierung schon stattgefunden hat. Das betroffene Kind hat bereits die Botschaft erhalten, aufgrund seiner Hautfarbe etwas Negatives in der Gesellschaft darzustellen. Wird dann die Situation verharmlost und das Verhalten des Rassismus ausagierenden Kindes entschuldigt, lernen hellhäutige Kinder, dass es in Ordnung ist, andere aufgrund ihrer dunklen Hautfarbe auszugrenzen. Sie machen die Erfahrung, dass es in der Kindertageseinrichtung erlaubt ist, sich diskriminierend zu verhalten, und lernen, dass sie aufgrund ihrer hellen Hautfarbe Kindern dunkler Hautfarbe überlegen sind. Gleichzeitig wird betroffenen Kindern durch eine solche Reaktion zu verstehen gegeben, dass sie keinen Schutz vor rassistischem Verhalten erwarten dürfen. Sie machen die Erfahrung, dass ihre Gefühle nicht ernst genom-

Sensibilisierung und Intervention – die Situation nicht verharmlosen

men und sie mit ihren belastenden Erlebnissen und ihrem Schmerz alleine gelassen werden. Dies kann das Vertrauen zu ihrer Bezugsperson in der Kindertageseinrichtung erschüttern und das Gefühl der Geborgenheit einschränken.

Gegenstrategien und Denkhilfen erlernen

Eine weitere Folge fehlender Sensibilisierung und Intervention bei rassistisch motivierten Äußerungen und Handlungen besteht darin, dass betroffene Kinder keinerlei Gegenstrategien erlernen – weil Erzieherinnen und Erzieher darüber oft nicht verfügen und es in der Institution Kindergarten keine konzeptionelle Übereinkunft gibt, dass Bewältigungsstrategien und Verarbeitungsmechanismen angestrebt werden. Umgekehrt dürfen hellhäutige Kinder sich rassistisch verhalten, ohne dass ihre Handlungen wirklich in Frage gestellt werden. Sie bekommen keine Denkhilfe, um zu verstehen, auf welcher falschen Annahme ihre Handlungen oder Äußerungen basieren. Und sie bekommen keine gezielte Aufforderung oder Anregung, um Empathie für Betroffene zu entwickeln.

Eine neutrale Beschreibung von Hautfarben erfordert bewusstes Umdenken

Um mit Kindern über Hautfarben sprechen zu können, ist es wichtig zu wissen, wie Menschen dunkler Hautfarbe bezeichnet werden können, ohne abwertend zu erscheinen. Hier besteht in der Praxis häufig eine große Verunsicherung darüber, welche Begrifflichkeiten die richtigen sind, da man intuitiv weiß, dass die Bezeichnungen selbst Abwertung und Herbwürdigung transportieren und ein historisches Erbe kolonialer und rassistischer Kategorisierung von Menschen auf Grund ihrer Hautfarben sind: Je nach Hautfarbe wurden und werden Menschen innerhalb rassistischer Ideologien in höher- oder minderwertige Menschen eingeteilt. Diese Ideologien sind so tief in unserer Sprache und in unserem Denken verwurzelt, dass eine neutrale Beschreibung von Hautfarben ein sehr bewusstes Umdenken erfordert. Die Bezeichnung »farbig« suggeriert beispielsweise, dass nur Menschen dunkler Hautfarbe »Farbe« in der Haut haben und hellhäutige Menschen nicht. Weitere tendenziöse Bezeichnungen für Menschen dunkler Hautfarbe sind zum Beispiel »Neger«, »Mulatte« oder »Mischling«. Bezeichnungen wie »Schwarz« und »Weiß« werden heutzutage als politisch zu verstehende Selbstbeschreibung verwendet. Sie sind jedoch nicht als wirkliche Beschreibung von Hautfarben zu verstehen, sondern zur Beschreibung eines gesellschaftlichen Status.

»Weil ich dunkle Haut habe ...« – Rassismuserfahrungen im Kindergarten

Wenn Kinder über Hautfarben nachdenken, dann steht die tatsächliche Farbe der Haut im Mittelpunkt – Kinder denken sehr konkret. Es kann sie irritieren, wenn Erwachsene andere Menschen als »Schwarz« oder »Weiß« bezeichnen, denn kein Mensch hat wirklich eine »schwarze«, »weiße«, »gelbe« oder »rote« Hautfarbe. Nichtsdestotrotz lernen sie die eigentliche rassistische Botschaft, welche die Menschen in diese Farben-Gruppen einteilt, die doch allein soziale Konstruktionen darstellen.

Einseitig und für Kinder unverständlich sind auch die Vergleiche von Menschen dunkler Hautfarbe mit Nahrungsmitteln aus der Süßwarenabteilung, die sich in Bezeichnungen wie »Mohrenkopf«, »Schokobaby« oder »Negerkuss« äußern. Das Herabwürdigende und Rassistische daran zu problematisieren ist oft besonders schwer, weil die Worte in vermeintlich freundlicher Absicht verwendet werden. Häufig wird erwidert: »Aber Schokolade ist doch lecker!«

Im Gespräch mit Kindern ist es wichtig, freundliche oder neutrale Bezeichnungen für die unterschiedlichsten Brauntöne von Hautfarben zu finden: wie z. B. »goldbraun«, »hell-, mittel- oder dunkelbraun«. In der konkreten Praxis mit Kindern wird der kompetente Umgang mit Hautfarben jedoch eine Herausforderung bleiben. Neben einer neutralen und respektvollen Bezeichnung von Hautfarben sind weitere Reflexionen entscheidend, um zu einer diskriminierungsbewussten pädagogischen Praxis zu kommen: Wie bewertet man selbst Hautfarben? Wie nimmt man den sozialen Umgang damit wahr? Wie kann man eingreifen? Und warum tut man es nicht immer?

Kinder denken sehr konkret

Kompetenter Umgang mit Hautfarben – eine Herausforderung

Reflexionen von Kindheitserfahrungen als Schwarze in Deutschland

Hügel-Marshall, Ika (2001): Daheim unterwegs. Ein deutsches Leben. Frankfurt/M.
Massaquoi, Hans J. (1999): Neger, Neger, Schornsteinfeger! Meine Kindheit in Deutschland. Bern
Nejar, Marie (2007): Mach nicht so traurige Augen, weil du ein Negerlein bist. Meine Jugend im Dritten Reich. Reinbek bei Hamburg
Oguntoye, Katharina/Opitz, May/Schultz, Dagmar (2007): Farbe bekennen. Afro-deutsche Frauen auf den Spuren ihrer Geschichte. Berlin

Literatur

Beckmann, Herbert (1997): Rassismuserfahrungen von Asylsuchenden. In: P. Mecheril/T. Thomas (Hrsg.): Psychologie und Rassismus. Reinbek bei Hamburg

Derman Sparks L./Ramsey, P. (2006): What if all the kids are white? Antibias Multicultural Education With Young Children And Families. New York

Derman-Sparks, L./A.B.C. Task Force (Eds.) (1989): Anti-Bias-Curriculum – Tools for Empowering young children. Washington DC

Hahn, Stefani (2001): Fremd im eigenen Land – Rassismuserleben afrodeutscher Kinder und Möglichkeiten pädagogischer Intervention. In: KiTa spezial, Heft 3 (S. 28–32)

Hahn, Stefani (2000): Rassismuserleben afro-deutscher Kinder. Möglichkeiten pädagogischer Intervention. Unveröffentlichte Diplomarbeit. Freie Universität Berlin

Hirschfeld, Lawrence A. (1995): Do children have a theory of race? In: Cognition 54 (S. 209–252)

Kattmann, Ulrich (1999): Warum und mit welcher Wirkung klassifizieren Wissenschaftler Menschen? In: Kaupen-Haas/Saller (Hrsg.): Wissenschaftlicher Rassismus. Frankfurt/M., New York (S. 65–83)

Melter, Claus (2006): Rassismuserfahrungen in der Jugendhilfe: Eine empirische Studie zu Kommunikationspraxen in der Sozialen Arbeit. Münster, Berlin

3.6 Quer durch viele Sprachen hindurch – Vielgestaltigkeit der Sprachenwelten von Kindern

Petra Wagner

3.6.1 Meryem hat viele Sprachen

Meryem (5,8 Jahre) spielt, dass sie einen türkischen Laden hat. Sie schreibt »*bakkal*«[1] auf einen Zettel und klebt ihn an ihren Kaufladen. Wer einkauft, soll Türkisch sprechen. Ihr Name sei Sertab, so entscheidet sie eben schnell, denn so heißt die türkische Sängerin, die im Hintergrund singt. Das Spiel geht los. Sertab hanım ist eine etwas einsilbige Verkäuferin. Meryem erklärt es: »*Ich kann ja nicht so gut Türkisch sprechen, nicht so gut wie Deutsch!*« Dennoch ist sie in ihrem Element. Nach einiger Zeit hält sie inne und fragt: »*Wird das, was man träumt, auch manchmal echt? Ich träume gerade, ich bin groß und bin in der Türkei bei Babaanne*[2] *und spreche nur Türkisch!*« Als es klingelt, weiß sie, dass es der Besuch ist. »*Mist!*«, sagt sie mit deutlichem Anzeichen von Missmut. »*Jetzt kann ich nicht weiterspielen. Hubert kann ja kein Türkisch!*« Später sitzt sie am Küchentisch und schreibt einen Brief an ihre Oma. »*Das ist doch komisch*«, meint sie, »*man sagt ›Ferd‹ und schreibt es mit einem ›P‹, also ›Pferd‹!*« Wenig später, als sie bei einem ›j‹ angelangt ist: »*Frau Akçar sagt ›Projekt‹!*« Während sie ›Frau‹ mit dem deutschen Rachen-r ausspricht, betont sie im Namen der türkischen Lehrerin das türkische gerollte ›r‹: ›Aktscharrr‹. Auch im Wort ›Prrrojekt‹, das sie außerdem wie im Türkischen mit einem stimmhaften ›j‹ ausspricht. Sie schreibt weiter und begleitet sich mit einem Lied, das sie von ihrem Bruder kennt: »*duweißtdassduübertriiiiiebenHammerbist ...*« Sie kommentiert es: »*Das können nur Jugendliche verstehen, Erwachsene nicht. Das ist Rap!*« Sie spricht das Wort mit einem amerikanischen ›r‹ aus. Auf den verblüfften Blick ihrer Tante hin fragt sie vergnügt: »*Verschtosch des nedde?*« Sie lacht über diesen schwäbischen Satz ihrer Oma, den sie neuerdings zur Belustigung der Familienmitglieder einsetzt, die Schwäbisch verstehen.

---

[1] Türk.: Gemischtwarenladen.
[2] Türk.: Großmutter väterlicherseits.

3.6.2 Mehrsprachigkeit und metasprachliches Bewusstsein

Quersprachigkeit Was kennzeichnet das sprachliche Handeln dieser Fünfjährigen? Sie überrascht mit ihren sprachlichen Kompetenzen, die gut mit »Quersprachigkeit« umschrieben sind: »Symbolische Dienste unterschiedlicher Sprachen und Register erkennen, zwischen ihnen unterscheiden, sie womöglich selbst mischen oder wechselnd zu benutzen, sie zum Objekt des Nachdenkens über die Vielgestaltigkeit der Sprachwelten machen« (Gudula List 2007, S. 10). Meryem unterscheidet zwischen Sprachen und Registern und handelt »quer durch sie hindurch«. Es geht um Deutsch, Türkisch und Englisch, um jeweilige Besonderheiten der Aussprache und Sprachmelodie, um Lesen und Schreiben, um Unterschiede zwischen Schriftsprache und gesprochener Sprache, um das Spiel mit besonderen Registern wie Dialekt und Soziolekt.[3] Und es geht um sozialen Kontakt, um Verständigung, um Spiel und Imagination und das Organisieren von komplexen Spielhandlungen, um Vergnügen und Lust an der Sprache, auch weil die Umgebung positiv darauf reagiert. Die Bezüge zur Familie und deren Einbettung in ein spezifisches mehrsprachiges Umfeld sind noch unmittelbar erkennbar. Gleichzeitig gibt es im sprachlichen Handeln der Fünfjährigen Anzeichen ihrer Überschreitung: Sie denkt über Sprache nach und ihr Denken verändert sich über ihre Einsichten in Sprache(n). Das Wissen darum, dass man »Pferd« schreibt, obwohl man »Ferd« sagt, verändert dessen gedankliche Repräsentation. Das Wissen darum, dass jemand einsprachig ist, lässt antizipieren, dass das Vergnügen eines zweisprachigen Spiels mit dieser Person nicht möglich ist. Das Wissen darum, dass man das »r« auf unterschiedliche Weise aussprechen kann, öffnet das Denken in verschiedene Richtungen: Dass es mehrere Möglichkeiten gibt, ein geschriebenes »r« zu lesen und eben nicht nur eine. Dass es jeweils Vereinbarungen gibt, wie es zu lesen sei. Dass es eine Kompetenz darstellt, unterschiedliche »r« aussprechen zu können. Und zu wissen, welche Aussprache die jeweils »richtige« ist. Und dass man auch damit spielen kann, ein Wort der einen Sprache mit den Aus-

---

[3] Sprachliche Besonderheiten einer bestimmten sozialen Gruppe, hier Jugendliche aus der Hip-Hop-Szene.

sprachebesonderheiten der anderen zu verwenden und dass dies lustig sein kann: Meryem mit einem deutschen »r« oder »Frrrau« mit dem türkischen »r« ...

Die Fünfjährige lernt nicht mehr nur implizit oder beiläufig, wie zu den Anfängen ihres ersten Spracherwerbs. Sie lernt »vorsätzlich«, macht sich explizit den Vorgang des Lernens klar, auch ihres sprachlichen Lernens (List 2007, S. 12f.). Sie denkt über Sprache und sprachliche Phänomene nach. Sie stellt Fragen und bringt Erkenntnisse zusammen. Sie versetzt sich in andere hinein und berücksichtigt verschiedene Perspektiven – die Voraussetzung für Scherze, Geheimnisse, Täuschungen, Zukunftsvorstellungen. In der Kommunikation mit anderen hat Meryem Vorstellungen und Begriffe entwickelt, die ihr nun für den Dialog mit sich selbst zur Verfügung stehen, was gleichwohl ihrem Denken und Sprechen weiteren Auftrieb gibt. Hier zeigen sich Anfänge der »inneren Sprache« (Wygotski 1977), die Kinder etwa ab ihrem dritten Lebensjahr auszubilden beginnen und mit der sie ihr Handeln regulieren. »Zwischenmenschliches Verstehen wird in intern-subjektiv geleistete Kognition überführt« (List 2007, S. 23), kulturelles Wissen wird verinnerlicht und steigert weitere Handlungsfähigkeit.

Meryem lernt »vorsätzlich«

Meryem besuchte mit eineinhalb Jahren einen Kindergarten, in dem Mehrsprachigkeit geschätzt und gepflegt wurde. Ihre Grundschule ist bilingual türkisch-deutsch. Dass sie reichhaltige Anregungen im Umgang mit geschriebener und gesprochener Sprache erhält und in einem Umfeld aufwächst, das die Mehrsprachigkeit anerkennt und fördert, sind sicherlich wichtige Erfolgsfaktoren ihrer »quersprachigen« Kompetenzen, die für sie selbst ganz »normal« sind. Normalfall oder Sonderfall?

Grundsätzlich bereitet es Kindern keine Schwierigkeiten, von früh an mit mehr als einer Sprache aufzuwachsen und diese zu erlernen. Babys haben ein angeborenes Interesse an menschlicher Sprache und unterscheiden bald die Intonation und Sprachmelodie der Sprache ihrer Bezugspersonen von fremden Lauten. Sprechen die Eltern zwei unterschiedliche Sprachen, so bilden eben diese das vertraute Lautspektrum, aus dem die Kleinkinder die Laute anderer Sprachen herausfiltern. Sie haben zwei Erstsprachen und erlernen diese im Wesentlichen so, wie einsprachige Kinder es auch tun. Es sind die Eltern, die be-

Babys haben ein angeborenes Interesse an menschlicher Sprache

wusste Entscheidungen treffen müssen, damit ihre Kinder im doppelten Erstspracherwerb kontinuierlich Anregungen in zwei Sprachen bekommen. Weicht die Familiensprache von der Umgebungssprache ab, so lernen Kinder letztere als Zweitsprache auf der Basis ihrer bis dahin entwickelten Erstsprache im sukzessiven Zweitspracherwerb. Auch dieser ist im Prinzip keine Überforderung.

In der Tat verlaufen die Spracherwerbsprozesse jedoch äußerst unterschiedlich. Die Forschungslage hierzu zeigt deutliche Schieflagen: Insgesamt überwiegen Forschungen zum einsprachigen Erwerbsprozess, vor allem von Kindern privilegierter sozialer Gruppen. Zur Mehrsprachigkeit überwiegen Untersuchungen des simultanen Erwerbs von zwei Sprachen, ebenfalls aus privilegierten Milieus. Äußerst wenig ist bekannt zum sukzessiven Zweitspracherwerb von Kindern eingewanderter Familien mit niedrigem sozialen Status (List 2007, S. 7f.). Das ist umso erstaunlicher, als es insbesondere die Resultate ihres sprachlichen Lernens sind, die in der Öffentlichkeit alarmieren und in den letzten Jahren bildungspolitische Entscheidungen in fast allen Bundesländern zur Sprachförderung im Deutschen auf den Plan gerufen haben (z. B. KMK 2004).

Von Anfang an ein offenes Ohr – aufmerksam für die Entdeckungen im Feld von Sprache

Als erwiesen gilt, dass Kinder im mehrsprachigen Kontext gute Chancen haben, ein frühes Sprachbewusstsein auszubilden: Dass es mehrere Namen für einen Gegenstand gibt, dass also ein Wort und das Gemeinte nicht identisch sind, dass der gesprochene Lautstrom in einzelne Worte unterteilt werden kann, dass beim Schreiben gesprochene Laute in Schriftzeichen »übersetzt« werden – solche metasprachlichen Einsichten gewinnen bilinguale Kinder früher als monolinguale (Oomen-Welke 2006, S. 456). Sie haben damit kognitive Vorteile bei der Entwicklung von Literalität, dem Zugang zur Schriftlichkeit, zum schriftsprachlichen Handeln in allen Facetten. Doch dafür brauchen Kinder ein Umfeld, das aufmerksam ist für ihre Entdeckungen im Feld von Sprache, sie brauchen »von Anfang an ein offenes Ohr für ihre Mitteilungen über Sprache(n) – sonst verstummen sie.« (ebd., S. 459) Das metasprachliche Bewusstsein einsprachiger Kindern, die ja nicht wie Bilinguale durch das Vorhandensein zweier Sprachsysteme zu Vergleichen herausgefordert sind, kann durch ein bewusstes Konfrontieren mit sprachlichen Phänomenen aus ihrem mehrsprachigen

Gruppen-Kontext herausgefordert werden (Schader 2000[4]). Inwieweit bieten Kitas in Deutschland diese Chancen?

3.6.3 Mehrsprachige Kinder in einsprachigen Kitas

Die große Mehrheit der Mädchen und Jungen in Deutschland[5] besucht zwischen drei und sechs Jahren einen Kindergarten. Für jedes fünfte Kind im Kindergarten konstatiert die Statistik ein »ausländisches Herkunftsland mindestens eines Elternteils« und für jedes sechste Kind, dass in seiner Familie »vorrangig nicht Deutsch gesprochen« wird (Statistisches Bundesamt 2007, S. 225). Es ist davon auszugehen, dass in einer immer größeren Anzahl von Haushalten mehr als eine Sprache gesprochen wird, z. B. in eingewanderten Familien, in Haushalten »bi-nationaler« Eheleute[6] und in Familien, die Fremdsprachen eine wichtige Rolle beimessen. Über die sprachliche Praxis in den Haushalten ist nichts Genaues bekannt. Die Zunahme von Eltern-Ratgebern zum Thema zweisprachige Erziehung und Mehrsprachigkeit deutet allerdings darauf hin, dass unter Eltern diesbezügliche Fragen dringlicher werden.[7]

Das gilt nicht im gleichen Maße für die Bildungseinrichtungen, von denen nur äußerst wenige über bilinguale Konzepte verfügen – etwa ein Prozent.[8] So gibt es kaum Anreize für mehrsprachige Fachkräfte, denn in monolingual ausgerichteten Kitas und Schulen finden mehrsprachige Kompetenzen von Erzieherinnen und Erziehern, Lehrerinnen und Lehrern keine zielgerichtete Verwendung und daher auch kaum Anerkennung. Go-

Kaum bilinguale Konzepte in Bildungseinrichtungen

---

[4] Mit vielen Beispielen für den Unterricht in mehrsprachigen Schulklassen, S. 109–375.
[5] 86,6 % am 15.3.2006, Statistisches Jahrbuch 2007, S. 225.
[6] Laut Statistik nehmen »bi-nationale« Eheschließungen zu (2005: ca. 10 %). Da die Statistik bislang nur nach Staatsangehörigkeit fragt, sagt die Zahl über Migrationshintergrund, ethnische Herkunft oder Herkunftssprachen und sprachliche Praxis nichts aus.
[7] Z. B. Montanari 2000; Montanari 2002; Nodari/De Rosa 2003; Ringler u. a. 2004; Triarchi-Herrmann 2003.
[8] 1 % der Kitas, weniger als 1 % der Grundschulen, laut Pressemitteilung des Kieler Vereins für frühe Mehrsprachigkeit an Kindertageseinrichtungen und Schulen e.V. vom 16.11.2007; www.fmks-online.de

golin/Neumann (1997) sprechen auf der Grundlage einer Untersuchung vom »monolingualen Habitus« der Schule; der damit einhergehende »Zwang zur Einsprachigkeit« im Deutschen ist nach wie vor ebenfalls in Kindertageseinrichtungen vorherrschend. Erkennbar ist der »monolinguale Habitus« daran, dass mehrsprachige Kinder in den Kindertageseinrichtungen kein Thema sind, sofern sie über gute Deutschkenntnisse verfügen. Sprechen sie wenig Deutsch, so ist von Problemen die Rede, denn bestimmte Routinen und Angebote funktionieren nicht, wenn die Kinder die Einrichtungssprache nicht verstehen. Für die einsprachigen Fachkräfte ist dann ein Problem, dass ihre Fach-Kompetenzen nicht mehr »passen«. Das Drängen auf Einsprachigkeit im Deutschen ist häufig dem Dilemma geschuldet, in dem sich einsprachige Fachkräfte befinden, die mit mehrsprachigen Familien und Kindern zu tun haben: Um die Kinder adäquat zu fördern, fehlt es an Know-how und an den geeigneten Bedingungen. Spricht man allerdings offen aus, dass man die Anforderungen nicht erfüllen kann, so gilt man möglicherweise als unfähig. Ein Weg aus dem Dilemma sind konzeptionelle Festlegungen auf Einsprachigkeit, die angeblich im Interesse der Kinder und Eltern sind: »Hier wird Deutsch gesprochen.«[9] Es ist eine kurzsichtige Bewältigungsstrategie, denn sie vergibt die Lernchancen, die in der frühen Aufmerksamkeit auf Vielsprachigkeit liegen.

Lebensweltliche Zweisprachigkeit der Kinder

Bei den wenigen vorhandenen zweisprachigen Einrichtungen findet das frühe Erlernen einer Fremdsprache eher eine konzeptionelle Verankerung als die Unterstützung der »lebensweltlichen Zweisprachigkeit« von Kindern[10]. Ingrid Gogolin spricht von lebensweltlicher Zweisprachigkeit der Kinder, wenn (mindestens) zwei Sprachen in ihrer unmittelbaren Lebenswelt eine Rolle spielen, hier und heute funktional sind und eine subjektive Bedeutung für Kinder haben. Im Unterschied dazu ist

---

[9] Vgl. hierzu die sehr lesenswerte Praxis-Analyse sozialer Arbeit mit Studierenden von Annita Kalpaka (2006), die sowohl die »Not« der Sozialarbeiter beleuchtet als auch die normalisierende Funktion der Regelung »Hier wird Deutsch gesprochen« im Jugendfreizeitheim.

[10] Ersichtlich z. B. in der Aufstellung aller mehrsprachigen Einrichtungen, die für Hamburg erstellt wurde: http://www.uni-hamburg.de/fachbereiche-einrichtungen/sfb538/FremdsprachigeEinrichtungen.pdf

Quer durch viele Sprachen hindurch – Vielgestaltigkeit der Sprachenwelten von Kindern

akademische Zwei-/bzw. Mehrsprachigkeit auf das Erlernen von Fremdsprachen ausgerichtet, die im unmittelbaren Lebensumfeld nicht vorkommen, aber in einem zukünftigen Kontext nützlich sein werden und beruflichen Erfolg versprechen. So findet man eher Englisch-Angebote im Kindergarten als Angebote in den Sprachen der Einwanderergruppen, wie z. B. Türkisch, Arabisch, Griechisch, Italienisch, Polnisch, Russisch.

In fast 80 Prozent der Kitas in Deutschland liegt der Anteil von Kindern, die zuhause eine andere Familiensprache sprechen als Deutsch, bei unter 25 Prozent. In sieben Prozent der Kitas liegt der Anteil bei 50 Prozent und mehr. Allerdings gibt es große regionale Unterschiede: Insgesamt gibt es weitaus weniger Kinder nicht-deutscher Familiensprachen in den neuen Ländern. In den alten Bundesländern ist der Anteil in den Flächenstaaten geringer als in den Stadtstaaten. In Berlin sind z. B. in 19 Prozent der Kitas mehr als 50 Prozent Kinder nicht-deutscher Familiensprachen, in Hamburg 18 Prozent, in Bremen 12 Prozent und in Hessen 10 Prozent.

Dabei ist die Verteilung der Kinder deutscher und nicht-deutscher Familiensprache nicht gleichmäßig: So besucht z. B. mehr als die Hälfte der Berliner Kinder mit nicht-deutscher Familiensprache eine Kita, deren Anteil von Kindern mit nicht-deutscher Familiensprache bei 50 Prozent und mehr liegt; von den deutschsprachigen Kindern sind es acht Prozent. Auch in Hamburg, Bremen, Hessen und Bayern zeigt sich diese Schieflage in der Verteilung.[11] Sie bedeutet, dass Kinder nicht-deutscher Familiensprachen häufig »unter sich« sind und dass sich die deutschsprachigen Kinder eher in den Einrichtungen befinden, wo der Anteil von Kindern nicht-deutscher Familiensprachen geringer ist.

Kinder im Kindergarten sind also von Mehrsprachigkeit auf unterschiedliche Weise betroffen – je nach Region und sprachbezogenen Entscheidungen von Eltern, Kitaträgern, Bildungspolitikern. Was wissen wir darüber, wie Kinder mit diesen Entscheidungen umgehen und welche Auswirkungen sie haben? Wenig ist darüber bekannt, wie einsprachig deutsche Kinder Mehrsprachigkeit erleben und wie sie darüber reflektieren. Die Ratgeber-

Von Mehrsprachigkeit auf unterschiedliche Weise betroffen

---

[11] Alle Zahlen aus der Kinder- und Jugendhilfestatistik 2006, zitiert in Hans-Rudolf Leu, der die »Segregation schon im Kindergarten?« problematisiert (2007).

literatur für Eltern aus bilingualen Partnerschaften enthält immerhin einige Fallbeispiele, die aus unmittelbarer Nähe zu bilingualen Kindern entstanden sind. Eine der wenigen Untersuchungen mehrsprachiger Kinder zu ihren Sprach-Erfahrungen und ihrer sprachlicher Praxis im Alltag ist eine Befragung von vier- bis zehnjährigen mehrsprachigen Kindern (DJI 2000).

3.6.4 Vom Zwang zur Einsprachigkeit

Im Ergebnis lassen sich die Erfahrungen der mehrsprachigen Kinder als ambivalent beschreiben. Sie erleben ihre Mehrsprachigkeit als eine Sonderkompetenz mit »unsicherem Wert« (ebd., S. 101), denn sie kann ein Vorteil, aber auch ein Nachteil sein. Die Ergebnisse im Einzelnen:

→ Die mehrsprachigen Kinder haben Lust an Sprache; es gefällt ihnen, dass sie mehrere Sprachen können, sie fühlen sich kompetent
→ Sie äußern Interesse an weiteren Sprach-Erfahrungen
→ Andererseits machen sie Diskriminierungserfahrungen über Sprache, erleben Beschämungen über Sprache (Nicht-Können, Nicht-Verstehen)
→ Ihre Kompetenzerfahrungen über Sprache (sie können ihre Mehrsprachigkeit als Mittel des Einschlusses oder Ausschlusses anderer verwenden, können übersetzen ...) brechen sich in den Erziehungs- und Bildungseinrichtungen; dort sind sie eher die »Inkompetenten«
→ Kinder erleben ihre Eltern als nicht Deutsch-kompetent: so wünschte sich ein Junge eine internationale Sprache für alle, damit seine Mutter nicht mehr in Sprachnöte kommt
→ Die Kinder erleben Sprache auch als Zwang: Sie müssen in manchen Situationen eine bestimmte Sprache sprechen (ebd., S. 83ff.).

Unterschiedlicher gesellschaftlicher Wert und Status von Sprachen

Die Aussagen bestätigen, dass die Lernwege zur mehrsprachigen Kompetenz für Kinder eingebettet sind in den jeweiligen sozialkulturellen Kontext und den unterschiedlichen gesellschaftlichen Wert und Status von Sprachen. Bestimmte Sprachen sind gut angesehen und bestimmte Sprachen werden diskriminiert. Bestimmte soziale Gruppen sind gut angesehen und bestimmte Sprachen und die Sprecher dieser Sprachen werden diskriminiert, auch in Deutschland. Für Kinder diskriminierter sozialer Gruppen erschwert der Mangel an Anerkennung und Akzeptanz ihre Aneignung von Sprachen. Schon vor über 20 Jahren stellte Jim Cummins (1986) die Frage, warum die in Kanada mit englischsprachigen Kindern so erfolgreichen Immersionsprogramme[12] zum Erlernen des Französischen bei vielen Kindern von eingewanderten Minderheiten als »Submersion«[13] wirkten, als Zwang »zu schwimmen oder unterzugehen«, den ein Teil der Kinder nicht meistern konnte. Sie scheiterten an den schulischen Anforderungen. Cummins fand die Erklärung in ihrer ungünstigeren gesellschaftlichen Lebenssituation und in Benachteiligungen, die auch mit nachteiligen Modifikationen der sogenannten Immersionsprogramme einhergingen.[14]

Hierfür wurde Anfang der 1990er-Jahre der Begriff »Linguizismus« in die Fachdiskussion eingeführt (Phillipson 1992). Linguizismus nennt man die Ideologie von der Höherwertigkeit bestimmter Sprachen, die Sprecherinnen und Sprecher dieser Sprache privilegieren bzw. Sprecherinnen und Sprecher anderer Sprachen benachteiligen. Ähnlich wie Sexismus, Rassismus usw. rechtfertigt der Linguizismus die ungleiche Verteilung von Macht und Ressourcen, hier mit Verweis auf die Dominanz bestimmter Sprachen. Unzählige Beispiele ließen sich anführen, die auf Linguizismus in Deutschland hinweisen, z. B. in der selbstverständlichen Gleichsetzung von deutscher Sprache und Sprache allgemein: Da heißt es »Sprachförderung« statt »Deutschförderung«, »Sprachproblem« statt »geringe Deutschkenntnisse«. Wer Deutsch kann, gilt als »integrationswillig« – unwillig sind die, die kein Deutsch sprechen und sich in »Parallelwelten« flüchten. Restriktive Regelungen im Zuwanderungsgesetz von 2005 bekräftigen diese Gleichsetzungen im öffent-

Linguizismus

---

[12] Immersion = Eintauchen; gemeint ist Unterricht ausschließlich in der Zweitsprache.
[13] Submersion = Untertauchen, Untergehen.
[14] Z. B. in Bezug auf die zweisprachige Kompetenz der Lehrkräfte: In den klassischen Immersionsprogrammen beherrschen die Lehrkräfte die Erstsprache der Kinder, die zugleich vorherrschende und anerkannte Umgebungssprache ist. Im Unterricht von Einwandererkindern beherrschen die Lehrkräfte üblicherweise nicht ihre Erstsprache und diese ist außerdem gesellschaftlich nicht hoch angesehen. Zur Rezeption der Immersionsprogramme in Deutschland vgl. Siebert-Ott (2006).

lichen Diskurs: Vor der Einreise nach Deutschland müssen Deutschkurse absolviert und nachgewiesen werden, zum Nachteil all jener, die vor Ort kein Goethe-Institut haben.[15] Die Androhung von Sanktionen bei Nichtteilnahme an den »Integrations- und Deutschkursen« vermittelt den Eindruck, dass Immigrantinnen und Immigranten das Deutschlernen verweigern. Diese Unterstellung lässt sich zwar nicht belegen, sie verfehlt aber nicht ihre Wirkung auf die öffentliche Meinung.

3.6.5 Sprachen und Identitätsentwicklung

Sprache sei für die Identität eines Menschen zentral, heißt es häufig, denn sie diene nicht nur der Kommunikation, sondern der Vermittlung kulturellen Wissens. Linguizismus erschwert die Identifikation mit der eigenen Mehrsprachigkeit, sofern Sprachen mit niedrigem Status involviert sind. Wie soll man sich selbstbewusst zu etwas bekennen, das im öffentlichen Diskurs als Defizitzuschreibung fungiert?

Leitbild »Mehrsprachigkeit«?

Aufschlussreich ist hierzu eine Untersuchung an Hamburger Schulen in den 1990er- Jahren: Neumann/Popp (1993) stellten fest, dass Immigrantenfamilien sich am Leitbild »Mehrsprachigkeit« und Lehrerinnen und Lehrer am Leitbild »Einsprachigkeit« orientierten, was nicht nur mit jeweils unterschiedlichen Erfahrungen, sondern auch mit unterschiedlichen Bewertungen verbunden war. Während die Immigrantenfamilien Mehrsprachigkeit als Qualifikation ansahen, fanden die Lehrerinnen und Lehrer Einsprachigkeit besser. Das Erstaunliche: Diese entgegengesetzten Orientierungen zwischen Lehrern und Immigranteneltern in der Schule führten nicht zum Konflikt. Warum? Weil die Eltern den Konsens mit dem Leitbild öffentlicher Einsprachigkeit mitgetragen haben. Sie arrangierten sich mit der einsprachig strukturierten Schule, d. h. sie stellten an die Schule nicht die Forderung nach einer adäquaten Unterstützung ihrer lebensweltlichen Zweisprachigkeit, weil sie davon ausgingen, dass die Schule dieser Forderung

---

[15] Siehe Bundesinnenministerium: http://www.bmi.bund.de; kritisch dazu: http://www.interkultureller-rat.de/Themen/Stellungnahmen/%C4nderungsgesetz-DGB-PA-IR-tgd-iaf.pdf

nicht nachkommen würde. Sie akzeptierten, dass die Erstsprache eher etwas für zuhause und Deutsch für den Erfolg in dieser Gesellschaft wichtiger sei. Zu ihren Arrangements gehörten selbstorganisierte Formen des Unterrichts in der Erstsprache, z. B. Kurse in Vereinen, im Konsulatsunterricht oder in Moscheen. Ihre Arrangements berührten jedoch nicht ihre Überzeugung, dass sie für ihr Leben mehr als eine Sprache brauchten und dass auch ihre Kinder beide Sprachen lernen sollten.

Es sind also widersprüchliche Botschaften, die Kinder über den Wert von Sprachen erhalten, in ihren Familien, in der Außenwelt, in den Bildungseinrichtungen. Ambivalente Erfahrungen zwischen Kompetenz und Versagensgefühl, wie sie die Kinder in der DJI-Untersuchung benennen, sind vor diesem Hintergrund wahrscheinlich. Es fehlt allerdings an weiteren Untersuchungen, was diese Botschaften für das Selbstbild von Kindern bedeuten – von einsprachigen wie mehrsprachigen. Was denken sie über sich selbst, was über andere und welche Rolle spielen dabei Sprachen?

Ambivalente Erfahrungen zwischen Kompetenz und Versagensgefühl

Zweisprachige Kinder wissen bereits im dritten Lebensjahr, dass es unterschiedliche Sprachen gibt und sie fangen an, sie zu benennen: Papasprache, Mamasprache; »*wie Mama sagt*« – »*wie Heike (die Erzieherin) sagt*«. Der Begriff »Sprache« ist äußerst abstrakt und wird erst später erworben. Aber je nachdem, wieweit im Umfeld über Sprachen gesprochen wird, verwenden Kinder auch bald die Bezeichnungen für sogenannte natürliche Sprachen: Deutsch, Türkisch, Englisch ...

Einzelbeobachtungen legen nahe, dass sich mehrsprachige Kinder in einem ganz ursprünglichen Sinne mit den Sprachen identifizieren: Sie sind das, was sie sprechen. Türkisch sein heißt Türkisch sprechen. Auch Meryem sieht es so: »*Deutsche sein heißt, dass man Deutsch redet.*« Und umgekehrt: Was Menschen sprechen, das sind sie auch. »*Bist du türkisch?*«, wird der Gast gefragt, der Türkisch spricht. »*Ich bin deutsch und türkisch, weil ich Deutsch und Türkisch spreche.*« Meryem meint, dass sie deutsch und türkisch bleibe, auch wenn sie sehr gut Englisch lerne. Warum? Weil sie eine deutsche Mutter und einen türkischen Vater habe.

»*Mama, wie ist das jetzt, ich kann ja jetzt Deutsch, und wenn ich im Kindergarten bin und Deutsch spreche, bin ich dann eine Deutsche?*« (Maywald 2003, S. 33). Die dreijährige Tanyel, die ihrer

Mutter diese Frage stellt, drückt ihre Unsicherheit darüber aus, wie stabil solche Merkmale sind. Junge Kinder sind auf der Suche nach den Merkmalen, die ihre Identitäten konstituieren. Und auch danach, welche Merkmale veränderlich oder vorübergehend sind. Möglicherweise erleben sie Sprachen in Bewegung und in Veränderung, wenn in unterschiedlichen Kontexten die Sprachen variieren, wenn Bezugspersonen erwähnen, dass jemand eine Sprache gut oder nicht so gut kann und auch, wenn sie sich selbst sprachlich kompetent oder in Ausdrucksnot empfinden. Was an diesem sich verändernden Ding »Sprache« ist es also, was wirklich zu ihnen gehört und was sie zu der Person macht, die sie sind?

Konstruktionen von Gruppenzugehörigkeit

Bei ihren Konstruktionen von Gruppenzugehörigkeit scheinen sich Kinder vieler Faktoren zu bedienen. Eigensinnig und kreativ bringen sie ihre Beobachtungen mit bemerkenswerter Analysegabe zusammen, zu Einordnungen aus sprachlichen Kompetenzen, Herkunftsort, Familiensprachen, Wohndauer: *»Mein Papa ist türkisch, weil er türkische Eltern hat. Die haben mit ihm immer Türkisch geredet. Und die leben ja in der Türkei. Also es ist wichtig, wo man aufgewachsen ist.«* Wenn man lange irgendwo lebt, dann kann man auch die Sprache. Wer hier lebt und nicht gut Deutsch kann, ist als Nicht-Deutscher erkennbar: *»Jemand ist türkisch, weil er nicht so gut Deutsch kann.«* Die Türkischlehrerin kann besser Deutsch als der Vater, weil sie *»schon viel länger in Berlin lebt«*.

Kinder machen sich ihren Reim auf Botschaften in ihrem Umfeld und verarbeiten dabei auch gesellschaftliche Bewertungen. Manche Äußerungen von Kindern spiegeln sehr deutlich die gesellschaftlichen Dominanzverhältnisse in Bezug auf Sprachen, die aus definitionsmächtiger Perspektive festlegen, was wünschenswert, normal, erstrebenswert und wertvoll ist. Daran ändert sich auch nichts, wenn die Sprecherinnen und Sprecher den Minderheiten angehören – wie im folgenden Beispiel:

Aisha, Nicole und Reyhan

Aisha und Nicole, zwei fünfjährige Mädchen arabischer Herkunft, sitzen mit Reyhan, ebenfalls fünf Jahre alt und türkischer Herkunft, am Tisch im Kindergarten und malen. Nicole sagt mit Blick auf Reyhans Bild: *»Also wenn du in die Vorschule kommen willst, Reyhan, musst du noch viel üben!«* Reyhan sagt kaum hörbar: *»Gar nicht!«* Nicole führt aus, dass nur diejenigen in die Vorschule kommen, die Deutsch sprechen. Reyhan könne also nicht

Quer durch viele Sprachen hindurch – Vielgestaltigkeit der Sprachenwelten von Kindern

in die Vorschule, denn sie könne ja kein Deutsch. Und warum kann sie es nicht? Nicole: »*Weil sie eben Türkisch ist.*« (van Boekel 2004, S. 40)

Nicole und Aisha, zwei Fünfjährige aus Familien mit arabischem Hintergrund, argumentieren ganz im herrschenden Diskursmuster, wonach Deutschkenntnisse für die Schullaufbahn am allerwichtigsten seien. Sie bringen es Reyhan gegenüber in Anschlag, die nicht gut Deutsch kann. Sie tun es mit dem Habitus der Überlegenen, denn sie selbst können besser Deutsch und wissen darum. Reyhan verbindet das Überlegenheitsgebaren von Nicole und Aisha möglicherweise mit der Ungeduld der Erwachsenen in ihrem Umfeld, die ihr vorwerfen, dass sie etwas nicht kann, was sie nach zweijährigem Kindergartenbesuch eigentlich können müsste. Es verstärkt ihre Scham und Unsicherheit. Da sie es sich selbst nicht erklären kann, warum sie noch immer kein Deutsch kann, zweifelt sie an sich selbst. Kinder in ähnlichen Situationen sagen: »*Ich bin ein Dummkopf.*« »*Mein Kopf nimmt das nicht.*« »*Ich vergesse immer.*« (ebd., S. 44f.)

Mit fünf Jahren können Kinder überraschende Kompetenzen ausgebildet haben, sich mit vielen Sprachen durch sie hindurch zu bewegen, sich dieser Kompetenzen bewusst zu sein und sich selbst stolz als mehrsprachige Kinder zu sehen. Mit fünf Jahren können Kinder bereits massive Erfahrungen mit Versagen und Ungenügen und Unterlegenheit gemacht haben, gerade im Hinblick auf ihre sprachlichen Kompetenzen. Die Gefahr ist, dass sie eingeschüchtert und unsicher sind und sich auf weitere Bildungsprozesse im Sinne lernender Weltaneignung nur begrenzt einlassen können. Das muss alarmieren angesichts der Lernchancen, die das Handeln quer durch viele Sprachen hindurch in einer mehrsprachigen Umwelt für alle Kinder eröffnen kann.

Lernchancen im Handeln quer durch viele Sprachen

Literatur

van Boekel, Jolande (2004): Hört ihr die Kinder sprechen? Eine Ethnographie kindlicher Sprachkultur. Unveröffentlichte Magisterarbeit im Fach Ethnologie an der FU Berlin. Februar 2004

Burkhardt Montanari, Elke (2000): Wie Kinder mehrsprachig aufwachsen. Ein Ratgeber. Verband binationaler Familien und Partnerschaften IAF e.V. (Hrsg.). Frankfurt/M.

Cummins, Jim (1986): Empowering Minority Students: A Framework for Intervention. In: Harvard Educational Review, 56:1 (S. 18–36)
Deutsches Jugendinstitut (Hrsg.) (2000): Wie Kinder multikulturellen Alltag erleben. Ergebnisse einer Kinderbefragung. DJI München
Gogolin, Ingrid/Neumann, Ursula (Hrsg.) (1997): Großstadt-Grundschule. Eine Fallstudie über sprachliche und kulturelle Pluralität als Bedingung der Grundschularbeit. New York, München, Berlin
Jampert, Karin/Leuckefeld, Kerstin/Zehnbauer, Anne/Best, Petra (2006): Sprachliche Förderung in der Kita. Weimar, Berlin
Kalpaka, Annita (2006): Hier wird Deutsch gesprochen. Unterschiede, die einen Unterschied machen. In: G. Elverich/A. Kalpaka/K. Reindlmeier (Hrsg.): Spurensicherung – Reflexion von Bildungsarbeit in der Einwanderungsgesellschaft (S. 263–297)
Kultusministerkonferenz: Gemeinsamer Rahmen der Länder für die frühe Bildung in Kindertageseinrichtungen. (3./4.6.2004) www.kmk.org
Leu, Hans Rudolf (2007): Segregation schon im Kindergarten? Die Migrationsfrage im Kita-Alter. Beitrag beim Parlamentarischen Abend des Deutschen Jugendinstituts: Auf dem richtigen Weg? Eine empirische Zwischenbilanz zur Entwicklung der Kindertagesbetreuung in Deutschland. (19.9.2007) Berlin
List, Gudula (2005): Kognition und Sprache. Kindlicher Spracherwerb in Verbindung mit Kognition und kindlichem Handeln aus entwicklungspsychologischer Sicht. Expertise für das DJI-Projekt »Sprachliche Förderung in der Kita«. München
http://www.dji.de/bibs/384_Expertise_Kognition_List.pdf
List, Gudula (2007): Förderung von Mehrsprachigkeit in der Kita. Expertise für das DJI-Projekt »Sprachliche Förderung in der Kita«. München
http://www.dji.de/bibs/384_8288_Expertise%20List_MSP.pdf
Maywald, Jörg (2003): Wenn ich im Kindergarten bin, dann lache ich auf Deutsch. Zweisprachigkeit als Ressource. In: Frühe Kindheit, Ausgabe 6 (S. 32–34)
Mecheril, Paul/Quehl, Thomas (Hrsg.) (2006): Die Macht der Sprachen. Englische Perspektiven auf die mehrsprachige Schule. Münster, New York
Montanari, Elke (2002): Mit zwei Sprachen groß werden. München
Neumann, Ursula/Popp, Ulrike (1993): Spracherziehung in Migrantenfamilien. In: Deutsch lernen, 1/1993 (S. 26–62)
Nodari, Claudio/De Rosa, Raffaele (2003): Mehrsprachige Kinder. Ein Ratgeber für Eltern und andere Bezugspersonen. Bern
Oomen-Welke, Ingelore (2006): Entwicklung sprachlichen Wissens und Bewusstseins im mehrsprachigen Kontext. In: U. Bredel/H. Günther/P. Klotz/J. Ossner/G. Siebert-Ott (Hrsg.): Didaktik der deutschen Sprache. Ein Handbuch. Zwei Bände. Paderborn (S. 452–463)
Phillipson, Robert (1992): Linguizismus: Strukturen und Ideologien im Sprach-Imperialismus. In: Deutsch lernen, Heft 1 (S. 21–37)

Ringler, Maria u.a (2004): Kompetent mehrsprachig. Sprachförderung und interkulturelle Erziehung im Kindergarten. Hrsg.: Verband binationaler Familien und Partnerschaften IAF e.V., Frankfurt/M.

Schader, Basil (2000): Sprachenvielfalt als Chance. Handbuch für den Unterricht in mehrsprachigen Klassen. Zürich

Siebert-Ott, Gesa (2006): Deutsch (lernen) auf dem Schulhof? Konzeptionelle Mündlichkeit als Basis der Entwicklung schriftsprachlicher Kompetenz in der Zweitsprache. Universität Siegen

Tracy, Rosemarie (2007): Wie Kinder Sprachen lernen. Und wie wir sie dabei unterstützen können. Tübingen

Triarchi-Herrmann, Vassilia (2003): Mehrsprachige Erziehung. Wie Sie Ihr Kind fördern. München

Statistisches Bundesamt: Statistisches Jahrbuch 2007. www.destatis.de

Winner, Anna (2007): Kleinkinder ergreifen das Wort. Sprachförderung mit Kindern von 0 bis 4 Jahren. Berlin, Düsseldorf

Wygotski, L. S. (1977): Denken und Sprechen. Frankfurt/M.

3.7 Adultismus – (un)bekanntes Phänomen: »Ist die Welt nur für Erwachsene gemacht?«

ManuEla Ritz

3.7.1 Was bedeutet Adultismus?

Adultismus beschreibt das Machtungleichgewicht zwischen Kindern und Erwachsenen. Der Begriff verweist auf die Einstellung und das Verhalten Erwachsener, die davon ausgehen, dass sie allein aufgrund ihres Alters intelligenter, kompetenter, schlicht besser sind als Kinder und Jugendliche und sich daher über deren Meinungen und Ansichten hinwegsetzen.

Herkunft und Gebrauch des Begriffes »Adultismus«

Der Begriff »Adultismus« ist die Eindeutschung des englischen Wortes *adultism*. Laut Wikipedia[1] tauchte der Term *adultism* erstmals im Jahr 1933 in psychologischen Schriften auf. Adultismus setzt sich aus dem englischen Wort Adult und der Endung -ismus zusammen. Adult heißt in der direkten Übersetzung »erwachsen« oder »Erwachsene«. Die Endung »-ismus« verweist auf eine gesellschaftliche Machtstruktur.[2]

Während der Begriff Adultismus in der Fachliteratur noch selten beschrieben wird und in der pädagogischen Praxis kaum bekannt ist, haben Kinder ein sehr feines Gespür für diese Diskriminierungsform: So zum Beispiel Karim[3] (elf Jahre), der sagt, dass Kinder »*benachteiligt*« und »*ungerecht behandelt*« werden. Andere Kinder beschreiben erwachsenes Fehlverhalten mit »*den Po voll kriegen*«, »*schlagen*«, »*kneifen*«, »*zu etwas zwingen, was die Kinder nicht wollen*« und »*bedrohen*« – wie Donald (sieben Jahre), Tahir (dreizehn Jahre), Homer (fünf Jahre) und Rashid (neun Jahre) erzählen. Zu adultistischem Verhalten gehört auch,

---

[1] Adultism wikipedia.htm

[2] Das Schweizer National Coalition Building Institute arbeitet seit 2004 zu Adultismus, insbesondere mit älteren Kindern und Jugendlichen. Veröffentlichung: NCBI/Kinderlobby Schweiz (Hrsg.) (2004): Not 2 young 2. Rassismus und Adultismus überwinden.

[3] Für diesen Aufsatz wurden neun Kinder interviewt. Ihre Aussagen werden in diesen Artikel einfließen. Außer Rashid, Karim und Tahir wählten sich alle Kinder selbst Namen, um in diesem Buch anonymisiert werden zu können.

wenn Erwachsene »*schimpfen, auch wenn man gar nicht Schuld ist*«, wie Anna sagt, und »*Witze erzählen, die Kinder kränken oder beleidigen*«, wie Rashid berichtet. Spitty (sechs Jahre) beschreibt es so: Erwachsene »*verletzen Gefühle mit bösen Worten*« – und er gesteht, dass er »*Angst hat, wenn sie laut schreien*«. Die Liste adultistischen Handelns scheint schier unerschöpflich und auch Tahirs Beispiel »*Bestrafen mit Hausarrest*« und Dublins Beschreibungen, dass es nicht schön ist, »*wenn Erwachsene sagen, so blöd kann man nicht sein oder überhaupt einen blöden Ton benutzen*«, finden hier Platz.

Im Folgenden sollen die Aspekte, die auf den »Tatbestand« Adultismus hinweisen, genauer beleuchtet werden.

3.7.2 Festschreibung gesellschaftlich anerkannter Normen und Werte

Übersetzt man »Norm« wörtlich als das, was »normal« ist, eben als das, an dem Jegliches gemessen und dem alles angepasst werden soll, so gehört es in unserer Gesellschaft eindeutig zur Norm, »groß« zu sein. Die Welt, die wir kreiert haben, ist auf große Menschen zugeschnitten.

Auf den ersten Blick scheinen Kindertagesstätten eine Ausnahme zu bilden. Hier sind kleine Stühle, kleine Tische, niedrige Waschbecken und Toiletten zu finden. Doch die kindgerechte Ausstattung geht kaum über das Mobiliar hinaus. Die Treppen sind für Kinder schwer zu besteigen, Türklinken sind bis zu einer gewissen Körpergröße unerreichbar, Lichtschalter können nicht betätigt werden. Aufgrund dieser Normierungen sind Kinder länger als tatsächlich notwendig in den alltäglichsten Situationen des Lebens von uns Erwachsenen abhängig und werden nicht nur als kleiner gesehen, sondern auch klein gehalten.

Die Welt ist auf »große« Menschen zugeschnitten

Spittys Vermutung »*Kinder wollen groß sein, damit sie an alles rankommen*« unterstützt diese Aussage. Außerdem sieht Spitty einen weiteren Vorteil, groß zu sein, darin, dass »*man Dinge machen kann, die Kleine nicht können oder manchmal auch nicht dürfen.*« Doch selbst wenn Kinder eine gewisse körperliche Größe erreicht haben, greift das Alter als weitere Normierung und zusätzliches Ausschlusskriterium. Die Begriffe »erwachsen/Erwachsene« erwecken bei den Kindern folgende Assoziationen: Karim verbindet damit »*bestimmend, reich und ungerecht*«, Tahir meint »*frei*«, und Dublin assoziiert »*Macht und Kontrolle*« – sie alle machen mit ihren Aussagen eine deutliche Kluft zwischen Erwachsenen und Kindern auf.

Das Spiel ist die Arbeit des Kindes

Rashid fällt auf, dass zum Erwachsensein auch die »*Arbeit*« gehört. Und in der Tat scheint es in unserer Gesellschaft ein eminenter Wert zu sein, Wichtiges zu leisten. Einer der wenigen Lehrsätze, an den ich mich aus meiner Ausbildung zur Krippenerzieherin erinnere, lautet, das Spiel sei die Arbeit des Kindes. Würden Erwachsene diesen Denkansatz ernst nehmen, kämen sie wohl kaum auf die Idee, das Spiel des Kindes leichtfertig und unvorangekündigt zu unterbrechen.

Dazu ein Beispiel: Ist der Lebensgefährte/die Lebensgefährtin am PC beschäftigt, würde derjenige Partner, der gerade das Abendessen zubereitet, wohl zu ihr/ihm hinübergehen, um zu besprechen, wie lange die Arbeit noch dauern wird, um die Zubereitungszeit des Essens so zu kalkulieren, dass man gemeinsam speisen kann. Denn die Arbeit eines Erwachsenen ist wichtig. Das Spiel des Kindes ist es offenbar nicht. Deshalb glauben wir Erwachsenen, wir könnten Kinder, während sie ein Bild malen, etwas bauen, die Puppe wickeln oder ein Buch anschauen, jäh in ihrer Beschäftigung unterbrechen, beispielsweise mit dem Ruf: »Essen ist fertig! Komm!«

Zusammengefasst heißt das: Je größer, je älter ein Mensch ist, desto wichtiger ist er. Oder um es mit den Worten von Janusz Korczak zu sagen und diese Annahme gleichzeitig zu widerlegen: »Unbeholfen teilen wir die Jahre in mehr oder weniger reife auf; es gibt gar kein unreifes Heute, keine Hierarchie des Alters, keinen höheren oder tieferen Rang des Schmerzes und der Freude, der Hoffnung und Enttäuschung.« (in: Öhlschläger 2006, S. 54)

3.7.3 Ein von Vorurteilen geprägtes Menschenbild

Korczak behauptet: »Wir kennen das Kind nicht, schlimmer noch: wir kennen es aus Vorurteilen.« (ebd., S. 21) Dass Vorurteile über Kinder existieren sollen, mag zunächst etwas abwegig anmuten. Doch die Entstehung von Vorurteilen ist stets eng mit der Erhebung gesellschaftlicher Normen verknüpft. Normen dienen nicht zuletzt dazu, Menschen in Gruppen einzuteilen. In jene, die den Normierungen entsprechen, und jene, die als »normabweichend« klassifiziert werden. Diese Abweichungen werden von denjenigen festgeschrieben, die über das Privileg der Definitionsmacht verfügen – im Fall von Adultismus also Erwachsene. Die Manifestierung eines »Wir-und-die-anderen-Gefühls« lässt Bilder über diese »Anderen« entstehen und führt zu Zuschreibungen.

Zuschreibungen und Vorurteile könnten durch echte Gespräche zwischen Kindern und Erwachsene vermieden werden. Doch die »*Erwachsenen reden miteinander, aber nicht mit Kindern*«, stellt Dublin fest – und dabei »*besprechen sie nicht, was die Kinder wollen*«, ergänzt Karim.

Die Erhebung von Vorurteilen und ihr Umgang mit ihnen unterliegen einem schwer zu durchschauenden Teufelskreis: Sobald ein bestimmtes Bild von einer Person bzw. einer Personengruppe manifestiert wird, knüpfen sich auch bestimmte Erwartungen an die betroffene Person. Immer da, wo ein Machtgefälle besteht, ist die Gefahr groß, dass die »unterlegene« Person versuchen wird, den Erwartungen desjenigen, der (vermeintlich) über ihm steht, zu entsprechen – ganz gleich wie hoch oder wie niedrig diese Erwartungen auch sein mögen. Alles, was die machtvollere Person nun von der anderen wahrnimmt, ist ein Verhalten, dass darauf ausgerichtet ist, den auferlegten Erwartungen zu entsprechen. In der Folge sieht die erste Person ihre Vorurteile häufig bestätigt, was dazu führt, dass aus Vorurteilen Urteile werden.

Die Überzeugung jedoch, sich ein gerechtes Urteil über eine Person gebildet zu haben, erschwert bzw. verunmöglicht, bestimmte Verhaltensweisen umzudeuten und somit klarer und wahrheitsnaher zu erkennen. Ein wichtiger Schritt, Adultismus wahrzunehmen und ihm entgegenzuwirken, besteht darin, nicht nur Werte und Normen, sondern auch die Interpretation von Verhaltensweisen zu hinterfragen – sowohl die eigenen als auch die der vermeintlich »Anderen«.

Aus Vorurteilen werden Urteile

Zur Verdeutlichung wird hier die weitverbreitete Meinung beleuchtet, dass Kinder trotzig bzw. bockig seien. Zahlreiche Erziehungsratgeber und wissenschaftliche Abhandlungen deklarieren Kinder im Alter zwischen zwei und drei Jahren als in der Trotzphase befindliche Wesen. Trotz wird hier nicht selten als altersbezogene Charaktereigenschaft manifestiert, die eindeutig

Vielfalt und Diskriminierung im Erleben von Kindern

den erwachsenen Normen von Einsicht, Geduld und Nachgiebigkeit konträr entgegensteht.

Eine Umdeutung könnte hier folgendermaßen aussehen: Gesunde Kinder im Alter von zwei bis drei Jahren haben bereits wichtige Entwicklungsschritte geleistet. Sie können schon vieles selbstständig, und ihr Drang, noch mehr zu können, unabhängiger zu werden scheint manchmal unermesslich. Ermutigt von dem, was sie in nur zwei Jahren bereits alles erlernt haben, unterschätzen sie mitunter die Hürden, die der Alltag für sie bereithält, wenn beispielsweise der Bausteinturm trotz höchster Konzentration ab einer gewissen Höhe immer wieder einstürzt. An derartigen Hürden zu scheitern, mag manche Kinder traurig machen, lässt sie vielleicht resignieren und Bausteine schon mal wütend durch das Zimmer schleudern. Verständnislos stehen wir Erwachsenen einem solchen Verhalten gegenüber, wenn wir das Spiel des Kindes nicht als dessen Arbeit begreifen.

Ein kleines Experiment

Eine andere Zuschreibung, die Erwachsene für Kinder parat haben, besteht in der Zuschreibung: »Kinder hören nicht zu.« Hierzu ein kleines Experiment: Geben Sie dem Kind bzw. den Kindern, mit denen Sie leben und/oder arbeiten, ein oder zwei Stunden täglich die Möglichkeit, die Tagesgestaltung zu übernehmen. Sie werden erleben, zu wievielen Aktivitäten und Spielen Sie aufgefordert werden. Halten Sie sich strikt an die Spielregeln und folgen Sie den Anweisungen der Kinder. Vermutlich werden Sie merken, wie anstrengend es ist, sich ausschließlich auf die Wünsche einer anderen Person einzustellen, die möglicherweise weit von Ihren eigenen Bedürfnissen entfernt sind. Und nun stellen Sie sich vor, Ihr ganzer Tag wäre so strukturiert. Ständig gäbe es jemanden, der darüber bestimmt, wann Sie aufzustehen haben, was Sie anziehen sollen und in welchem Tempo das zu geschehen hat – rasch die Zähne geputzt, gefrühstückt, ganz gleich ob Sie hungrig sind oder Appetit auf das haben, was Ihnen vorgesetzt wird, und dann in einem Tempo aus dem Haus gehetzt, das nicht das Ihre ist ...

Der Tagesablauf von Kindern ist in der Regel voll von Anweisungen, Aufgaben, Befehlen, die Erwachsene an sie richten. Und so wüscht sich Dublin, dass Erwachsene ihn »*nicht rumkommandieren*«. Da mag es eine (Überlebens)Strategie sein, nicht ständig alles zu hören, was einem gesagt wird – einmal ganz abgesehen davon, dass Erwachsene in ihrem Bemühen, den Alltag zu strukturieren, kaum mit Neuigkeiten aufwarten. Oder wie Raphael es konkretisiert: Erwachsene »*wiederholen sich immer*« – was das gespannte Interesse am Zuhören durchaus in Grenzen halten mag.

3.7.4 Manifestieren spezifischer Regeln und Gesetze

Nicht jede Beleidigung, nicht jede Demütigung lässt sich in das Strukturprinzip von Diskriminierung einordnen. Ob persönliche Verletztheit oder eine gesellschaftlich relevante Diskriminierungsform vorliegt, lässt sich nicht nur daran erkennen, ob eine ganze Personengruppe aufgrund eines unveränderlichen Merkmals mit Vorurteilen und Zuschreibungen etikettiert wird, sondern auch daran, ob bestimmte Regeln und Gesetze ins Leben gerufen wurden, die ausschließlich für diese Personengruppe gelten.

Seit vielen Jahren wird darüber debattiert, dass Kinder Grenzen brauchen und es in der Verantwortung der Erwachsenen liegt, diese Grenzen zu setzen. Im Kontext von Adultismus erscheint die Einseitigkeit dieser Maßnahme besonders fragwürdig, wenn wir uns vergegenwärtigen, wie oft von Kindern gesetzte Grenzen durch Erwachsene übergangen werden – vorausgesetzt, dass Erwachsene den Kindern ihre eigenen Grenzen überhaupt zugestehen. Lediglich im Bewusstsein von offensichtlichem und augenscheinlichem Missbrauch werden Kinder dahin trainiert, »Nein« zu sagen. Welch doppelbödige Moral, wenn man bedenkt, wie häufig ein anders platziertes »Nein« eines Kindes als Aufmüpfigkeit, Ungehorsam und Unerzogenheit gewertet und im Keim erstickt oder überhört wird.

Unreflektiert auferlegte Regeln und Gesetze hinterfragen

Regeln unterliegen einer Vielzahl von Ritualen, Traditionen und Überlieferungen, samt deren Unbedachtheiten. Es bedarf der bewussten Entscheidung jedes Erwachsenen, der mit Kindern lebt und/oder arbeitet, unreflektiert auferlegte Regeln beizubehalten und damit den Teufelskreis adultistisch geprägter Erziehungsmethoden zu stabilisieren oder ihn durchbrechen zu wollen. Letzteres verlangt nach einer Hinterfragung jeder einzelnen gesetzten Regel, ihres Ursprunges und ihres Zieles. Dient die jeweilige Regel den eigenen Bequemlichkeiten? Soll mit ihr die Überlegenheit des Erwachsenen demonstriert werden? Soll ein angezettelter Machtkampf dem Kind seine Machtlosigkeit vergegenwärtigen? Oder dient eine Regel tatsächlich dem gerechtfertigten Schutz des Kindes? Und Schutz erwarten Kinder offenbar. Anna sagt: »*Erwachsene müssen auf Kinder aufpassen, damit sie sich nicht verletzen.*«

Es geht hier nicht darum, ein regelfreies Zusammenleben mit Kindern zu propagieren. Doch die Beschäftigung mit Adultismus erfordert, jedwedes Tun, jedwede Regel ebenso wie Normen, Werte und Zuschreibungen zu hinterfragen, zu überprüfen und, wo nötig, hinter sich zu lassen. Für ein Zusammenleben von Kindern und Erwachsenen auf gleicher Augenhöhe müssen Regeln und Grenze für alle – sowohl für Kinder als auch für Erwachsene – nachvollziehbar und erklärbar sein. Unerklärbare Regeln und Grenzen sind fragwürdig und wenig befriedigend.

Donald sagt: »*Ich finde es blöd, wenn Kinder etwas wollen und Erwachsene das nicht erlauben, ohne zu wissen warum.*« Darüber hinaus werden Regeln besser ausgehandelt, denn gesetzt. Um dies mit Raphaels Worten zu unterstreichen: »*Es wäre schön, wenn sie* (Erwachsene) *mich auch bestimmen lassen.*« Nicht zuletzt sollten Regeln in passenden Konstellationen für alle gelten, nicht nur für Kinder.

3.7.5 Verinnerlichung – bei Kindern und Erwachsenen

Jede Diskriminierungsform birgt die Gefahr, dass definierte »Normabweichungen«, Bilder, die sich die Dominanzgesellschaft über die fokussierte Personengruppe macht, und die Gefühle, die dadurch entstehen, verinnerlicht werden. Im Kontext von Adultismus spielt sich Verinnerlichung auf beiden Seiten ab – auf Seiten der Kinder ebenso wie bei den Erwachsenen.

Verinnerlichung von Adultismus bei Kindern

Adultistische Verinnerlichung findet in erster Linie dann statt, wenn Kinder die Attribute, die Erwachsene für sie finden, annehmen und in ihr Selbstbild integrieren. Zum Beispiel, wenn Donald sagt: Kinder sind »*klein, süß und haben eine mickrige Stimme*«.

Doch Verinnerlichungen gehen noch viel tiefer. Kinder sind in besonderer Weise auf die Liebe, Fürsorge und Unterstützung Erwachsener angewiesen. Gleichzeitig erleben sie aber immer wieder – bewusst oder unbewusst –, wie erwachsene Bezugspersonen ihr Leben in einer Art bestimmen und reglementieren, die zeitweise ihren eigenen Empfindungen, Bedürfnissen, Interessen und Perspektiven konträr entgegensteht. Kinder haben angesichts dieser Tatsache wenig Reaktionsalternativen. Eine der häufigsten scheint zu sein, sich den Gegebenheiten anzupassen. »Eine schwerwiegende Folge der Anpassung ist die Unmöglichkeit, bestimmte Gefühle (wie z. B. Eifersucht, Neid, Zorn, Verlassenheit, Ohnmacht, Angst) in der Kindheit und dann im Erwachsenenalter bewusst zu erleben.« (Miller 1983, S. 25)

Eine weitere Strategie mit Unterdrückung umzugehen, besteht darin, den Druck, der von der mächtigeren Person auferlegt wird, an eine machtlosere Person abzugeben. Nicht selten suchen sich Kinder (vermeintlich) Schwächere, um sie zu drangsalieren und somit Druck abzubauen. Anna hat das klar im Blick, wenn sie sagt, dass Größere »*viel stärker*« sind und »*Kleinere verprügeln*«. Erwachsene, die derartiges Kinderverhalten beobachten, haben nicht selten den Standardspruch parat: »Kinder können so grausam sein.« Dabei ist es eine Binsenweisheit, dass Kinder das Tun von Erwachsenen nachahmen und kopieren. Dies gilt auch für erlebtes adultistisches Verhalten, das Erwachsene Kindern entgegenbringen.

Kindheit wird nicht selten als eine Zeit der Unbeschwertheit und Sorglosigkeit verklärt. Alice Miller erkennt: »Die Geschichte zeigt, dass Illusionen sich überall einschleichen, jedes Leben ist voll davon, wohl weil die Wahrheit oft unerträglich wäre.« (Miller 1983, S. 17)

Konsequenzen von verinnerlichtem Adultismus im Erwachsenenalter

In den Workshops, die ich zum Thema Adultismus leite, wird immer wieder deutlich, wie viele Erwachsene Szenen, Aspekte, oder gar ganze Jahre ihrer eigenen Kindheit vergessen oder verdrängt haben. Doch genau dieses Verdrängen, Vergessen, Verleugnen oder gar das Umschreiben der eigenen Kindheitsbiografie macht es uns Erwachsenen schwer, die Welt mit Kinderaugen zu sehen, kindliche Sorgen, Fragen und Bedürfnisse wahr- und ernst zu nehmen und echte Bündnispartner für Kinder zu sein. Und so kommen Kinder wie Dublin zu der Einschätzung, dass Erwachsene Kinder »*nicht verstehen*«.

3.7.6 »Wünsch' Dir was!« – Kinder plädieren an Erwachsene

Wann ist es für Kinder einfach schön, mit Erwachsenen zusammen zu sein? Immer dann, wenn die Erwachsenen ...

»... *nett sind*« (Raphael)

»... *mich so richtig doll lieb haben, wenn sie Zeit mit mir verbringen und mit mir spielen*« (Anna)

»... *lachen*« (Homer)

»... *vernünftig und gerecht sind und Kinder nicht wie Babys behandeln*« (Karim)

»... *nett, zuverlässig, gutmütig und nicht gemein sind. Wenn sie beschützen, nicht zu sehr verwöhnen und mehr mit mir unternehmen*« (Rashid)

»... *ganz zärtlich sind, schön mit mir reden, Witze machen und lachen*« (Spitty)

»... *nett sind und zum Beispiel sagen:* ›*Komm, wir gehen einkaufen oder spazieren*‹ *und wenn die Erwachsenen mir alles erlauben würden*« (Donald)

»... *vertrauensvoll, nett und freundlich sind und wenn sie die Kinder fragen, was sie machen wollen*« (Tahir)

»... *mich wie sich selbst behandeln*« (Donald).

Literatur

Korczak, Janusz (1967): Wie man ein Kind lieben soll. Göttingen
Juul, Jesper (2003): Das kompetente Kind. Reinbek bei Hamburg
Miller, Alice (1983): Das Drama des begabten Kindes und die Suche nach dem wahren Selbst. Frankfurt/M.
Miller, Alice (1980): Am Anfang war Erziehung. Frankfurt/M.
Montessori, Maria (2002): Kinder sind anders. München
Öhlschläger, Annelie (2006) (Hrsg.): Mit Janusz Korczak die Kinderwelt verstehen. Freiburg im Breisgau

3.8 »Meine Mutter hat ja kein Geld ...« – Soziale Ungleichheit und Armut in der Wahrnehmung von Kindern

Antje Richter

3.8.1 Wie nehmen Kinder soziale Ungleichheit wahr?

Wie wird Armut gesellschaftlich bewertet und wie kommen Kinder damit in Kontakt? Wie nehmen sie soziale Ungleichheit wahr? Soziale Ungleichheit bezeichnet die ungleiche Verteilung von Ressourcen materieller (z. B. Geld) und nicht-materieller (z. B. soziale Kontakte) Art. Dazu können Zahlen und harte Fakten angeführt werden: Im November 2006 bezogen in Deutschland 1,9 Millionen Kinder unter 15 Jahren, d. h. jedes sechste bis siebte Kind, Sozialgeld. Die Quote liegt bei jüngeren Altersgruppen vor allem bis zum Alter von sieben Jahren noch weitaus höher.

Die Vorstellung von sozialer Ungleichheit materieller Art führt schnell zum Begriff »Armut«. Der ist jedoch nur auf den ersten Blick einfach und beinhaltet viele verschiedene quantitative Definitionen und Klassifikationen. Was Armut neben der rein zahlenmäßigen Beschreibung in Euro und Cent ausmacht, welche Wirkungen und Zuschreibungen mit Armut verbunden sind, ist immer abhängig vom Blickwinkel des Betrachters. Werden Kinder befragt, was für sie Armut bedeutet und wer ihrer Meinung nach arm ist, antworten sie manchmal ganz anders als Erwachsene es erwarten: Manche Kinder im Kindergarten- oder Grundschulalter empfinden sich selbst auch dann nicht als arm, wenn sie Zeit ihres (noch kurzen) Lebens Sozialhilfeleistungen bezogen haben. Arm sind in ihren Vorstellungen oft »die Anderen«: Kinder, die in Afrika leben, oder auch ein auf der Straße schlafender Wohnungsloser. Als arm beschrieb eine Grundschülerin Kinder, die keine Eltern haben, oder ein Mädchen aus der Nachbarschaft, das aus einem weit entfernten Land gekommen war und kein Spielzeug hatte.

An ihre eigene Situation gehen Kinder oft mit ganz anderen Maßstäben heran. Ein vierjähriger Junge aus einer Hannoveraner Kita, dessen Eltern aus Afrika zugewandert waren und kaum über

Was bedeutet Armut für Kinder?

Welche Maßstäbe legen Kinder an?

Vielfalt und Diskriminierung im Erleben von Kindern

materielle Ressourcen verfügten, antwortete auf die Frage nach Armut bzw. Reichtum seiner eigenen Familie: »*Wir sind reich, weil wir hier (in der Kita) so viel Spielzeug haben.*« Die elfjährige Pauline, die mit ihrer Mutter und zwei Geschwistern seit langem von Sozialleistungen leben muss, berichtet im Interview mit einer Tageszeitung vom Alltag in ihrer Familie und sagt: »*Wir haben auch meistens kein Geld.*« Sie selbst macht sich häufiger Gedanken über Kinder, die in noch schwierigeren Situationen leben, beispielsweise über einen Jungen, der im Kinderheim lebt: »*Seine Mutter hat gesagt, solange sie Hartz IV bekommt, kann sie sich keine Kinder leisten.*« Pauline erzählt auch von einer Aktion am Weltkindertag in Rostock. Dort hat sie gemeinsam mit anderen Kindern blau-weiße Fähnchen in eine Wiese gesteckt: »*Für jedes Kind, das in Rostock arm ist, eines. 8.807 Fähnchen. Das ist ganz schön viel, das muss man sich mal vorstellen. Manche Leute sind stehen geblieben und haben zugeguckt und ich habe mir überlegt, wie die Kinder wohl heißen, für die wir die ganzen Fähnchen gesteckt haben und wie man ihnen helfen kann.*« (Pfohl 2007)

Subjektive Bewertung und Akzentsetzung

Die Beispiele zeigen, dass eine genaue Analyse der Thematik notwendig ist, um die Vielschichtigkeit dieses Phänomens zu erfassen. Ein wichtiger Faktor ist beispielsweise das Alter der Kinder. Die subjektive Bewertung und Akzentsetzung verändert sich in der Regel spätestens am Ende der Grundschulzeit. Zu diesem Zeitpunkt ist materielle Armut nachweislich mit ungleichen Bildungs- und Entwicklungschancen verbunden: Sie schlägt sich für andere sichtbar nicht nur in Kleidung und anderen Äußerlichkeiten, sondern auch in Schulnoten und Übergangsempfehlungen zu weiterführenden Schulen nieder. PISA und andere OECD-Studien liefern immer wieder neue Beweise dafür, dass Bildung(serwerb) in einem engen Zusammenhang zum sozialen Status eines Kindes und seiner Familie steht.

3.8.2 Armut – objektiv gesehen

Der Lebenslagenansatz

Es lohnt sich also, Armut genauer zu betrachten. Materielle Armut lässt sich relativ exakt definieren. Es gibt mittlerweile eine Vielzahl von Ansätzen zu ihrer Erfassung. Oft geht es dabei um die objektive Messbarkeit von Armut. In den meisten Armutsstudien (vgl. Richter 2000; Chassé u. a. 2003; Holz u. a. 2003/2005)

Soziale Ungleichheit und Armut in der Wahrnehmung von Kindern

ist man sich einig, dass die Wirkung von Armut auf den Lebensalltag von Kindern nicht allein auf das Einkommen der Eltern zurückgeführt werden kann, sondern die konkrete Lebenssituation des Kindes in den Blick genommen werden muss. Die verschiedenen Aspekte wie Bildungsstand der Eltern, Wohnregion und -situation oder soziale Einbindung ergeben erhebliche Unterschiede in der Armutsbetroffenheit. Die Frage, ob Kinder in einer beengten Wohnung innerhalb eines sozial benachteiligten Stadtteils leben, unter defizitären Wohnbedingungen und erlebnisarmen Umwelten aufwachsen oder zu Hause und im Wohnumfeld genügend Spiel-, Erfahrungs- und Gestaltungsraum haben, kann entscheidenden Einfluss auf ihre individuelle Entwicklung nehmen. Versuche, diese Zusammenhänge darzustellen, lehnen sich oft an den Lebenslagenansatz an, der mehr Einblick in die reale Lebenssituation der Betroffenen gestattet.

Allgemein	Konzeptualisierung für Kinder
– Gesundheit	– Familieneinkommen
– Einkommen	– Erwerbstätigkeit oder (Langzeit-)Arbeitslosigkeit der Eltern
– Arbeit	– Bildungschancen des Kindes/Bildungsstatus der Eltern
– Bildung	– Wohnsituation, Spiel- und Freizeitmöglichkeiten im Umfeld
– Wohnen	– Kontakte zu Gleichaltrigen
– Soziale Beziehungen	– Gesundheitliche Faktoren

Lebenslagenkonzept

Dem Begriff »Armut« entspricht im Lebenslagenansatz der Begriff »Unterversorgung«. Er beschreibt die soziale Benachteiligung in relevanten Lebensbereichen wie Einkommen, Arbeit, Bildung, Wohnen, soziale Beziehungen und in der Versorgung mit sozialen und gesundheitlichen Diensten. Wendet man ihn auf die Altersgruppe Kinder und Jugendliche an, sind neben Einkommenssituation und Bildungsstatus der Eltern auch ihre eigenen Bildungschancen, ihre Wohnsituation, Spiel- und Freizeitmöglichkeiten, Kontakte zu Gleichaltrigen und gesundheitliche

Faktoren zu berücksichtigen. Die entsprechende Leitfrage lautet: Was kommt unter diesen Armutsbedingungen beim Kind an?

3.8.3 Armut – subjektiv gesehen

»Nicht dazu gehören« – »ganz unten sein«

Charakteristisch für die subjektive Wahrnehmung von Armut und deren Auswirkungen auf die individuelle Lebenssituation ist das Gefühl, »nicht dazu zugehören« und »ganz unten« zu sein. Armut schränkt die Handlungsspielräume des Menschen, auch subjektiv gesehen, gravierend ein. Dem entsprechen in der Alltagsrealität die geringen Teilhabechancen, eine zunehmende soziale Isolation und als typisches Merkmal das Erleben von Ausgrenzung. Für Eltern ist diese Situation häufig mit Schuld- und Schamgefühlen verbunden, die wiederum ihre Beziehung zum Kind negativ beeinflussen können.

Eine alleinerziehende Mutter bezeichnete in einem Interview ihren Bezug von Sozialleistungen als Auslöser der familiären Probleme und sagte: »*Man kann davon leben. Aber nicht in dieser Gesellschaft. Wir sind ja ganz unten, auf der untersten Stufe und die anderen sind alle über uns. Und die Kinder wachsen damit auf.*« (Richter 2000)

3.8.4 Armut – fehlende Teilhabe, Ausgrenzung und die Folgen

Mit fehlender Teilhabe und Ausgrenzung sind wesentliche Merkmale von Armut in unserer Gesellschaft benannt. Der Zugang zu gesellschaftlich anerkannten Werten, Gütern und zu Unterstützungsleistungen ist unter Armutsbedingungen für Kinder stark eingeschränkt. Armut zieht immer Unterversorgung in wesentlichen Lebensbereichen nach sich und erweist sich damit als ein Risikofaktor für die Entwicklung von Kindern und Jugendlichen.

Das folgende Zitat aus einem Interview mit einer Grundschülerin kann dies illustrieren. Das Mädchen berichtet von seinen Freizeitaktivitäten am vorangegangenen Wochenende: »*Es war ja Stadtfest hier und meine Mutter hatte ja kein Geld. (...) Ich hab geweint, geweint, geweint, bis ich Kopfschmerzen hatte. Ich wollte ja auch unbedingt da so hin. (...) Ja, dann gehe ich jetzt in die Stadt*

Soziale Ungleichheit und Armut in der Wahrnehmung von Kindern

rein und guck mir so was an. Bin ich da zum Stadtfest rein gegangen, hab die ganze Zeit geguckt, mein ganzer Kopf war rot und traurig drinne und so. Ich hab nicht geweint, aber still war ich. Hab mir Musik angeguckt. Ja, mehr war das nicht. (...) Ja, und dann bin ich zu meinen Freunden gegangen und da haben sie gefragt, was machst du denn hier? Hab ich gesagt, meine Mutter hat kein Geld, ich kann jetzt nichts machen. Hab'n sie gesagt: Ach so. Ja, dann bin ich weitergegangen, weil ist natürlich blöde.« Frage: »*Mit den Freundinnen bist du dann nicht zusammengeblieben?*« Antwort: »*Nä. Die wollten ja in das große Karussell.*« Frage: »*Ach so. Und die haben dich gefragt, was du jetzt machst, ob du mitkommst?*« Antwort: »*Ja.*« (Richter 2000, S. 100f.)

Das Beispiel zeigt, dass die Möglichkeiten zur gesellschaftliche Teilhabe für Kinder aus armen Familien eingeschränkt sind, auch ohne dass Gleichaltrige sich ausgrenzend verhalten. Wie Kinder Armut erleben und bewältigen, hängt maßgeblich vom familiären Klima ab, das unter anderem durch Erwerbstätigkeit bzw. Arbeitslosigkeit, durch die Qualität der elterlichen Paarbeziehung, den Grad des Unterstützungsnetzwerks alleinerziehender Eltern bestimmt wird (vgl. Walper 2001; Richter 2000; Hölscher 2003; Holz u. a. 2006). Neben dem Hinweis auf Probleme der Teilhabe geht es in diesem Interview später auch um die Arbeitslosigkeit der Mutter. Vor allem Langzeitarbeitslosigkeit ist mit psychischen Beeinträchtigungen und Erkrankungen verbunden, die ganz unterschiedliche Ursachen haben. Zu den negativen Folgen der elterlichen Langzeiterwerbslosigkeit gehört häufig eine erhöhte Verletzbarkeit durch Stress trotz späterer eigener beruflicher Erfolge, die noch Jahrzehnte später nachzuweisen ist. Besonders früh erfahrene Armut, d. h. lang andauernde Armut im jungen Kindesalter, verstärkt internalisierendes Verhalten, Ängstlichkeit und Depressivität sowie das lang anhaltende Gefühl,»Opfer« zu sein. In der internationalen Forschung werden Kinder in dieser Situation auch als »Opfer-durch-Nähe« bezeichnet. Durch den Rückzug in die Familie werden Konflikte, die sich vorher auf mehrere Menschen verteilt haben, vor allem in der Familie ausgetragen (vgl. Takeuchi/Williams/Adair 1991, S. 1031ff.; Krappmann 2000, 2002a, 2002b; Schindler/ Wacker/ Wetzels 1990).

Maßgeblich ist das familiäre Klima

3.8.5 Armut als Entwicklungsrisiko

Im Kontext dieser Themen wird Armut oft als Entwicklungsrisiko betrachtet. Dies gilt nicht nur bezogen auf den Grad der sozialen Integration, sondern auch hinsichtlich der Teilhabechancen in anderen zentralen Lebensbereichen, wie beispielsweise Gesundheit und Bildung.

Der soziale Status bestimmt den Zugang zu basalen Gütern

Der soziale Status von Mädchen und Jungen bestimmt ihren Zugang zu diesen basalen Gütern. Zahlreiche Studien zum Zusammenhang von Gesundheitsstatus und sozialer Lage belegen die ungleichen Gesundheitschancen sozial benachteiligter Kinder und Jugendlicher, die sich bereits im frühen Alter in der Wahrnehmungsentwicklung, beim Sehen und Hören, beim Zahnstatus, der psychischen Gesundheit und in diversen anderen Bereichen bemerkbar machen. Defizite in der Entwicklung und ein Zurückfallen hinter den Entwicklungsstand der Gleichaltrigen sind Folgen dieser ungleichen Startbedingungen. Negativ wirken sich auch institutionelle Diskriminierungen aus, durch die Kinder mit niedrigem sozialem Status beim Wechsel zu einer weiterführenden Schule fast schon automatisch abgestuft werden.

Bezogen auf die Altersgruppe der Kinder und Jugendlichen und die psycho-physischen Auswirkungen von Armut ist es entscheidend, ob diese Situation vor allem die finanzielle Seite betrifft oder eine Familie unter einer multidimensionalen Unterversorgung in zentralen Lebensbereichen leidet. Auch die Dauer der Armutslage wirkt entscheidend auf den kindlichen Entwicklungsverlauf, d. h. lang anhaltende Armut hat sich gegenüber kurzen Armutsperioden als weitaus nachteiliger für die kognitive sowie die sozial-emotionale Entwicklung erwiesen.

3.8.6 Erleben und Bewältigen von Armut

Soziale Ausgrenzung und eingeschränkte Teilhabe sind wesentliche Merkmale von Armut in unserer heutigen Gesellschaft, die bereits von Grundschulkindern subjektiv wahrgenommen werden. Sie führen zu Gefühlen von Neid, Eifersucht, zu »Mithalte«-Stress, Scham und auch zu Ärger und Aggressionen (Richter 2000, S. 70ff.). Die zurzeit noch relativ dünn gesäten Erkenntnisse über das Erleben und Bewältigen von Armut durch Mädchen und Jungen im Kindergarten- oder Grundschulalter (vgl. Richter 2000; Chassé/Zander/Rasch 2003; Holz/Skoluda 2003, Holz u. a. 2006) beschreiben immer wieder mangelnde Teilhabe als besonders problematischen Faktor. Diese Ergebnisse können durch den Rückgriff auf andere Studien aus benachbarten Gebieten oder Studien mit anderen Altersgruppen (vgl. Hölscher 2005; Holz u. a. 2006) bzw. aus länger zurückliegender Zeit (vgl. Elder et al. 1991) gestützt werden. Dazu gehören unter anderem auch gesundheitsbezogene Untersuchungen über die Auswirkungen steigenden Wohlstands. Sie belegen, dass nicht mehr Wohlstand für alle, sondern weniger Wohlstands*unterschiede* zwischen allen den günstigeren Einfluss auf die Gesundheit haben (vgl. Robertson 1998, S. 161; Kolip/Schmidt, S. 13).

Pauline beschreibt das so: »*Früher, als ich noch kleiner war, da war ich manchmal auch ganz schön traurig. Da ging ich auf eine andere Schule und da war ein Mädchen, das war stinkreich und die hatte immer alles, sogar einen Nintendo DS und dann hat sie über meine Klamotten gelästert. (...) Mama hab ich das gar nicht erzählt, ich wollte nicht, dass sie deswegen auch noch traurig wird. Jetzt ist es nicht mehr schlimm. Bei uns an der neuen Schule sind ganz viele Kinder arm. Da fällt das gar nicht mehr auf und da macht auch keiner dumme Sprüche.*« (Pfohl 2007)

Die Strategien, mit denen Mädchen und Jungen im Grundschulalter diese Belastungen bewältigen, sind so vielfältig wie das menschliche Verhaltensrepertoire. Sie umfassen Haltungen wie »Anspruchssenkung«, »gleichgültig sein« bzw. »sich gleichgültig machen« oder auf die Erfüllung der Wünsche hoffen und deren Erfüllung aufschieben.

Ein neunjähriger Junge erzählte auf die Frage nach seinem letzten Geburtstag: »*Auf dem letzten Geburtstag, da hab ich also nur mit den Älteren gefeiert und dann, aber so mit den Kindern ... Also da, also da fehlte uns ... also, hatten wir ... da hab ich keinen Kindergeburtstag gefeiert, sondern nur Elterngeburtstag. Also es kamen nur die Erwachsenen.*« Frage: »*Du sagst gerade, Kindergeburtstag hast du nicht gefeiert, da fehlte euch? Was fehlte euch da?*« Antwort: »*Also da fehlte uns so ... Also wie soll ich das jetzt sagen? Hm. Also, wir hatten nicht genug Geld ... da wollte meine Mama nur mit Erwachsenen feiern. Mir war das recht. Mir war das egal.*« (Richter 2000)

Abbau sozialer Netze und Verlust sozialen Kapitals

Der Abbau sozialer Netze und der Verlust sozialen Kapitals gelten bei Erwachsenen als einer der größten Risikofaktoren bei Armut. Dieses Phänomen wirkt sich auch auf die Kinder aus. Es beginnt damit, dass arme Eltern, vor allem allerziehende Mütter, in der Regel weitaus weniger Ansprechpersonen haben, von denen sie Unterstützung erwarten können (vgl. Richter 2000). Sie finden dadurch weniger Entlastung von Alltagsproblemen, können materielle Notlagen weniger gut durch gegenseitige Hilfe ausgleichen und sind in ihrer Tagesgestaltung stark eingeschränkt. Schamgefühle und auch die Notwendigkeit, bereits an basalen Lebensnotwendigkeiten sparen zu müssen, führen zu sozialem Rückzug. Weniger Kontakte und Besuche bei Freunden und Bekannten, weniger kulturelle oder sportliche Erlebnisse, allgemein weniger Erlebnispotenzial prägt ihren Alltag auch dann, wenn es Eltern gelingt, dies durch eigene Aktivitäten auszugleichen.

Sozialer Rückzug als Versuch zur Bewältigung

Bereits bei Mädchen wie Jungen im Grundschulalter ist sozialer Rückzug als Versuch zur Bewältigung der Armutslage weit verbreitet. Eher charakteristisch für Mädchen als für Jungen scheint zu sein, sich gegenseitig zu unterstützen oder sich einander mitzuteilen. Auch der Versuch, andere abzuwerten (und sich damit aufzuwerten) oder zu rationalisieren, ist in diesem Alter bereits verbreitet (Richter 2000, S. 92f. und S. 193ff.). Weitere Unterschiede zwischen armen und nicht-armen Kindern bestehen beispielsweise im Umgang mit Streit, Trauer und nicht-erfüllten Wünschen. Ein Ausweichen ins Wunschdenken ist bei armen Mädchen und Jungen stärker verbreitet (vgl. Holz u. a. 2006).

Kinder im Grundschulalter neigen angesichts von Problembelastungen eher zu einem problem-meidenden Bewältigungsverhalten, d. h. zu einem Verhalten, das gekennzeichnet ist durch sozialen Rückzug und den Rückgriff auf eigene innere Ressourcen. In den Fällen, in denen Kinder über ausreichend soziale und personale Ressourcen verfügen, erscheinen sie durch Armut weniger belastet. In anderen Fällen ist damit leider oft auch Überlastung verbunden. Diese Kinder können ihre Möglichkeiten nicht ausreichend nutzen, was sich schon im frühen Grundschulalter in Resignation und – wenn auch weitaus seltener – in Wut und Ärger niederschlägt. (Richter 2000)

Auch wenn Kinder vor sich selbst und vor anderen »Geld-haben« oder »Kein-Geld-haben« als nebensächlich darstellen, ist Geldmangel oft ein Grund für Streitereien in den Familien.

Soziale Ungleichheit und Armut in der Wahrnehmung von Kindern

Ein Zehnjähriger berichtet: »*Ich streite mit meinem Vater (...). Ich hab vor Jahren gesagt, ich will ein Fahrrad, aber er hat's nie geholt.*« Auf die Frage, wie der Junge dann reagiert, sagt er: »*Sauer (...). Dann geh ich in mein Zimmer. Manchmal bin ich so wütend und mach irgendwas. Oder ich heul' noch am Morgen.*«[1]

3.8.7 Entwicklungsfördernder Einfluss von Kindertagesstätten

Die Betreuung in Kindertageseinrichtungen kann in dieser Situation vieles auffangen. Eine intensive, warme Bindung zu einer Bezugsperson auch außerhalb der Familie kann ausgleichend und unter bestimmten Bedingungen sogar als Schutzfaktor wirken. In der Resilienzforschung wird eine verlässliche, regelmäßige und hochprofessionelle Betreuung in außerfamiliären Einrichtungen ebenfalls zu den Schutzfaktoren bei armutsbedingten Problemlagen gezählt (vgl. Richter 2006).

Regelmäßige Teilnahme, Zugehörigkeit zur Gruppe, Einbindung in das Gruppengeschehen und eine möglichst früh einsetzende individuelle Förderung des Kindes können bereits bestehende Defizite beim Kind auffangen und kompensieren.

Voraussetzung ist allerdings, dass das Thema »Soziale Ungleichheit« in der Einrichtung wahrgenommen und aus der Tabuzone geholt wird, damit es bearbeitet werden kann. Das gilt auch für Träger von Einrichtungen sowie für die Ausbildung von Erzieherinnen und Erziehern. Eventuell erfordert das weitere Tabubrüche, wie die Thematisierung der prekären finanziellen Situation junger Erzieherinnen, die nach fünfjähriger Ausbildungszeit oft nur eine Teilzeitstelle erhalten, was auch für sie entweder ein Leben an der Armutsschwelle oder die Option, einen zweiten Job anzunehmen, beinhaltet.

Das Thema »Soziale Ungleichheit« aus der Tabuzone holen

Gefühle von Hilflosigkeit im Umgang mit sozialer Ungleichheit und Armut in der Kita können durch eine intensive und kontinuierliche Auseinandersetzung mit der Thematik im Team bewältigt werden. Schnell wird allen Beteiligten dann bewusst, dass einzelne Projekte wie Kinderkleiderflohmärkte zwar

---

[1] Unveröffentlichtes Material aus qualitativen Interviews der AWO-ISS-Studie.

sehr sinnvoll, aber nicht allein ausreichend sind. Wenn akzeptiert wird, dass diese Situation eines der gewichtigsten Entwicklungsrisiken für Mädchen und Jungen darstellt, müssen interne und externe Strukturen angepasst werden. Verstärkte Kooperationen mit verschiedenen Fachdiensten (Gesundheit, Soziales, Bildung), intensive Elternarbeit, aber auch kompensatorische Angebote im Bereich Ernährung, Bewegung, frühkindliche Bildung sind erforderlich.

Erzieherinnen und Erzieher berichten außerdem, dass die Arbeit in Einrichtungen mit hohem Anteil sozial benachteiligter Kinder besondere Anforderungen an die eigenen Kompetenzen und Ressourcen stellt. Mehr Zuwendung und Hilfestellung, mehr Vermittlung von Alltagskompetenzen an Kinder (und Eltern) und deren ausgeprägtes Bedürfnis nach Kontakt und Kompensation erfordern einfach mehr Zeit für die Kinder, aber auch für die eigene Qualifikation und die funktionierende interne Zusammenarbeit. Das unter der Beteiligung von Fachkräften aus vielen verschiedenen Bereichen erstellte Handlungskonzept »Gesund in allen Lebenslagen« nähert sich der Thematik mit einem ganzheitlichen Ansatz von der Seite der Gesundheitsförderung und liefert über einen Leitfaden und ein Manual praxisorientierte Anleitungen zum Umgang mit Armut in Kindertagesstätten (Richter/Holz/Altgeld 2004).

Bilderbuchtipp

Gemmel, Stefan (2004): Was ist los mit Marie? Neureichenau

Literatur

Bayer, Anne (2005): Junge Erzieherinnen sind arm dran, aber nicht arm drauf! In: TPS 3/2005 (S. 30)

Chassé, Karl August/Zander, Margherita/Rasch, Konstanze (2003): Meine Familie ist arm. Wie Kinder im Grundschulalter Armut erleben und bewältigen. Wiesbaden

Elder, Glen H. /Caspi, Avshalom (1991): Lebensverläufe im Wandel der Gesellschaft: soziologische und psychologische Perspektiven. In: Zeit für Kinder! Kinder in Familie und Gesellschaft. Weinheim

Hölscher, P. (2003): Immer musst Du hingehen und praktisch betteln. Wie Jugendliche Armut erleben

Soziale Ungleichheit und Armut in der Wahrnehmung von Kindern

Holz, G./Skoluda, S. (2003): Armut im frühen Grundschulalter. Lebenssituation, Ressourcen und Bewältigungshandeln von Kindern. Frankfurt/M.

Holz, G./Richter, A./Wüstendörfer, W./Giering, D. (2006): Zukunftschancen für Kinder!? – Wirkung von Armut bis zum Ende der Grundschulzeit. Frankfurt/M.

Krappmann, Lothar/Nicolaisen, Bernd/Oswald, Hans (2000): Soziale Ungleichheit unter Kindern in Schulklassen. Antrag an die Deutsche Forschungsgemeinschaft. Berlin

Krappmann, Lothar (2002a): Bildung als Ressource der Lebensbewältigung. In: R. Münchmeier u. a. (Hrsg.): Bildung und Lebenskompetenz. Opladen

Krappmann, Lothar (2002b): Die Sozialwelt der Kinder in der Schulklasse und ihr Lernerfolg. Vortrag auf der Fachtagung »Soziale Lage und Bildung von Kindern ... und die gesundheitlichen Folgen«, veranstaltet von der Landesvereinigung für Gesundheit Niedersachsen e.V. Hannover

Pfohl, Manuela (2007): Wir sind arm. »Frankfurter Rundschau«, 17. Oktober 2007 (S. 5)

Richter, Antje (2000): Wie erleben und bewältigen Kinder Armut? Eine qualitative Studie über die Belastungen aus Unterversorgungslagen und ihre Bewältigung aus subjektiver Sicht von Grundschulkindern einer ländlichen Region. Aachen

Richter, Antje/Holz, Gerda/Altgeld, Thomas (Hrsg.) (2004): Gesund in allen Lebenslagen. Frankfurt/M.

Richter, Antje (2006): Was brauchen arme Kinder? – Resilienzförderung und Armutsprävention. In: KiTa spezial 4/2006

Schindler, Hans/Wacker, Alois/Wetzels, Peter. (Hrsg.) (1991): Familienleben in der Arbeitslosigkeit. Ergebnisse neuer europäischer Studien. Heidelberg

Schmidt, B./Kolip, P. (Hrsg.) (2007): Gesundheitsförderung im aktivierenden Sozialstaat. Präventionskonzepte zwischen Public Health, Eigenverantwortung und Sozialer Arbeit. Weinheim

Takeuchi, D. T./Williams, D. R./Adair, R. K. (Hrsg.) (1991): Economic stress in the family and childrens emotional and behavioral problems. In: Journal of Marriage and the Family, 53 (S. 1031–1041)

Walper, Sabine (2001): Psychosoziale Folgen von Armut für die Entwicklung von Jugendlichen. In: Unsere Jugend, 53:9 (S. 380–389)

3.9 Religion – Diskriminierungsgrund oder kulturelle Ressource für Kinder?

Christa Dommel

3.9.1 Religiöse Identität – was ist das eigentlich?

Ein gutes Drittel der deutschen Bevölkerung ist in keiner Religionsgemeinschaft Mitglied[1], unter den gläubigen Muslimen in Deutschland sind es sogar mindestens 80 Prozent.[2] Viele Menschen verstehen sich selbst als religiös und säkular gleichzeitig, z. B. »kulturelle Christen« oder »cardiac Jews« (Wood 1998, S. 65). Religions-Bildung, die sich als Teil von Allgemeinbildung versteht, wendet sich an sie ebenso wie an Gläubige und Atheisten, allerdings nicht, um eine oder mehrere Religion(en) zu propagieren, sondern um ein gegenseitiges Kennenlernen zu unterstützen und einen demokratischen, öffentlichen Freiraum für die Beschäftigung mit diesem Thema zu schaffen (vgl. Ipgrave 2003; Dommel 2007).

Komplexe Gemengelage – auch für Kindertageseinrichtungen

Das Thema »Werte« spielt für die Bildungsdebatte im Kitabereich eine wichtige Rolle. Was Menschen hierzulande »heilig« ist, ist verschieden und erscheint manchmal durchaus unvereinbar. Manche Vertreter der Kirchen, in deren Trägerschaft sich bundesweit durchschnittlich zwei Drittel aller Kindergärten befinden (mit abnehmender Tendenz; Wehrmann 2000), haben eine andere Auffassung von Kinderkrippen und von der Gleichberechtigung der Geschlechter als das Bundesfamilienministerium, manche kirchlichen Repräsentanten zeichnen ein Bild vom »christlichen Europa«, in dem die Geschichte und Gegenwart der jüdischen oder islamischen Minderheiten in Europa und im eigenen Land weitgehend ausgeklammert bleiben, manche Glaubensgemeinschaften verschiedener Prägung lehnen die

---

[1] Statistisches Bundesamt 2002; http://www.destatis.de/basis/d/bevoe/bevoetab5.htm

[2] Die Zahlenangaben über den Organisierungsgrad der Muslime sind unterschiedlich und beruhen auf Schätzungen. Das Zentrum für Türkeistudien (Goldberg/Sauer 2000, S. 18) nennt als Schätzwert, dass 15 % der sunnitischen Muslime in Deutschland Mitglied einer islamischen Religionsgemeinschaft sind.

Trennung in eine öffentliche, religiös neutrale Sphäre und einen abgegrenzten Bereich der Religionsausübung (»Säkularität«) ab und wünschen sich religiöse Schulen und Lehrpläne (auch im Bereich der Naturwissenschaften, z. B. die »Neo-Kreationisten«[3]) oder sogar Gesetze und Regierungen, die sich nach den Richtlinien einer bestimmten religiösen Tradition richten. Diese komplexe Gemengelage macht vor den Kindertageseinrichtungen nicht halt.

3.9.2 Religion aus Kindersicht

Religionspädagogik, in Deutschland weitgehend von den beiden christlichen Kirchen getragen und inhaltlich an deren Theologien orientiert, vermittelt Kindern die Botschaft: »Es gibt etwas, das größer ist als du selbst!« Diese Beobachtung von Petra Wagner warf in einem fachlichen Austausch die Frage auf, inwiefern diese Formulierung aus Erwachsenenperspektive, in der es um die Erfahrung von Transzendenz geht, pädagogisch sinnvoll ist: Schließlich ist das meiste, womit Kinder zu tun haben, größer als sie. Religion wirkt da keineswegs nur tröstlich, sondern ambivalent: Sie kann einerseits stärken, indem sie Kindern die Zugehörigkeit zu einem größeren, starken Zusammenhang vermittelt, der über die eigene Person und die Familie hinausgeht, andererseits kann sie umgekehrt eine Gemeinschaftsidentität auf Kosten des einzelnen Kindes stiften, die sich potenziell auch feindselig gegen »Ungläubige« bzw. »Fremde« richtet (vgl. Moser 1976; für den Kindergartenbereich: Mette 1983; aktuell z. B. Schreiber 2007).

Diese Kritik hat inzwischen dazu geführt, dass vor allem nichtkirchliche Träger das Thema Religion oft völlig meiden und so »religiöse Erziehung« mit Religions-Bildung gleichsetzen, womit sie allerdings kindlicher Neugier und Lernfreude nicht gerecht werden. Kinder im Vorschulalter interessieren sich für die Religionszugehörigkeit als ein Merkmal der Unter-

Religionszugehörigkeit – ein Merkmal der Unterscheidung

---

[3] Neo-Kreationismus: religiöse Bewegung in den USA und Europa, die die naturwissenschaftlichen Theorien über die Entstehung des Universums ablehnt und stattdessen ihre wörtliche Bibelinterpretationen als Wissenschaft definiert (»Intelligent Design«).

Vielfalt und Diskriminierung im Erleben von Kindern

scheidung zwischen Menschen im selben Maße wie es für ihre erwachsenen Bezugspersonen Bedeutung hat. Die vielfältigen Definitionen der Erwachsenen, die einander durchaus widersprechen, provozieren Kinder dazu, sich ihren eigenen Reim darauf zu machen, was Religion ist und wie die Zugehörigkeit zu einer bestimmten Religion oder Konfession eigentlich zustande kommt.

Wer weiß und entscheidet, wohin ich gehöre?

Eine gemeinsame Studie von katholischen und evangelischen Theologen (Schweitzer/Biesinger et al. 2002) fand heraus, dass Grundschulkinder unterschiedlicher religiöser Herkunft sich fragten: »*Woher wussten eigentlich meine Eltern, dass ich evangelisch bin, damit sie mich zur richtigen Sorte von Taufe bringen konnten?*« Manche erklärten es sich so, dass der Pfarrer die »richtige« Konfession wusste, andere hatten die Idee, sie könnte auch auf dem Taufstein geschrieben stehen. Auch stellten sich Kinder die von Erwachsenen keineswegs leicht zu beantwortende philosophische Frage: »*Sind alle Kinder bei ihrer Geburt gleich, was die Religion betrifft?*« Diese Frage – wer weiß und entscheidet, wohin ich gehöre? – thematisiert indirekt die religiöse Mündigkeit und Selbstbestimmung.

Positive und negative Religionsfreiheit

Rechtlich gesehen bestimmen die Eltern, zu welcher Religion ein Kind gehört (RelKErzG von 1921, § 5) – bis zu seinem 14. Geburtstag –, wobei das Kind ab dem 12. Geburtstag einen Bekenntniswechsel gegen seinen Willen verweigern darf. Insofern gibt es einen Konflikt zwischen der positiven und negativen Religionsfreiheit der Eltern und der des Kindes, einem Grundrecht jedes Menschen (Art. 4 Grundgesetz). Die in den letzten Jahren gestärkten Kinderrechte (UN-Kinderrechtskonvention, Rechtsprechung des Bundesverfassungsgerichtes zur Grundrechtsfähigkeit von Minderjährigen, rechtliche Gleichstellung ehelicher und nichtehelicher Kinder im neuen Kindschaftsrecht) signalisieren einen Wandel im Familienverständnis: von der ehe- zur kindzentrierten Familie (Honig 2002, S. 17). Kinder von heute spüren diese Veränderung auch in ihrer Perspektive auf Religion.

»Typisch kindliche« Religiosität?

Weit verbreitete religionspädagogische Annahmen über eine »typisch kindliche« Religiosität, die »komplexitätsermäßigt« sei (z. B. Asbrand 2003), orientieren sich am universalistisch gedachten strukturgenetischen Stufenschema der kognitiven Weltbildentwicklung (Piaget 1926): Demnach finden sich weltweit

Religion – Diskriminierungsgrund oder kulturelle Ressource für Kinder?

und kulturübergreifend bei allen Kindern animistische Vorstellungen (Animismus = durch eine Seele belebte Gegenstände) und ein mythisches Weltbild mit einem anthropomorphen Gottesbild (d. h. Vorstellungen von Gott in Menschengestalt[4]). Die Grundannahmen Piagets darüber, dass Kinder nicht abstrakt denken können und mit einem grundlegenden Egozentrismus die Welt betrachten, waren jedoch schon zu seinen Lebzeiten umstritten und wurden inzwischen vielfach empirisch widerlegt: Kinder können, je nachdem, welche Förderung und Anregung sie erhalten, nachweislich mehr, als Piaget ihnen zutraute (vgl. Cohen 2002). Sein hypothetisches Stufenschema prägt trotzdem bis heute die deutsche Religionspädagogik – sowohl die konfessionelle als auch die »interreligiöse«.

Die Geschichte von Abraham bzw. Ibrahim und der »Opferung« seines Sohnes Isaak bzw. Ismael aus Bibel und Koran, die sowohl für Juden und Christen als auch für Muslime große Bedeutung hat, wurde mit Kindern verschiedener religiöser Herkunft in einer Hamburger Grundschule erkundet (Asbrand 2000). Kinder diskutierten engagiert über die Geschichte, kamen aber nicht auf das Wort, das ihre Lehrerin als zentrale Botschaft der Geschichte verstand und von ihnen hören wollte: Gottes Segen für Abraham. Stattdessen fragten sie sich, ob Abraham/Ibrahim schon im Voraus wissen konnte, dass Gott letztlich nicht wirklich von ihm verlangen würde, seinen Sohn zu töten, und ob er nur unter dieser Bedingung bereit war, diesen Befehl auszuführen. Hier zeigt sich erstens deutlich eine Kinderperspektive, die sich auf die Situation des Ausgeliefertseins bezieht – im Unterschied zur Perspektive der stärkeren Erwachsenen, die die Bedrohlichkeit der Lage Isaaks bzw. Ismaels weniger dramatisch wahrnehmen. Zweitens thematisieren die Kinder die »Gleichzeitigkeit des Ungleichzeitigen«: »*Wusste er etwas vorher, was er erst nachher wissen konnte?*« Diese kindliche Abstraktionsfähigkeit, die sich auf die Zeitwahrnehmung bezieht, wird oft verkannt und infolgedessen unterfordert. John Hull, Religionspädagoge aus Birmingham,

Die Geschichte von Abraham bzw. Ibrahim

[4] Vorstellungen von Gott in Menschengestalt sind durchaus nicht kinderspezifisch, sondern stellen eine Grundlage der christlichen Theologie der Erwachsenen dar, wie sie im christlichen Glaubensbekenntnis formuliert ist. Dies stellt einen der zentralen Unterschiede zur jüdischen und zur islamischen Theologie dar.

setzt die kindliche Fähigkeit zur Abstraktion im Hinblick auf Zeit in Beziehung zum Denken über Religion: »*(...) nehmen wir das beliebte Kinderrätsel, warum es niemals ›morgen‹ ist. Kinder lachen gewöhnlich darüber, dass ›morgen‹, wenn es da ist, nicht mehr ›morgen‹ ist. (...) Man kann Gott so wenig sehen oder berühren, wie man das ›Morgen‹ sehen oder berühren kann. Das muss jedoch nicht heißen, dass kleine Kinder nicht ganz vernünftig von Gott reden können.*« (Hull 1997, S. 15f.)

Feine Grenzlinie zwischen religiöser Erziehung und Religions-Bildung

»Vernünftig von Gott reden können« ist in diesem philosophisch geprägten Ansatz nicht identisch mit »an Gott glauben«; hier zeigt sich die feine Grenzlinie zwischen religiöser Erziehung und Religions-Bildung. Oft sind die Erwachsenen nicht willens oder in der Lage, sich auf die großen Fragen kleiner Kinder einzulassen. Ein Ernstnehmen ihrer »bottom-up«-Perspektive erfordert die Bereitschaft, auf das »Beibringen« starrer vorgegebener Inhalte zu verzichten, mit denen das Kind (vielleicht noch) nichts anfangen kann, und zugleich das Engagement der Erzieherinnen und Erzieher als »Lieferanten von ›Hirnfutter‹ für bildungshungrige Kinder«, möglichst viele Anregungen herbeizubringen (Lill 2006, S. 46). Mit dieser Ausrüstung können Kinder Neues mit ihrer eigenen Welterfahrung verknüpfen und ihre bisher entwickelten Denkstrukturen immer wieder neu ihrer Realität anpassen. Die religiöse Kreativität von Kindern schafft aus bekannten Traditionen bisweilen neue Worte und Deutungen, die von den Erwachsenen als »bizarr« oder falsch abqualifiziert werden, wenn sie deren Sinn für seine Entdecker ignorieren.

3.9.3 Umgang mit Religion in der pädagogischen Praxis

Anders als in der Schule ist Religion in Kindertagesstätten kein separates »Fach«, sondern eine von vielen Dimensionen des Alltagslebens in der Einrichtung. Dazu gehören beispielsweise Kalender mit Mond- und Sonnenmonaten, religiöse Feste, Essen, Kleidung und Rituale. In kaum einer anderen Institution ist gemeinsames Lernen von Kindern und Erwachsenen zu diesem Thema in ähnlich alltagsnaher Form möglich. Das Kindergartenjahr in Deutschland ist (auch in nichtkirchlichen Einrichtungen) traditionell stark am christlichen Festzyklus orientiert: Weihnachts- und Osterbasteln, Erntedank, Martinstag und Krippenspiel sind langjährige Traditionen. Sie werden jedoch durch die veränderte Zusammensetzung der Kindergruppen längst in vielen Einrichtungen kombiniert mit dem islamischen Ramadan, dem Zuckerfest oder dem jüdischen Chanukkafest, damit sich alle Kinder in der Einrichtung zu Hause fühlen können (vgl. Biesinger/Schweitzer/Edelbrock 2007).

Neben den kulinarischen Attraktionen, die solche Feste bieten, werden sie jedoch bisher wenig als inhaltliche Bildungs-Anlässe genutzt, weil entsprechende pädagogische Konzepte fehlen. Die wenigen interkulturellen Ansätze wurden vor allem von Theologen für kirchliche Einrichtungen entworfen, deren Anliegen in erster Linie religiöse Erziehung im Sinne von »religiöser Beheimatung« ist. Im Vordergrund steht dann die theologische Frage, ob und wie man Feste verschiedener Religionen gemeinsam feiern kann, ohne Verwirrung zu stiften. Für öffentliche Bildungseinrichtungen, die *allen* Kindern gleichermaßen eine Heimat sein wollen, ist ein Verständnis von »religiöser Identität« als Bollwerk gegen die Gefahren der Pluralität und ein kulturpessimistisches Bild von »Kindheit als Verlustgeschichte von Bindung und Orientierung« (Diehm 1997, S. 45f.) jedoch nicht angemessen. Orientierende Bildung im Zusammenhang mit Religion erfordert von allen Beteiligten einen Perspektivenwechsel und den Mut, »die Stimme in uns, die die Stimme der Anderen ist, sprechen zu lassen« (Spivak, zit. n. Schirilla 2003, S. 262).

Religiöse Feste als inhaltliche Bildungs-Anlässe

Religionswissenschaftlich betrachtet sind religiöse Feste »Geschichten aus der Geschichte« verschiedener religiöser Traditionen. Sie sind eine Möglichkeit des Brückenbauens zwischen verschiedenen Weltsichten (Böhm u. a. 1999, S. 213ff.), und Kinder können daran den »anachronistischen« Umgang von Religion mit Zeit erkunden. Religion hilft dabei, große Zeitdistanzen zu überbrücken, indem sie die Geschichten von Urahnen und dem Anfang der Welt mit unserer Gegenwart und Zukunft verknüpft. Bei vielen religiösen Festen wird ein bedeutsames Ereignis aus der religiösen Geschichtsschreibung jährlich wiederkehrend gefeiert, wie z. B. die Geburt von Jesus an Weihnachten, der Auszug des jüdischen Volkes aus Ägypten zum Passafest oder die hingebungsvolle Bereitschaft Ibrahims, Gottes Weisung zu folgen, beim islamischen Opferfest.

Geschichten aus der Geschichte

Die Herausforderung für inklusive Kindergartenpädagogik besteht im notwendigen Balanceakt zwischen Nähe und profes-

Balanceakt zwischen Nähe und Distanz zu den religiösen Traditionen

sioneller Distanz zu den religiösen Traditionen, die durch die unterschiedlichen Familienkulturen in der Einrichtung präsent sind. Beides – sowohl Nähe als auch Distanz – braucht kompetente sachliche und emotionale Unterstützung.

Ein Beispiel einer solchen professionellen Erkundung religiöser Unterschiede ist das englische Konzept »A Gift to the Child« (Grimmitt/Grove/Hull/Spencer 1990) – am besten zu übersetzen als »ein Schatz für Kinder«. Das Konzept wurde speziell für das Vorschulalter entwickelt und wird inzwischen auch an Schulen angewandt (Dommel 2005/2007).

Hier spielt das Erzählen von Geschichten aus verschiedenen religiösen Traditionen mit Bilderbüchern eine zentrale Rolle – allerdings beschränkt sich das Erzählen nicht auf »Es war einmal ...« wie bei Märchen, sondern wird verknüpft mit Bildern aus dem Leben von realen Kindern, die zu einer religiösen Tradition gehören, aus der das Motiv der Geschichte stammt: Die heilig gesprochene Bernadette und ihre Marienvision in Lourdes werden verbunden mit dem behinderten Mädchen Aideen, das selbst schon nach Lourdes gepilgert ist; Bilal, in der mündlichen islamischen Überlieferung der erste Muezzin[5], mit Yaseen, der mit seinem Papa in die Moschee zum Beten geht, oder der Prophet Jona im Bauch des Fisches mit Rebecca aus Birmingham, die mit ihrer Familie den Jom Kippur, den höchsten jüdischen Festtag, feiert. Damit wird ausdrücklich nicht beansprucht, »das Christentum«, »das Judentum« oder »den Islam« darzustellen oder Vergleiche anzustellen, sondern die Bilderbücher und Themeneinheiten heißen z. B. »Rebecca's book« oder »The Story of Nanak's Song«[6]. So wird jedes der Bücher potenziell für alle Kinder und Erwachsenen zum Schatz: Es gibt jede Menge neuer geheimnisvoller Wörter darin zu lernen, wie »Halleluja« oder »Erlösung«, die Bestandteil der kulturellen Tradition von Religionen sind. »Cultural literacy« – die Fähigkeit, religiöse Zeichen und Motive aus der eigenen und aus anderen religiösen Traditionen zu lesen und zu deuten – ist das Anliegen dieses Ansatzes von Religions-Bildung. Eine inklusive Frühpädagogik ver-

---

[5] Muezzin: Ausrufer, der in islamisch geprägten Ländern vom Minarett einer Moschee aus die Gläubigen zu den Gebetszeiten ruft.
[6] »Die Geschichte vom Lied des Nanak« – eine Überlieferung aus der Sikh-Tradition.

zichtet auf die Gegenüberstellung von »Wir« und »Ihr« und auf das Festnageln des »Eigenen« als Kontrast zum »Fremden«, das sich nicht nur pädagogisch, sondern insgesamt in der Geschichte als fatal erwiesen hat.

3.9.4 Diskriminierung wegen Religionszugehörigkeit

Bevor man im 18. Jahrhundert anfing, von »Religionen« zu sprechen, war die Rede von »Glaube« (im Singular, vgl. Smith 1962). Die Fähigkeit zu glauben und zu vertrauen, sich selbst, anderen Menschen und auf etwas, was wir nicht unter Kontrolle haben, egal wie sehr wir uns bemühen, ist offenkundig eine menschliche Grunderfahrung, die man auch »Religion« nennen kann. Sobald man das Wort aber in den Plural setzt, besteht die Gefahr, »Religionen« als in sich abgeschlossene Systeme von Glaubenshaltungen und Lehren zu behandeln, als seien sie in sich einheitlich und gegenüber anderen »Systemen« dieser Art hermetisch abgeschlossen. Die Vorstellung ist zwar faktisch falsch, hat aber reale ausgrenzende Folgen – auch im Kindergartenalltag.

Wenn beispielsweise Kinder, die eine christlich oder nicht religiös orientierte Mutter und einen muslimischen Vater haben, als »Mischkinder« bezeichnet werden, werden diese Kinder sich fragen, ob irgendetwas mit ihnen nicht in Ordnung ist. Das macht es ihnen und ihren Eltern unnötig schwer, zu erkennen, welches wichtige Potenzial gerade glaubensverschiedene Elternpaare und Familien in die Kita und in die Gesellschaft mit einbringen können aufgrund ihrer Erfahrung, wie man mit Unterschieden und daraus entstehenden Spannungen, aber auch mit Erweiterungen des eigenen Identitäts-Spektrums wertschätzend umgehen kann. Die Zugehörigkeit zu einer religiösen Tradition ist eben nicht mit einer Parteimitgliedschaft vergleichbar: Die Möglichkeit einer mehrfachen Zugehörigkeit, die früher vielen undenkbar erschien, ist heute im Alltagsleben vieler Menschen bereits Normalität. Dazu gehört auch die Verbindung von »atheistischer« bzw. nichtreligiöser Weltsicht mit religiösen Traditionen, wie z. B. das wachsende Interesse für den westlich orientierten Buddhismus zeigt.

Glaubensverschiedene Elternpaare und Familien

Pädagogische Fachkräfte sind auf Tuchfühlung mit den Widersprüchen und ständigen Veränderungen religiösen Lebens

Pädagogische Fachkräfte als Religionsforscherinnen und -forscher

und werden damit selbst zu Religionsforscherinnen und -forschern, die oft näher am Puls der Zeit sind als diejenigen, die an Universitäten religionspädagogische Kategorien entwerfen. Wichtig für ihre gemeinsamen Erkundungsprojekte mit Eltern und Kindern ist dabei, dass sie sich auch eigene Vorurteile bewusst machen dürfen, um eine professionelle Balance zwischen einfühlsamer Nähe und pädagogischer Distanz halten zu können. Sachinformationen über religiöse Traditionen sind dabei ebenso hilfreich wie das Wissen, dass nicht alles, was ein religiös gläubiger Mensch tut oder nicht tut, mit Religion zusammenhängt, sondern auch andere Gründe haben kann (vgl. die weiteren Beiträge in Kap. 3 in diesem Band).

3.9.5 Religions-Bildung

Gilt das Kinderrecht auf »Bildung von Anfang an« auch für das Thema Religion? Diese Frage ist für eine vorurteilsbewusste Pädagogik im Kindergarten entscheidend. Der Bildungsbegriff, für den hier plädiert wird, knüpft an Hartmut von Hentigs Überlegungen zum englischen Wort »*education*« an – im Sinne von »a conversation aimed at truth« (Robert Maynard Hutchins). Von Hentig betont, dass »truth« mit »Wahrheit« nicht angemessen übersetzt werden kann, sondern etwas meint wie Treue zu einer Vereinbarung: »Das halten wir so.« (von Hentig 2005, S. 36)

Kommunikativer Prozess des Aushandelns und verlässliche Vereinbarungen

Auch für Religions-Bildung wäre diese Betrachtungsweise das Entscheidende: Es geht um einen kommunikativen Prozess des Aushandelns und der verlässlichen Vereinbarungen. Allgemeine, ein für allemal richtige »interkulturelle Lösungen« kann es bei Konfliktthemen wie »Schweinefleisch« oder »Kopftuch« nicht geben; unabdingbar jedoch sind gemeinsame »prozessuale Werte« für einen möglichst gleichberechtigten Austausch aller Beteiligten – und dazu gehören Kinder und ihre Familien ebenso wie pädagogische Fachkräfte und Trägerinstitutionen. Sie alle als Ko-Konstrukteure im Religions-Bildungsprozess sind nicht in erster Linie aufgefordert, Antworten zu geben, sondern Fragen zuzulassen und ihnen gemeinsam nachzugehen. Inklusive Religions-Bildung bedeutet Dezentrierung von eigenen Selbstverständlichkeiten – nicht um sie aufzugeben, sondern um überhaupt fähig zu werden für einen Austauschprozess mit denjenigen, die anderes für selbstverständlich halten.

Es geht um das Abschiednehmen von einer Kultur des Rechthabens, die »die Wahrheit« als Besitz der jeweils eigenen Religionsgemeinschaft betrachtet – aber auch von der Anmaßung, alle religiös Gläubigen als »irrational« zu belächeln. Religiöse Rationalität, ein gleichermaßen emotionales wie kognitives menschliches Potenzial, ist als Bestandteil von kultureller Kompetenz ein Thema für alle.

Abschiednehmen von einer Kultur des Rechthabens

Praxis-Materialien für Erzieherinnen und Erzieher

Damon, Emma (2002): Gott, Allah, Buddha – Und woran glaubst du? Stuttgart
Innenministerium Nordrhein-Westfalen (Hrsg.) (2007): Andi 2. Comic für Demokratie und gegen Extremismus. http://www.andi.nrw.de
Kermani, Navid (2006): Ayda, Bär und Hase. Wien
Sieg, Ursula (2003): Feste der Religionen. Werkbuch für Schulen und Gemeinden. Düsseldorf

Literatur

Asbrand, Barbara (2000): Zusammen Leben und Lernen im Religionsunterricht. Eine empirische Studie zur grundschulpädagogischen Konzeption eines interreligiösen Religionsunterrichts im Klassenverband der Grundschule. Frankfurt/M.
Asbrand, Barbara (2003): Religiöses Lernen aus Grundschulpädagogischer Perspektive. In: A. Speck-Hamdan/H. Brügelmann/M. Fölling-Albers/ S. Richter (Hrsg.): Kulturelle Vielfalt. Religiöses Lernen. Jahrbuch Grundschule IV (S. 183–188)
Beer, Peter (2005): Wozu brauchen Erzieherinnen Religion? Ein Arbeitsbuch für Ausbildung und Praxis. München
Biesinger Albert/Schweitzer, Friedrich/Edelbrock, Anke (2007): Interkulturelle und interreligiöse Bildung in Kindertagesstätten. Ergebnisse einer Pilotstudie der Tübinger Forschungsgruppe
Cohen, David (2002): How the Child's Mind Develops. Hove and New York
Diehm, Isabell (1997): Gilt das Prinzip der Individualisierung auch für die Arbeit mit Migrantenkindern? Eine Anfrage an die Grundschulpädagogik. In: Die Grundschulzeitschrift Nr. 106 (S. 43–47)
Dommel, Christa (2005): Interreligiöses Lernen im Elementarbereich. In: P. Schreiner/U. Sieg/V. Elsenbast (Hrsg.): Handbuch Interreligiöses Lernen. Gütersloh (S. 434–452)

Dommel, Christa (2007): Religions-Bildung im Kindergarten in Deutschland und England. Vergleichende Bildungsforschung für frühkindliche Pädagogik aus religionswissenschaftlicher Perspektive. Frankfurt/M.

Goldberg, A./Sauer, M. (2000): Der Islam etabliert sich in Deutschland. Ergebnisse einer telefonischen Meinungsumfrage von türkischen Migranten zu ihrer religiösen Einstellung, zu Problemen und Erwartungen an die deutsche Gesellschaft. Essen: Zentrum für Türkeistudien

Grimmit, Michael/Grove, Julie/Hull, John/Spencer, Louise (1991): A Gift to the Child. Cheltenham (Teachers' Source Book, Audio Cassette and 14 pupils' picture books)

Harz, Frieder (2001): Ist Allah auch der liebe Gott? München

von Hentig, Hartmut (2005): Wissenschaft. Eine Kritik. Weinheim

Honig, Michael-Sebastian (2002): Pädagogik der Frühen Kindheit zwischen Profession und Disziplin. In: ders. (Hrsg.): Perspektiven frühpädagogischer Forschung. Arbeitspapiere des Zentrums für sozialpädagogische Forschung der Universität Trier (S. 13–25)

Hugoth, Matthias (2003): Fremde Religionen – fremde Kinder? Leitfaden für interreligiöse Erziehung. Freiburg

Hull, John (1997): Wie Kinder über Gott reden: ein Ratgeber für Eltern und Erziehende. Gütersloh

Ipgrave, Julia (2003): Religionsunterricht und Bildung für Staats- und Weltbürger (Citizenship Education) in England. Theorie und Methoden. In: C. Dommel/J. Heumann/G. Otto (Hrsg.): WerteSchätzen. Religiöse Vielfalt und Öffentliche Bildung. Festschrift für Jürgen Lott zum 60. Geburtstag. Frankfurt/M. (S. 301–318)

Lill, Gerlinde (2006): Begriffe versenken. Im Visier: Pädagogen. In: Betrifft Kinder 5/6/2006 (S. 44–47)

Medienprojekt Tübinger Religionswissenschaft (Hrsg.) (1994): Der Islam in den Medien. Studien zum Verstehen fremder Religionen. Gütersloh

Mette, Norbert (1983): Voraussetzungen christlicher Elementarerziehung. Vorbereitende Studien zu einer Religionspädagogik des Kleinkindalters. Düsseldorf

Meyer, Karlo (2006): Lea fragt Kazim nach Gott. Christlich-muslimische Begegnungen in den Klassen 2 bis 6. Göttingen

Moser, Tilman (1976): Gottesvergiftung. Frankfurt/M.

Oehler, Elisabeth (1999): Vorschulerziehung. Schwerpunktheft von Bildung und Wissenschaft 4/1999. Bonn

Piaget, Jean (1926/1978): Das Weltbild des Kindes. Stuttgart

Schirilla, Nausikaa (2003): Autonomie in Abhängigkeit. Selbstbestimmung und Pädagogik in postkolonialen, interkulturellen und feministischen Debatten. Frankfurt/M.

Schreiber, Claudia (2007): Ihr ständiger Begleiter. München/Zürich

Schweitzer, Friedrich/Biesinger, Albert et al. (2002): Gemeinsamkeiten stärken – Unterschieden gerecht werden: Erfahrungen und Perspektiven zum konfessionell-kooperativen Religionsunterricht. Freiburg und Gütersloh

Smith, Wilfred Cantwell (1962/1978): The Meaning and End of Religion. A Revolutionary Approach to the Great Religious Traditions. London

Wagner, Petra (2003): Und was glaubst du? Religiöse Vielfalt und vorurteilsbewusste Arbeit in der Kita. In: C. Dommel/J. Heumann/G. Otto (Hrsg.): WerteSchätzen. Religiöse Vielfalt und Öffentliche Bildung. Frankfurt/M. (S. 223–233)

Wehrmann, Ilse (2000): Eltern haben die Kundenmacht. In: Sichtweisen – von ErzieherInnen für ErzieherInnen 7/2000. Bremen

Wood, Angela (1998): Homing. In: A Practical Resource for Religious Education. Stoke on Trent

World Vision Deutschland e.V. (Hrsg.) (2007): Kinder in Deutschland 2007. 1. World Vision Kinderstudie. Frankfurt/M.

Wygotski, Lew S. (1934/1974): Denken und Sprechen. Berlin

3.10 Verhältnis zwischen Ost und West – einem Tabu auf der Spur

Sabine Beyersdorff & Evelyne Höhme-Serke

3.10.1 Schweigen über Unterschiede und Diskriminierungserfahrungen

Lange nach der Vereinigung der beiden deutschen Staaten spielt das Verhältnis zwischen Ost und West vor allem in jenen (Arbeits-)Zusammenhängen immer noch eine große Rolle, in denen Angehörige der beiden Teile Deutschlands miteinander zu tun haben. Meist wird über die Unterschiede in den soziokulturellen Prägungen, Verhaltensmustern und Werten nicht ausdrücklich gesprochen. Sie treten häufig in eher gefühlsbesetzten Äußerungen und Haltungen zutage: Ärger, Hilflosigkeit wegen Unverständnis, Ablehnung, Ressentiments, Scham.

Unterschwellige Konflikte, Bewertungen und Botschaften

Eine offene Auseinandersetzung mit dem Thema wird im Allgemeinen vermieden. Während über Unterschiede und Diskriminierungserfahrungen zwischen Frauen und Männern, zwischen Migranten und »Einheimischen« öffentlich debattiert wird, herrscht Schweigen, wenn es um das Verhältnis zwischen Ost und West geht. Und worüber nicht gesprochen wird, wird auch wenig reflektiert.

Kinder nehmen durch dieses Verschweigen eines offensichtlichen Problems Schaden, denn sie nehmen auch unterschwellige Konflikte, Bewertungen und Botschaften wahr. Je weniger sich die Erwachsenen damit aktiv auseinandersetzen, desto mehr werden Kinder verunsichert. Mit diesem Beitrag sollen pädagogische Fachkräfte zu einem offenen, bewussten Umgang mit dem Phänomen Ost-West ermutigt werden.

3.10.2 Im Gespräch mit Erzieherinnen

Das Thema Ost-West ist in dem gemischten Projektteam »Demokratie leben in Kindergarten und Schule« in Eberswalde, in dem die Reflexion von Werten, Erziehungsvorstellungen, Kommunikationsformen und Haltungen zum Alltagsgeschäft gehört, ständig präsent. Um die eigenen Erfahrungen in der Arbeit mit Erzieherinnen durch eine weitere Perspektive zu ergänzen, wurden mit Erzieherinnen und Kita-Leiterinnen aus jeweils zwei Kindertageseinrichtungen in Berlin und Brandenburg Gespräche geführt.[1] Hierbei wurde die Annahme bestätigt, dass der Vielfaltsaspekt Ost-West kaum thematisiert wird.

Warum ist das so? Wenn wir dieser Frage nachgehen, beginnen wir ein wesentliches Merkmal des Verhältnisses zwischen Ost und West zu verstehen. Schon in der Terminologie »Wiedervereinigung« lag der Anspruch, die Gemeinsamkeiten zwischen Ost und West zu betonen: »*Ich bin eine von euch. – Du bist eine von uns.*« Kulturelle Unterschiede zwischen dem Land im Osten und dem im Westen wurden durch den Begriff »Wiedervereinigung« klein geredet und verwischt; es verbot sich beinahe, auf die Unterschiede zu schauen, da Ost- und Westdeutsche ja offensichtlich unzählige Gemeinsamkeiten einen. Ist es jedoch nicht eher so, dass sich zwei unterschiedliche Länder erstmals vereinigten?

Kulturelle Unterschiede werden klein geredet

Der Journalist Toralf Staud vergleicht die Situation von Ostdeutschen nach der Wende mit einer typischen Migrationssituation: »Tatsächlich aber sind die Ostdeutschen (...) aus einem völlig anderen Land gekommen. Sie ließen ihre Heimat hinter sich, gerieten in einen fertigen Staat, in eine gesetzte Gesellschaft, die nicht auf sie gewartet hatte, die sie kaum mitgestalten konnten, in die sie sich einzupassen hatten. Wie typische Immigranten waren die Ostdeutschen anfangs orientierungs- und weitgehend mittellos. Sie hatten hohe Erwartungen, durchliefen Begeisterung und Enttäuschung. Das Außergewöhnliche ihres Migrantendaseins ist bloß, dass sie ausgewandert sind, ohne sich fortbewegt zu haben. Das neue Land ist zu ihnen gekommen, nicht umgekehrt.« (Staud 2003)

Migration ohne Ortswechsel

---

[1] Wir danken Simone Jung, Barbara Wirthgen, Carmen Walter, Leyla Senay, Anette Baumann, Waltraud Schmidt, Kerstin Hinkelmann, Renate Wagener und Dorit Graeber für die anregenden Gespräche und ihre wertvollen Gedanken.

3.10.3 Im Westen nichts Neues

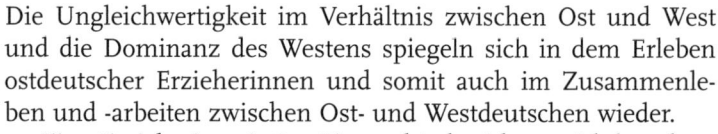

Die Ungleichwertigkeit im Verhältnis zwischen Ost und West und die Dominanz des Westens spiegeln sich in dem Erleben ostdeutscher Erzieherinnen und somit auch im Zusammenleben und -arbeiten zwischen Ost- und Westdeutschen wieder.

Eine Erzieherin mit Ost-Biographie berichtet: »*Ich kam kurz nach der Wende in eine West-Kita. Aus DDR-Zeiten war ich es gewohnt, die Stunde im Bewegungsraum mit einem Ritual zu beginnen, bei dem die Kinder und ich ›Sport frei!‹ rufen. Das bekam eine Kollegin aus dem Westen mit. Sie reagierte schockiert und empört. Ich habe diesen Ausspruch danach nie wieder benutzt. Bis heute weiß ich eigentlich nicht, was daran so falsch war.*«

An dieser kurzen Erzählung wird deutlich, wie stark der einseitige Anpassungsdruck für diese Erzieherin war. Sie verstand sofort, dass sie etwas getan hatte, was nicht in Ordnung gewesen sein musste. Aber sie wagte nicht nachzufragen. Und die westdeutsche Kollegin kam auch nicht auf die Idee, ihre Kritik zu begründen.

Sprachlosigkeit unter Erzieherinnen aus Ost und West

Diese Sprachlosigkeit spielt sich nach unserem Eindruck oft in Kitas ab, in denen Erzieherinnen aus Ost und West zusammenarbeiten. Verständlich wird dies, wenn wir den Hintergrund der Art und Weise, wie die beiden pädagogischen Entwürfe von Ost und West zusammengeführt (oder eben nicht zusammengeführt) wurden, beleuchten. Das westdeutsche Einheitsmanagement nach der Wende war und ist geprägt von einem Dominanzanspruch, zu dem auch die Vorstellung gehört, dass der westliche Standard den Maßstab bildet. Damit wurden implizit und häufig auch ganz explizit die professionellen Kompetenzen der Erzieherinnen aus den Neuen Bundesländern entwertet. So war der gesellschaftliche Umbruch durch die Wende für die meisten Erzieherinnen in den Neuen Bundesländern von negativen Erfahrungen begleitet, die nicht eben zu einem Selbstverständnis beitrugen, an der Gestaltung der Veränderungsprozesse gleichberechtigt beteiligt zu sein (vgl. Höhme-Serke 2005).

Ostdeutsche Erzieherinnen sind seit der Wende auf vielfältige Weise mit der westlichen Auffassung konfrontiert, dass so gut wie alles, was aus DDR-Zeiten stammt, rückständig sei. Sie haben ein diffuses Gefühl, nicht in Ordnung zu sein, da das, was bisher selbstverständlich war, nun unangebracht und verfehlt ist.

Das löst Scham und Schuldgefühle aus: »*Da war etwas falsch, und ich habe es nicht einmal gemerkt. Warum bin ich nicht selber darauf gekommen?*« Hinzu kommt der Schmerz der Kränkung. Gegen Schuldgefühle, Scham und Schmerz haben viele einen Schutzmechanismus entwickelt, mit dem sie Neues abwehren (indem sie es abwerten) und Altes und Gewohntes festhalten und hochhalten. Es gibt viele kleine »Ich bin falsch«-Erlebnisse, die zusammen einen gewaltigen Berg bilden und auch noch nach Jahren ziemliches Unbehagen auslösen.

Viele kleine »Ich bin falsch«-Erlebnisse werden zu einem gewaltigen Berg

3.10.4 Pädagogik in der DDR – und ihr Erbe

Dabei stehen die meisten ostdeutschen Erzieherinnen den Erziehungsvorstellungen und -praxen in der DDR kritisch gegenüber. »Die Ostdeutschen sind in der bundesrepublikanischen Wirklichkeit angekommen, sie akzeptieren sie mehrheitlich und wollen die alten Verhältnisse nicht zurück.« (Glügold 2004) Es ist allgemeiner Konsens, dass die Pädagogik in den Kindertageseinrichtungen in der DDR wenig dazu beitrug, dass Kinder sich zu selbstbewussten Persönlichkeiten entwickelten.

Eine Erzieherin mit Ost-Biographie erzählt: »*Ich kann nicht auf den ersten Blick unterscheiden, wer von wo kommt. Doch wenn ich neue Eltern durch das Haus führe, merke ich bereits an den Fragen, die die Eltern stellen, ob sie aus dem Osten oder Westen kommen. Den Westeltern ist zum Beispiel wichtig, wie das Umfeld ist, ob die Kinder die Gelegenheit haben, sich auszuprobieren. Weniger, ob der Tisch im Gruppenraum schmutzig ist. Die Osteltern gucken sich die Räumlichkeiten an, wie viel Spielmaterial gibt es, ist alles sauber und hygienisch einwandfrei, und die ersten Fragen lauten: Werden die Kinder regelmäßig auf den Topf gesetzt? Auch daran, wie die Kinder aussehen, sehe ich die Unterschiede. Die West-Kinder sind bequem gekleidet, tragen Jogginghosen, oftmals mal mit Loch, aber einfach, wie es sich gehört. Die Kinder können sich frei bewegen, sie wollen gucken, sie wollen ausprobieren. Die Ostkinder sind immer noch von ihren Eltern wie Püppchen gekleidet, chic angezogen. Westkinder kommen auch bei 30 Grad mit Gummistiefeln. Den Kindern wird die Freiheit gelassen, zu entscheiden, was sie anziehen möchten. Bei Osteltern merkt man genau, dass die Eltern die Sachen hinauslegen. Schuhe für drinnen, Schuhe für den Spielplatz und noch mal etwas zum Wechseln ...*«

Pädagogik in den Kindergärten der DDR – zumindest wie sie im Bildungs- und Erziehungsprogramm angelegt war – kann ohne Einschränkung als zielgerichtete Einwirkungspädagogik bezeichnet werden. Pädagogische Ziele orientierten sich an normativen Leitbildern, die den individuellen Voraussetzungen der Kinder und ihren spezifischen Entwicklungsbedingungen wenig Raum ließen. Das pädagogische Handeln orientierte sich vorwiegend an Abläufen und Inhalten, die von Erwachsenen gesetzt waren. In der pädagogischen Arbeit herrschte erkennbar das Primat der Rahmenbedingungen; der strukturierte Tagesablauf ließ Interessen und Bedürfnissen Einzelner wenig Raum. Kennzeichnend war, dass der Rahmen im Kita-Alltag eng bemessen war. »Die zeitliche Reglementierung (war ein) elementarer Faktor in der Einengung der persönlichen Freiheiten der Kinder wie der Erzieherin selbst.« (Höltershinken u. a. 1997, S. 102)

Eine Erzieherin mit Ost-Biographie erzählt: »*Am Anfang hat mich gestört, dass sie sich nicht an Zeiten gehalten haben. Wir hatten noch diesen Zeitrhythmus in uns. Wir haben nach der Uhr gelebt. Ich war unsicher: Liegt es an mir, dass sie nicht kommen? Später dann habe ich mir gesagt: Was regst du dich eigentlich auf? Ist doch schön, dass die Eltern sich morgens Zeit nehmen. Ich hatte gekämpft, dass sie pünktlich kommen, mit der Schule argumentiert und mit den Notwendigkeiten eines geregelten Arbeitsplanes. Das sind ganz andere Wertvorstellungen. Ich ging darauf ein, um keinen Konflikt zu haben, bin aber nicht glücklich damit.*«

3.10.5 Der Blick auf die Eltern

Eine schmerzliche Erfahrung für ostdeutsche Erzieherinnen nach der Wende ist der Abstieg ihres gesellschaftlichen Status. In der DDR hatte die Berufsgruppe der Erzieherinnen eine bedeutend höhere Anerkennung als in der ehemaligen BRD und auch heute.

Eine Erzieherin mit Ost-Biographie berichtet: »*Die Eltern aus den alten Bundesländern haben eine andere Sichtweise auf Kindergärten. Die Wertschätzung gegenüber einer Erzieherin war und ist noch nicht da. Wir sind eine Dienstleistung und mehr nicht. Wir mussten ihnen beibringen, dass wir eine Gemeinschaft sind. Wir sind nicht ihre Abtreter. Das haben sie irgendwie verwechselt. Das ist ein ganz anderes Denken. Andererseits haben diese Eltern hohe Ansprüche an die Inhalte unserer Arbeit. Dabei schießen sie manchmal auch über das Ziel hinaus.«*

Zu DDR-Zeiten war es üblich, dass Eltern weniger nach den Inhalten des Ablaufs in der Kita als nach dem Verhalten der Kinder fragten. Eine Erzieherin mit Ost-Biographie meint: »*Wir nehmen bei den Eltern aus den Alten Bundesländern ein ganz anderes Interesse wahr, was wir hier tun. Das war bei unseren Eltern nicht so. Sie nahmen unseren Kindergarten ganz anders wahr. Sie guckten zwar auf unsere Pläne, aber es gab nicht eine ständige Nachfrage. Jede Kleinigkeit war wichtig. ›Wie machen Sie denn das?‹ Die anderen hätte das gar nicht interessiert. Sie hätten gesagt: ›Die werden es schon machen.‹ Wenn sie ihr Kind in den Kindergarten gebracht haben, haben sie die Erzieherinnen auch angenommen. Die Erzieherin war ihr Gegenüber, und was sie gesagt hat, okay, versuche ich einzurichten, wenn es mir gelingt.*«

Wie auch immer ostdeutsche Erzieherinnen das Verhalten von westdeutschen Eltern beurteilen – aufgrund der gesellschaftlichen strukturellen Ungleichheit tun sie dies aus einer Position der Unterlegenheit heraus. Da diese Eltern auch die herrschenden Erziehungsvorstellungen vertreten, stellen sie eine Bedrohung ihrer Integrität dar. Wenn die Erzieherinnen keine Möglichkeit haben, ihre Verletzungen und Ängste zu thematisieren, dann bauen sich Aggressionen auf. Es scheint, dass sich diese dann – meist in verschleierter Form – gegen die westdeutschen Eltern und indirekt gegen ihre Kinder richten. Eine Erzieherin mit Ost-Biographie gesteht ein: »*Ich habe die Eltern, die pünktlich waren, die Anerkennung spüren lassen und mich mit ihnen länger unterhalten.*«

3.10.6 Auswirkungen auf die Kinder

Aus der Perspektive des Kindes könnte der unausgesprochene Ärger über die »Unpünktlichkeit« seiner Eltern so aussehen: Die Erzieherin spricht mit seinen Eltern morgens, wenn überhaupt, nur kurz, da sie schon mit dem Frühstück oder Morgenkreis beschäftigt ist. Möglicherweise macht die Erzieherin sogar eine Bemerkung darüber, dass die Eltern und das Kind (schon wieder) ziemlich spät kommen. Vielleicht richtet sie diese Bemerkung direkt an das Kind, um auf diesem Umweg die Eltern zu erreichen, ohne sich mit ihnen auseinandersetzen zu müssen. Das Kind versteht deutlich die Botschaft: »Du bist zu spät! – Du bist nicht in Ordnung!« Und es wird versuchen, auf seine Eltern dahingehend einzuwirken, am nächsten Tag früher in die Kita zu kommen, um auch von seiner Erzieherin anerkannt zu werden.

Auch die ostdeutschen Eltern sind durch die Zumutungen der Anpassung an die veränderten Anforderungen einer für sie neuen Gesellschaftsform verunsichert: »*Ostdeutsche Eltern stehen unter einem enormen Druck, weil sie denken, ihre Kinder schaffen das Leben nicht.*« (Erzieherin mit West-Biographie) »*In der DDR mussten wir uns keine Sorgen machen. Alles war vorgesehen. Man musste nicht nachdenken. Jetzt haben wir Sorgen, kommt mein Kind auf die Schule? Da ist die pure Angst, dass die Kinder auf der Strecke bleiben. Diese Eltern können eben nicht so locker sein. Sie sind auch unkritischer gegenüber dem Schulsystem.*« (Erzieherin mit Ost-Biographie)

Die durch die eigene Unsicherheit verstärkte Sorge um den Lebenserfolg der Kinder erzeugt bei den Eltern einen Druck, der wenig innere Freiheit lässt, Gegebenheiten auch in Frage zu stellen. In der Orientierung auf spätere Lebensabschnitte verlieren die Eltern auch den Blick auf die aktuellen Bedürfnisse der Kinder und üben ihrerseits einen starken Anpassungs- und Leistungsdruck auf sie aus.

Die Sozialisation von Eltern mit Ost-Biographie hat durch den Systemwechsel einen Bruch erfahren. Eigene Erfahrungen, Werte und Erziehungsstile finden keine Fortsetzung. »*Ich denke auch, dass sich Eltern schwer tun, Vertrauen zu mir zu fassen, weil sie wissen, dass ich eine andere Einstellung habe. Sie fühlen sich häufig unverstanden. Viele Eltern sind in dem System aufgewachsen, wo es nicht um die Individualität des Kindes ging, sondern um die Gruppe. Und dies übertragen sie auf ihre eigenen Kinder. Bei vielen, die aus dem Osten kommen, wirkt dieses System heute auch noch nach.*« (Erzieherin mit West-Biographie)

Die Kinder bekommen die Unterschiede zwischen Elternhaus und Kindertageseinrichtung mit. Sie erleben zwei verschie-

Verhältnis zwischen Ost und West – einem Tabu auf der Spur

dene Wertesysteme. Das, wofür Kinder mit ostdeutschem Hintergrund von ihren Eltern und von West-Erzieherinnen Anerkennung bekommen, kann für sie sehr widersprüchlich sein. Problematischer noch ist, dass sie gleichzeitig mitbekommen, dass die Werte und Erziehungsvorstellungen ihrer Eltern in der Gesellschaft abgewertet werden. Die Verunsicherung, die Scham, »falsch« zu sein, wirken sich auch schädigend auf ihre Identitätsentwicklung aus.

Zwei verschiedene Wertsysteme

Konflikte, die einen gesellschaftlichen Hintergrund haben, werden mit der persönlichen Ebene vermischt und auf der Beziehungsebene ausgetragen. Kinder bekommen diese Konflikte mit und werden verunsichert, wenn die Erwachsenen unklar bleiben. Die Kinder haben dann das diffuse Gefühl, dass sie und ihre Familie abgelehnt werden und etwas mit ihnen nicht in Ordnung ist. Kinder tendieren dazu, die Ursache bei sich zu suchen und entwickeln Schuldgefühle. Das beeinträchtigt ihr Wohlbefinden und schwächt sie in ihrer Entwicklung. Im Interesse der Kinder ist es notwendig, dass die pädagogischen Fachkräfte die historischen und gesellschaftlich-strukturellen Gegebenheiten in einer Weise aufarbeiten, die die individuellen persönlichen Gefühle und Sichtweisen einschließt, und so einen Weg finden, der ihnen einen fachlichen Diskurs über ihre pädagogischen Vorstellungen und Praxen ermöglicht.

3.10.7 Das Tabu brechen – miteinander reden

Eine Bearbeitung dieses Themas beginnt in Teams, in denen Erzieherinnen und Erzieher ostdeutscher und westdeutscher Herkunft miteinander arbeiten, damit, die Unterschiede zuzulassen und anzuerkennen, dass das Zusammenleben zwischen Menschen aus beiden Teilen Deutschlands nicht selbstverständlich konfliktfrei ist und einen Prozess der Verständigung erfordert.

Alle Kitateams – gleich welcher Zusammensetzung – sollen dazu ermutigt werden, miteinander darüber in einen Dialog zu treten, dass sie in einem Land leben und arbeiten, das aus zwei unterschiedlichen deutschen Staaten mit jeweils eigener Kultur und Geschichte hervorgegangen ist. Dies ist nicht nur für Kitateams sinnvoll, die mit diesem Vielfaltsaspekt unmittelbar konfrontiert sind, indem in ihren Tagesstätten Menschen aus Ost

In einen Dialog treten

und West direkt zusammenkommen, sondern auch für diejenigen, die eher indirekt davon berührt sind, da in ihren Einrichtungen ausschließlich Menschen mit westdeutscher oder ostdeutscher Sozialisation leben und arbeiten. Denn allen Pädagoginnen und Pädagogen ist gemeinsam, dass sie über eigene Erziehungsvorstellungen, eine individuelle (Berufs-)Biographie, eine bestimmte Haltung gegenüber Menschen aus dem ehemals anderen Teil Deutschlands und eine eigene Meinung über den Hergang der Vereinigung verfügen. Diese Erfahrungen und Haltungen, Überzeugungen und Meinungen, Urteile und auch Vorurteile schlagen sich im Auftreten anderen Menschen gegenüber, in der Bewertung ihrer Absichten, Wünsche und Vorstellungen und in konkretem pädagogischem Handeln nieder – ob sich die einzelnen dessen bewusst sind oder nicht. Daher sollten auch Teams aus Kindertagesstätten, die in (im Augenblick) »homogenen« Kitas arbeiten, sich in Gesprächsrunden darüber austauschen, was dieser Vielfaltsaspekt Ost-West für sie bedeutet.

»Meine Welt benennen« – Methode für Gesprächsrunden

Wir empfehlen, Gespräche über dieses Thema mit einer Runde »Meine Welt benennen«[2] zu beginnen. Hier geht es im ersten Schritt darum, dass alle Beteiligten die Möglichkeit haben, zu einer Frage ihre persönliche Sichtweise, ihre Erfahrungen und Gefühle zum Ausdruck zu bringen. Zum Beispiel könnten die Erzieherinnen eines Teams einander ihre persönlichen »Welten« zu folgender Frage vorstellen: »Welche pädagogischen Überzeugungen, Methoden und Ziele aus der Zeit vor der Vereinigung sind mir heute noch wichtig? Warum gerade diese?« Dabei kommt es darauf an, dass eine Situation hergestellt wird, in der ein gegenseitiges Verstehen möglich ist, also die Äußerungen nicht bewertet und diskutiert werden. Wichtig und förderlich für einen konstruktiven Dialog sind eine offene, fragende Haltung und ein wertschätzender Umgang miteinander. Dies ist nicht immer gegeben, denn es bleibt

---

[2] Die Methode »Meine Welt benennen« enthält noch zwei weitere Schritte, auf die hier aus Platzgründen nicht näher eingegangen werden kann: In einem zweiten Schritt werden Gemeinsamkeiten und Unterschiede herausgefunden. Beim dritten Schritt geht es dann darum, die Gemeinsamkeiten und Unterschiede mit den gesellschaftlichen Gegebenheiten in einen Zusammenhang zu stellen.

nicht aus, dass Emotionen die Überhand gewinnen können. Daher mag es gerade zu Beginn einer solchen Beschäftigung mit dem Thema sinnvoll sein, eine externe Moderatorin hinzuzuziehen. Hilfreich ist es auf jeden Fall, wenn jeder Einzelne darüber nachdenkt, was er selbst braucht, um sich vertrauensvoll in der Gruppe äußern zu können, und das Team sich auf dieser Grundlage über Regeln für den Umgang miteinander verständigt.

Anschließend können die geäußerten Erziehungsvorstellungen und -ziele im Team auf ihre Relevanz für die Kinder überprüft werden: »Welche Erziehungsvorstellungen sollen die Grundlage für unsere Konzeption ein?« Entgegen der landläufigen Praxis »Mehrzahl siegt, Einzahl fliegt« sollen unbedingt auch Anregungen Einzelner bzw. von Minderheiten aufgenommen werden. Dieser Aushandlungsprozess, in dem sich die Kolleginnen immer wieder darüber verständigen müssen, was ihnen wichtig ist, kann langwierig und bisweilen mühevoll sein – er ist aber ganz bestimmt sehr fruchtbar. Am Ende stehen Entscheidungen bezüglich der Ziele, die das Team der Kita in seiner pädagogischen Arbeit leiten, und ein tragfähiges Konzept, auch darüber, wie mit Vielfalt im Team umgegangen werden soll. Gemeinsam können sich die Erzieherinnen dann überlegen, wie sie die Auseinandersetzung um diesen Aspekt von Vielfalt für die Kinder und Eltern in ihrer Kita transparent und erfahrbar machen wollen.

Pädagoginnen, die mit Familien und Kindern ostdeutscher und westdeutscher Sozialisation zusammenarbeiten, stehen vor der konkreten Aufgabe, gemeinsam folgende Fragen zu reflektieren: »Wie sehe ich die Familien und Kinder in unserer Kita? Welche der von ihnen gelebten Erziehungsvorstellungen sind meinen ähnlich, und welche empfinde ich als befremdlich? Welche Gründe sehe ich dafür? Wie reagiere ich auf bestimmte Erziehungsvorstellungen und daraus resultierende Verhaltensweisen? Welche Auswirkung hat meine persönliche Sichtweise auf mein Verhalten gegenüber den Erwachsenen und in der Interaktion mit den Kindern?«

Selbstreflexion und Reflexion

Daran anschließend sollten im Team Schlussfolgerungen für künftiges pädagogisches Handeln, die sich aus der Selbstreflexion ergeben haben, besprochen werden. Auch im direkten Umgang mit den Familien ist es wichtig, kontinuierlich im

Gespräch zu bleiben und Räume zu schaffen, in denen Erzieherinnen und Eltern sich über ihre Erziehungsvorstellungen austauschen können. Dabei sollte es nicht darum gehen, gegeneinander zu argumentieren, sondern einen gemeinsamen dritten Raum der Verständigung zu finden, in dem alle Beteiligten sich wiederfinden können.

Eine Reflexion des pädagogischen Handelns und Selbstreflexion sind eine gute Grundlage für eine reflektierte Begegnung mit den Kindern, ihren Familien und den Kolleginnen. Es kommt darauf an, Formen der Begegnung zu finden, in der Kinder und Erwachsene als Persönlichkeiten mit eigenen Erfahrungen, Wünschen, Absichten und Fragen gehört und gesehen werden.

Literatur

Glügold, Barbara (2004): Neue Bundesbürger, Ostdeutsche, Ossis, Ostler – wer seid ihr – quo vadis? gfl(German as a foreign language)-Journal 3/2004

Höhme-Serke, Evelyne (2005): Partizipation in Kitas in den Neuen Bundesländern. In: KiTa spezial 4/2005 (S. 34–37)

Höltershinken, Dieter/Hoffmann, Hilmar/Prüfer, Gudrun (1997): Kindergarten und Kindergärtnerin in der DDR. Band I und Band II. Neuwied

Sasse, Ada (2004): Ohne Herkunft keine Zukunft. Das »Programm für die Bildungs- und Erziehungsarbeit im Kindergarten« (1985) in der gegenwärtigen Diskussion um die Grundsätze der Bildungsarbeit in Kindertagesstätten. In: KITADEBATTE 1/2004 (S. 56–67)

Staudt, Toralf (2003): »Ossis sind Türken«. In: DIE ZEIT, 02.10.2003, Nr. 41

3.11 Sexuelle Orientierung – bedeutsam für kleine Kinder?

Stephanie Gerlach

3.11.1 Ist dieses Thema nicht eher »privat«?

Für alle Kinder, ganz gleich, wie ihre Familie zusammengesetzt ist, ist der Kindergarten ein Ort, an dem sie – vielleicht erstmals – die Chance haben, mit der Vielfalt an Lebens- und Familienformen in Berührung zu kommen. Für Erzieherinnen und Erzieher bedeutet dies eine Herausforderung.

Wenn man mit Kindern lebt und/oder arbeitet, kommt mit Sicherheit irgendwann die Sprache auf das Thema »Lesbischsein/Schwulsein«. Sei es, dass Jungen das Wort »schwul« als Schimpfwort austauschen, ohne zu wissen, was es eigentlich bedeutet, oder darüber, dass ein Mädchen aus der Kita am liebsten seine Freundin heiraten möchte. Manche Kinder wissen schon, dass es seit einigen Jahren möglich ist, dass zwei Frauen oder zwei Männer heiraten können, vielleicht waren sie sogar schon auf einer Lesben- oder Schwulenhochzeit. Andere sind mit diesem Thema noch nie in Berührung gekommen.

3.11.2 Das Spiel mit den Rollen

Kinder spielen gern mit Geschlechtsrollen. Da zieht Jannick plötzlich ein Kleid an, und Sofia behauptet steif und fest, dass sie ab heute ein Junge sei. Natürlich wird nicht jedes Kind, das an diesen Spielen besondere Freude hat, lesbisch oder schwul. Doch manche Kinder entwickeln sich schon sehr früh »irgendwie anders« als die meisten anderen, und es ist wichtig, mit Kindern frühzeitig über das Themenfeld »gleichgeschlechtliche Lebensweisen« zu sprechen. Dabei ist es für Eltern ganz normal, ein wenig unsicher zu sein, denn Lesbischsein/Schwulsein ist noch immer tabuisiert. Kinder fragen in der Regel ganz direkt und haben zunächst keine Vorurteile, und es ist wünschenswert, dass pädagogische Fachkräfte die Eltern im Umgang mit diesen Themen unterstützen. Eltern haben für ihre Kinder eine Vorbildfunktion, (nicht nur) was den Umgang mit Minderheiten betrifft.

Wenn sich Laura in Katharina verliebt, dann geht es um Gefühle, um Zusammenseinwollen. Und wenn Lars sich in seinen besten Freund Victor verknallt, dann wollen sie sich am liebsten jeden Tag sehen. Manchmal sind es eben »Laura und Katharina« statt »Katharina und Lars«. Im Kindergartenalter ist dies häufig eine Phase und gehört bei vielen Kindern dazu. Ob sich diese Kinder später einmal mit einer Person des anderen oder des gleichen Geschlechts zusammentun, ist noch völlig offen und kann sich schließlich im Laufe des Lebens auch ändern.

3.11.3 Neues Familienphänomen: Regenbogenfamilien

Seit einigen Jahren sehen sich Kindertagesstätten mit einem relativ neuen Familienphänomenen konfrontiert: den Regenbogenfamilien. Der Begriff »Regenbogenfamilie« bedeutet, dass in einer Familie mit Kind(ern) mindestens ein Elternteil lesbisch oder schwul ist und sich in irgendeiner Form der lesbischschwulen Community zugehörig fühlt. Ihr Symbol des Regenbogens steht mit seinen bunten Farben für die Vielfalt des Lebens.[1]

In jeder achten gleichgeschlechtlichen Lebensgemeinschaft leben Kinder (Statistisches Bundesamt 2005, S. 22). Wenn wir von einem Anteil von fünf Prozent Homosexuellen an der Gesamtbevölkerung ausgehen, von denen die Hälfte in einer Paarbeziehung lebt, bedeutet das, dass mindestens 200.000 Kinder in gleichgeschlechtlichen Partnerschaften aufwachsen. Dies sind konservative Schätzungen: Da Homosexualität nach wie vor stigmatisiert wird, geben sich manche bei einer offiziellen Befragung lieber nicht zu erkennen.

---

[1] Die Regenbogenfahne entwarf 1978 der US-amerikanische Künstler Gilbert Baker.

3.11.4 Wie entstehen Regenbogenfamilien?

Kinder aus Regenbogenfamilien sind entweder in eine gleichgeschlechtliche Beziehung hineingeboren worden, d. h. sie kennen nichts anderes und es ist für sie das »Normale«. Oder sie stammen aus vorangegangenen heterosexuellen Partnerschaften und haben eine Trennungserfahrung hinter sich: Trennt sich z. B. eine Frau vom Vater ihrer Kinder und beginnt eine neue Beziehung mit einer Frau, entsteht in der Folge eine Patchworkfamilie und das Kind hat dann nicht von Anfang an lesbische Eltern, sondern die neue Regenbogenfamilie muss sich erst finden.

Ob jemand Kinder haben oder mit Kindern leben möchte, ist unabhängig von der sexuellen Orientierung. Und so verwirklichen immer mehr Lesben und Schwule ihren Kinderwunsch nach ihrem Coming out[2], und zwar über Insemination, Pflegschaft oder Adoption. Diese Kinder sind Wunschkinder und die Rahmenbedingungen in der Regel wohl überlegt.

Mit Kindern leben – unabhängig von der sexuellen Orientierung

Die Zahl der Regenbogenfamilien nimmt zu. Derzeit sind die Kinder mehrheitlich zwischen Babyalter und sieben Jahren. Fachleute sprechen von einem Babyboom innerhalb der lesbisch-schwulen Szene.[3]

Besteht der Wunsch nach leiblichen Kindern, so ist der Zugang zu reproduktionstechnologischer Unterstützung stark eingeschränkt. Ärztlichem Fachpersonal wird von der Bundesärztekammer untersagt, lesbischen Paaren bei der Familiengründung behilflich zu sein. Insbesondere wenn das Thema auf Kinder kommt, sind vielfach große Ängste und Abwehr gegenüber Lesben und Schwulen zu beobachten, die häufig von Vorurteilen gespeist sind.

Der Wunsch nach leiblichen Kindern

So bleibt beim Wunsch nach einem leiblichen Kind offiziell nur die Möglichkeit, im Bekannten- und Freundeskreis einen Samenspender zu finden oder im europäischen Ausland eine Samenbank aufzusuchen.

---

[2] Coming out: Darunter versteht man den Prozess der Selbstwahrnehmung: »Ich glaube, ich bin lesbisch/schwul« – und den äußeren Prozess der Veröffentlichung: »Ich muss und will es einfach jemandem sagen«. Dieser Prozess ist nach wie vor sowohl für Jugendliche als auch für Erwachsene nicht einfach.
[3] Auch »Gayby-Boom« genannt.

Manchmal schließen sich auch lesbische und schwule Paare zusammen, um Elternschaft zu viert zu leben, oder lesbisch/schwule Einzelpersonen bilden ein Erziehungskollektiv und erziehen die Kinder gemeinschaftlich.

Pflegschaft und Adoption

Ein Kind in Pflege zu nehmen ist eine Möglichkeit, Familie zu leben. Für schwule Paare ist eine Pflegschaft oftmals der einzige Weg zur Familie mit Kindern.

Da es weiterhin keine Gleichbehandlung zwischen Homo- und Heterosexuellen gibt, sind Pflegschaft und Adoption allerdings nicht immer einfach zu realisieren. So gibt es keine Möglichkeit für lesbische und schwule Paare, ein Kind gemeinschaftlich zu adoptieren; offiziell kann bei einem lesbischen oder schwulen Paar nur eine der beiden Personen das Kind annehmen.

3.11.5 Die rechtliche Situation von Regenbogenfamilien

Regenbogenfamilien werden sichtbarer und selbstbewusster. Dies hängt sicherlich auch mit der veränderten Rechtslage zusammen. Seit 2001 können lesbische und schwule Paare eine Lebenspartnerschaft begründen und sich eintragen lassen (Eingetragene Lebenspartnerschaft). Mit dieser Eintragung, im Volksmund »Homo-Ehe« genannt, bekommen die Paare die gleichen Pflichten wie Ehepaare, jedoch nicht die gleichen Rechte (z. B. im Steuerrecht oder im Beamtenrecht).

Eingetragene Lebenspartnerschaft & Kleines Sorgerecht

Dennoch gibt es für Lesben und Schwule mit Kindern gute rechtliche Gründe, sich eintragen zu lassen. Leben in der Lebenspartnerschaft Kinder, hat der nicht-biologische Elternteil mit der Eintragung automatisch ein so genanntes »Kleines Sorgerecht«, das alle Fragen des Alltags umfasst.

Möglichkeit der Stiefkindadoption

Seit dem Jahr 2005 besteht die Möglichkeit der Stiefkindadoption. Hat beispielsweise eine der beiden Frauen der Lebenspartnerschaft ein leibliches Kind, kann ihre Partnerin das Kind adoptieren, vorausgesetzt, der biologische Vater (wenn er bekannt ist) stimmt zu. Das Jugendamt prüft, wie bei allen anderen Fällen auch, ob diese Adoption dem Wohl des Kindes dient. Studien zu lesbischen Familien in den USA haben ergeben, dass durch die Stiefkindadoption die Position des nicht-biologischen, sozialen Elternteils gestärkt wird und damit die innerfamiliale

Bindung und das Zusammengehörigkeitsgefühl erhöht werden (Gartrell 1999/2000).

3.11.6 Was sagt die Forschung?

Bisherige Studien zeigen: Die Töchter und Söhne von lesbischen und schwulen Eltern entwickeln sich emotional, sozial und sexuell unauffällig (Berger et al. 2000). Sie verfügen häufig über eine hohe soziale Kompetenz (Rauchfleisch 1997). Welches Geschlecht die Eltern haben, ist dabei sekundär.

Expertinnen und Experten aus dem angloamerikanischen Raum attestieren den Kindern von lesbischen und schwulen Eltern eine bemerkenswerte psychische Stärke (Stacey/Biblarz 2001). So zeigt eine Studie (Patterson 1994), dass die Kinder von lesbischen Müttern zwar höherem sozialen Stress (Hänseleien etc.) ausgesetzt sind als Kinder einer Vergleichsgruppe, zu Hause aber offensichtlich so gestärkt werden, dass sie diesem adäquat begegnen und über eine größere allgemeine Zufriedenheit verfügen als die Kinder der Vergleichsgruppe.

Das Erziehungsverhalten der Eltern könnte hier einen erheblichen Einfluss haben (Jansen/Steffens 2006). Manche Autorinnen und Autoren stellen einen Zusammenhang zu anderen Untersuchungen her, wonach Lesben selbstbewusster, unabhängiger und weniger depressiv seien als heterosexuelle Frauen (Falk 1993; Kershaw 2000).

Die sexuelle Orientierung der Eltern ist für das Maß an elterlicher Fähigkeit nicht relevant. Wichtig für die kindliche Entwicklung sind die Qualität der Elternbeziehung (Golombok 2000) und die Zufriedenheit mit der eigenen Lebensform.

Sexuelle Orientierung – kein Maß für elterliche Fähigkeit

Eine vom Justizministerium in Auftrag gegebene umfassende Forschungsstudie zu Regenbogenfamilien in Deutschland ist in Arbeit (vgl. ifb, Staatsinstitut für Familienforschung an der Universität Bamberg).

3.11.7 Sexuelle Orientierung der Eltern – für kleine Kinder keine Kategorie

Für kleine Kinder, die in Regenbogenfamilien hineingeboren werden, ist ihre Familie Normalität. Sie wissen in der Regel, dass es viele verschiedene Familien- und Lebensformen gibt und sie selbst mit zwei Mamas oder (seltener) mit zwei Papas aufwachsen.

»*Ich habe eine Mama und eine Mami, weil meine Eltern zwei Frauen sind*«, meint die fünfjährige Rosa dazu. Die sexuelle Orientierung der Eltern ist für kleine Kinder keine Kategorie. Zwei Mütter zu haben wird möglicherweise zwar als »anders« erlebt, aber nicht als defizitär. Eventuelle Bewertungen kommen von außen – von anderen Kindern, Erzieherinnen und Erziehern oder Eltern.

Großes Interesse bei lesbischen Familien gilt in der Regel der Frage nach dem Vater, bei schwulen Familien heißt es: »*Hast du denn keine Mama?*«

Nun kommt es darauf an, in welchem Familiensetting das befragte Kind aufwächst. Vielleicht ist der Samenspender ein Freund der Familie, und es finden regelmäßige Treffen zwischen dem Kind und ihm statt. Biologische Elternschaft muss dabei nicht unbedingt soziale Elternschaft bedeuten – der Samenspender kann als Pate, Freund oder Papa fungieren. Möglicherweise gibt es auch zunächst keinen Kontakt, weil der Samen aus einer Samenbank stammt und das Kind seinen Vater eventuell erst mit 16 oder 18 Jahren kennenlernen kann.[4]

Größtmögliche Offenheit innerhalb der Familie

Pflegekinder haben in der Regel Kontakt zu ihrer Herkunftsfamilie, d. h. sie haben zwei Familien. Adoptivkinder wissen oft nur sehr wenig über ihre biologischen Wurzeln. Wichtig ist, dass das Kind auf Fragen nach seiner Familie adäquat antworten

---

[4] Die Problematik der »heterologen Insemination« (= künstliche Befruchtung mit Samenspende eines Dritten) und ihre Folgen auf Identitätsprozesse der Kinder insbesondere bei anonymen Samenspenden kann hier nicht ausgeführt werden. Betroffen sind vor allem Kinder aus heterosexuellen Beziehungen, da Insemination in Deutschland in der Regel nur bei heterosexuellen Paaren durchgeführt wird. Es wird damit gerechnet, dass immer mehr dieser Kinder ihr Recht auf Kenntnis der eigenen Abstammung (Bundesverfassungsgericht 1989) einklagen und im Fall anonymer Samenspender mit Erreichen der Volljährigkeit Einblick in die Spenderdaten fordern werden.

kann, d. h. dass es von den Eltern angemessene Worte für seine Familie an die Hand bekommt. Dazu ist größtmögliche Offenheit innerhalb der Familie eine Grundvoraussetzung. Ein Kind will und muss seine Entstehungsgeschichte kennen (dürfen). Zentral ist dabei, dass das Kind heute bei zwei Mamas oder zwei Papas lebt, die sich ein Kind gewünscht haben.

Auch die Frage nach männlichen Rollenvorbildern in lesbischen Familien wird gerne gestellt und wurde bereits häufig untersucht. Dabei haben Forscherinnen und Forscher festgestellt, dass sich lesbische Mütter stärker um Kontakt zu männlichen Bezugspersonen für ihre Kinder kümmern als alleinerziehende heterosexuelle Mütter (Dunne 1998). Im Übrigen suchen sich alle Kinder Vertreterinnen und Vertreter beider Geschlechter als Rollenvorbilder bevorzugt außerhalb der Familie.

3.11.8 Nach wie vor weit verbreitet: Homophobie

Wenn Kinder aus Regenbogenfamilien eine Kindertagesstätte besuchen, wissen idealerweise die dort beschäftigten Erzieherinnen und Erzieher um die familiären Zusammenhänge. Die Regel ist dies jedoch leider nicht.

Grundlegendes Wissen um die Lebenswirklichkeit von Lesben und Schwulen und von Kindern in Regenbogenfamilien ist nach wie vor kein verbindlicher Bestandteil der Ausbildung an Fachakademien und Fachhochschulen für Soziale Arbeit. Es wäre wichtig, solchen Aspekten Raum zu geben, ähnlich wie anderen marginalisierten Bevölkerungsgruppen und Aspekten von Vielfalt wie Migration, Alter, Behinderung, Ethnie etc., die inzwischen einen festen Platz in den Ausbildungsinhalten haben.

Kein Platz in den Ausbildungsinhalten?

Möglicherweise ist es die nach wie vor weitverbreitete »Homophobie«, die hier eine Thematisierung von Homosexualität verhindert: Homophobie nennt man die Ideologie von der Höherwertigkeit heterosexueller vor homosexueller Orientierung, die mit einer diffusen Angst vor Homosexuellen einhergeht und mit der Abwertung all dessen, was mit Homosexualität zu tun hat. Vor nicht allzu langer Zeit wurden Lesben und Schwule wegen ihrer Lebensform verfolgt und kriminalisiert. Noch heute gibt es Länder, in denen Lesben und Schwulen bei Bekanntwerden ihrer Orientierung die Todesstrafe droht. Auch wenn sich in

Deutschland die Situation für Lesben und Schwule gravierend verbessert hat, wirken doch viele der homophoben Mechanismen weiter nach.

3.11.9 Die Alltagsrealität von lesbischen und schwulen Eltern

Keine selbstverständliche und gleichberechtigte Lebensform?

Lesbisch- und Schwulsein ist noch keine Lebensform, die selbstverständlich und gleichberechtigt neben anderen Lebensformen steht. Menschen mit gleichgeschlechtlicher Orientierung werden häufig auf ihre Sexualität reduziert. Dies geschieht in alltäglichen Situationen, in denen sich Lesben und Schwule outen und damit bei manchen Menschen ein Gefühl der Peinlichkeit auslösen. Während beispielsweise Bemerkungen aus dem Privatleben, die auf eine heterosexuelle Lebensform hinweisen, in Gesprächen am Arbeitsplatz gemeinhin als »normal« aufgenommen werden, gelten ähnliche Informationen aus homosexuellen Beziehungen häufig als unangemessen »intim« und unangenehm.

Lesben und Schwule stellen ein ganzes System in Frage. Ein System, das auf klaren Vorstellungen davon aufgebaut ist, wie »richtige Männer« und »richtige Frauen« sind, welchen Spiel- und Handlungsraum sie zur Verfügung haben und wie sie sich zueinander in Beziehung setzen. Aber was ist eine »richtige Frau«, ein »richtiger Mann«? Lesbische Frauen und schwule Männer definieren ihre Lebenswirklichkeit nach eigenen Maßstäben. Dies kann Aggressionen bei denjenigen auslösen, die darin einen Angriff auf ihre Vorstellungen von Normalität sehen. Homophobe Gewalttaten gehen häufig von jungen Männern aus, die damit möglicherweise Unsicherheiten in der eigenen Geschlechtsrollen-Identität abwehren.[5]

Schwulsein wird noch immer mit Verweiblichung und Verweichlichung gleichgesetzt, Lesbischsein mit Kurzhaarschnitt

---

[5] Nach einer Umfrage 2006/2007 waren 87 % der Täter homophober Gewalt männlich, das Alter der Täter lag in 74 % der Fälle zwischen 14 und 24 Jahren (www.tag-gegen-homophobie.de). Zu den Motiven vgl. Dobler (2003, S. 36). Homophobe Gewalt muss allerdings auch im Zusammenhang mit gesellschaftlicher Diskriminierung gesehen werden, die zur Enthemmung beiträgt: Angehörige diskriminierter Gruppen sind oft Opfer von Gewalt und weiterer Diskriminierung.

und Männerfeindlichkeit. Dabei ist die Bandbreite, wie Lesben und Schwule aussehen und sich verhalten, genauso groß wie bei Heterosexuellen. Vertreterinnen und Vertreter für homosexuelle Klischees lassen sich immer finden, die Mehrheit läuft allerdings relativ unauffällig durch die Welt.

3.11.10 Coming out – immer und überall?

Sicherlich gibt es Situationen, in denen es besser ist, sich nicht zu outen. Generell ist es aber sehr belastend, z. B. am Arbeitsplatz oder in der eigenen Familie über längere Zeit eine wichtige Information zu verschweigen. Die Zufriedenheit schwindet, wenn man/frau sich nicht authentisch zeigt. Meistens ist die Angst davor, was nach einem Coming out geschehen könnte, viel größer als das, was im Anschluss tatsächlich passiert. Dennoch erleben die meisten das Coming out nach wie vor als eine schwierige Zeit. Ist diese »zweite Pubertät« aber erst einmal überwunden, entwickelt ein Großteil der Lesben und Schwulen ein gutes Selbstbewusstsein. »Erledigt« ist das Coming out allerdings nie – im Gegenteil: Es ist ein lebenslanger Prozess. Immer wieder gibt es Situationen, in denen sich lesbische Frauen und schwule Männer aufs Neue erklären müssen.

Regenbogenfamilien sind hier besonders gefordert, denn Mütter oder Väter in Begleitung von Kindern werden immer für heterosexuell gehalten. Lesbische und schwule Eltern sind über ihre Kinder sehr viel mit anderen, zumeist heterosexuellen Familien im Kontakt. Ohne Coming out kommt es nach kurzer Zeit zu Irritationen. Deshalb haben lesbische Mütter und schwule Väter die undankbare Aufgabe, häufig auf sich aufmerksam machen zu müssen. Da es unwahrscheinlich ist, dass Lesben und Schwule gefragt werden, ob sie ein Paar sind, müssen sie diese Information von sich aus geben. Eine Kindertagesstätte kann nur so offen sein, wie es die Eltern sind.

Charlotte und Katharina, Eltern der fünfjährigen Rosa, haben mit ihrer Strategie beim Elternabend gute Erfahrungen gemacht: »*Wir stellen immer gleich unsere Familie vor:* ›*Wir sind beide Rosas Mütter, weil wir als Frauenpaar schon lange zusammen sind und uns ein Kind gewünscht haben. Wenn Sie dazu Fragen haben, dann kommen Sie doch einfach auf uns zu. Wir sprechen gern über*

Eine Kita kann nur so offen sein, wie es die Eltern sind

unsere Familie.‹ Meistens ist dann gleich die Scheu weg und die anderen trauen sich, auf uns zuzugehen. Auch die Erzieherinnen haben dadurch schnell ihre Befangenheit uns gegenüber verloren.«

3.11.11 Was brauchen Regenbogenfamilien?

Zu allererst brauchen Regenbogen-Eltern eine Kindertagesstätte, in der sie ausdrücklich willkommen sind. Das ist noch nicht überall der Fall. Ingrid und Claudia, ein Paar mit zwei Töchtern, berichten: »*Wir hatten schon den Platz für unsere Tochter in der Elterninitiative, da bekamen wir plötzlich zwei Tage später eine Absage. Unser Verdacht wurde bestätigt, als uns eine Erzieherin unter der Hand mitteilte, dass wir als lesbische Eltern doch nicht so reinpassen.*«

Kita-Leitbild: Für alle Kinder offen!

Im Idealfall hat eine Einrichtung, die mit Kindern zu tun hat, ein Leitbild, aus dem hervorgeht, dass sie für alle Kinder offen ist. In der Regel ist dieses Leitbild aber nicht so ausformuliert, dass darin auch lesbische und schwule Familien benannt sind. Ein erster Schritt könnte darin bestehen, Regenbogenfamilien bewusst anzusprechen. Dies erleichtert lesbisch-schwulen Eltern das Coming out, und so können sie in der Kindertagesstätte von Anfang an als die Familie wahrgenommen werden, die sie sind. Ideal wäre es, wenn die Erzieherinnen und Erzieher über das Familiensetting Bescheid wissen. Denn kommt das betreffende Kind in Bedrängnis, müssen pädagogische Fachkräfte adäquate Sätze zur Unterstützung parat haben.

Diskriminierung abbauen und Gleichstellung vorantreiben

Hat eine Stadt Antidiskriminierungsrichtlinien, die explizit die sexuelle Orientierung mit einschließen, dann hat eine städtische Kindertagesstätte zum einen die Aufgabe, Diskriminierung abzubauen und die Gleichstellung voranzutreiben, zum anderen kann sie sich aber auch auf ihren städtischen Auftrag berufen, wenn Eltern gegen die Beschäftigung mit der Thematik Sturm laufen.

Schon im Kindergarten verwenden größere Jungen manchmal das Schimpfwort »schwule Sau«. Meistens wissen sie gar nicht, was dieser Ausdruck bedeutet. In der Regel gehen Fachkräfte darauf nicht weiter ein. Ignorieren oder Verbieten ist die gängige Strategie. Doch Erzieherinnen und Erzieher müssen in dieser Situation reagieren und den Kindern erklären, was diese Worte bedeuten, dass sie als Schimpfworte nicht akzeptabel

Sexuelle Orientierung – bedeutsam für kleine Kinder?

sind und dass es da eigentlich um Liebe und Sich-Mögen geht. Wo die Liebe hinfällt, das wissen wir alle nicht vorher. Und warum die einen so leben wollen und die anderen anders, darauf gibt es nicht wirklich eine Antwort. Nur vielleicht eine: Lesben und Schwule hat es schon immer und überall gegeben. Reagiert eine Erzieherin nicht, erleben Kinder aus Regenbogenfamilien, dass die Begriffe, mit denen sie selbstverständlich aufwachsen, in ein negatives Licht geraten, peinlich sind oder gar, dass etwas mit ihrer Familie nicht stimmt. Die Kita sollte aber ein Ort sein, an dem die Kinder ihren Stolz auf ihre Familie pflegen können. Vielleicht sind Lebensformen und Familienformen ein Kernthema, worüber mit den Kindern immer wieder gesprochen wird. Nun könnte das Thema um neue Inhalte erweitert werden. Jedes Kind hat ein Recht darauf, mit seiner Realität im Kindergartenalltag vorzukommen. Dies ist auch ein Ausdruck von Schutz und Respekt.

Jedes Kind hat ein Recht darauf, mit seiner Realität im Kita-Alltag vorzukommen

Lesbisch-schwule Eltern, die offen auftreten, bieten häufig an, in der Einrichtung etwas über ihre Familie zu erzählen, um mögliche Verständnisbarrieren abzubauen. Dabei können sowohl die Kinder als auch die pädagogischen Fachkräfte Informationen aus erster Hand bekommen und über eine Personengruppe etwas erfahren, die sie bisher vielleicht nicht kannten.

Regenbogenfamilien sind zwar noch ein relativ neues Phänomen, aber lesbische und schwule Eltern treten heutzutage selbstbewusst auf. Sie erwarten, dass ihre Kinder in Tagesstätten liebevoll, kompetent und vorurteilsbewusst begleitet werden und dass sich Erzieherinnen und Erzieher auch inhaltlich auf neue Familienformen einlassen. Nach den Richtlinien des Antidiskriminierungsgesetzes sind Kitas und Fachkräfte hierzu auch verpflichtet.

Auf neue Familienformen einlassen

Büchertipps für Kinder

von Eiff, Dani (2007): Franz und Uwe brüten was aus. (Zwei schwule Pinguine im Pixibuch-Format; ab 4 Jahre)
Link, Michael (2002): Komm, ich zeig dir meine Eltern. Hamburg. (Die Geschichte des kleinen Daniel aus St. Petersburg, der von seinen beiden Vätern adoptiert worden ist; Bilderbuch ab 3 Jahre)
Pah, Sylvia/Schat, Joke (1994): Zusammengehören. (Bilderbuch ab 3 Jahre über die Trennung der Eltern und Mamas neue Liebe Sophia)

Springer, Sonja (2006): Phöbe in der neuen Schule. (Phöbe stellt ihre Regenbogenfamilie in der neuen Klasse vor und bekommt dabei unerwartete Unterstützung; für das Vorschul- und Grundschulalter)
Springer, Sonja (2006): Was Phöbe auf dem Spielplatz erzählt. (Phöbe erklärt ihre Regenbogen-Welt auf dem Spielplatz; für das Vorschul- und Grundschulalter)
Streib-Brzic, Uli/Gerlach, Stephanie (2005): Und was sagen die Kinder dazu? Gespräche mit Töchtern und Söhnen lesbischer und schwuler Eltern. (Ab 10 Jahre und auch für Erwachsene empfehlenswert)
Willhoite, Michael (1994): Papas Freund. (Bilderbuch für 2- bis 6-Jährige. Ein Achtjähriger erzählt von der Trennung seiner Eltern und dem schwulen Alltag seines Vaters)

Büchertipps für Erwachsene

Bundeszentrale für gesundheitliche Aufklärung (2004): Heterosexuell? Homosexuell? Sexuelle Orientierungen und Coming out verstehen, akzeptieren, leben. (Für Eltern, deren Kinder lesbisch oder schwul sind) Kostenlos zu beziehen: order@bzga.de
de la Camp, Cordula (2001): Zwei Pflegemütter für Bianca. Interviews mit lesbischen und schwulen Pflegeeltern. Hamburg
Lesben- und Schwulenverband Deutschland (Hrsg.) (2008): Handbuch für Regenbogenfamilien und familienbezogenes Fachpersonal. Köln
Senatsverwaltung für Schule, Jugend und Sport (2001): Regenbogenfamilien. Wenn Eltern lesbisch, schwul, bi- oder transsexuell sind. Berlin. (Broschüre rund ums Thema, mit Statements, Interviews, rechtlichen Informationen; kostenlos zu beziehen über: www.gleichgeschlechtliche@sensjs.verwalt-berlin.de)
Streib-Brzic, Uli (2007): Das lesbisch-schwule Babybuch. Ein Ratgeber zu Kinderwunsch und Elternschaft. Berlin

Literatur

Berger, Walter/Reisbeck, Günter/Schwer, Petra (2000): Lesben – Schwule – Kinder. Eine Analyse zum Forschungsstand. Ministerium für Frauen, Jugend, Familie und Gesundheit des Landes Nordrhein-Westfalen. Düsseldorf
Dobler, Jens (2003): Hassverbrechen gegen Schwule – Fakten, Motive und Präventionsansätze. In: Tagungsband zum Symposium 2003: Primäre Prävention von Gewalt gegen Gruppenangehörige. Deutsches Forum für Kriminalprävention und Bundesministerium der Justiz. Berlin (S. 31–38)
Dunne, Gillian (1998): Living »Difference«: Lesbian Perspectives on Work and Family Life. Binghamton

Falk, Patricia (1993): Lesbian mothers: Psychosocial assumptions in family law. In: L.D. Garnets/D.C. Kimmel: Psychological perspectives on lesbian and gay male experiences. New York (p. 420–436)
Gartrell, Nannette et al (1999): The National Lesbian Family Study II: Interviews with mothers of toddlers. American Journal of Orthopsychiatry. 69 (3) (p. 362–369)
Gartrell, Nannette et al (2000): The National Lesbian Family Study III: Interviews with mothers of five-year-olds. American Journal of Orthopsychiatry. 70 (4) (p. 542–548)
Golombok, Susan (2000): Parenting. What really counts. New York
Jansen, Elke/Steffens, Melanie Caroline (2006): Lesbische Mütter, schwule Väter und ihre Kinder im Spiegel psychosozialer Forschung. Verhaltenstherapie und Psychosoziale Praxis. Sonderheft Psychotherapie mit Lesben, Schwulen und Bisexuellen (S. 643–656)
Kershaw, Sheila (2000): Living in a lesbian household: The effects on children. Child and Family Social Work. 5 (4) (p. 365–371)
Patterson, Charlotte (1994): Children of the Lesbian Baby Boom: Behavioral Adjustment, Self-Concepts and Sex Role Identity. In: Green/Herek (Hrsg.): Lesbian and Gay Psychology: Theory, Research, and Clinical Applications. Thousand Oaks, CA (p. 156–175)
Rauchfleisch, Udo (1997): Alternative Familienformen. Eineltern, gleichgeschlechtliche Pare, Hausmänner. Göttingen
Stacey, Judith/Biblarz, Timothy (2001): (How) Does the sexual orientation of parents matter? American Sociological Review, 66 (p. 159–183)
Statistisches Bundesamt (Hrsg.) (2005): Leben und Arbeiten in Deutschland. Ergebnisse des Mikrozensus 2004. Wiesbaden

4 Zusammenarbeit mit Eltern: Respekt für jedes Kind – Respekt für jede Familie

Serap Şıkcan

4.1 Wie leben Familien in Deutschland?

In Deutschland leben insgesamt 12,6 Millionen Familien (vgl. Statistisches Bundesamt 2006, S. 41ff.). Das Leben von Familien hat sich in den vergangenen Jahren stark verändert: Kinder wachsen heute in unterschiedlichsten Familienstrukturen und -kulturen auf; sie leben häufiger in nichtehelichen Paargemeinschaften, in Patchwork-Familien oder in Einelternfamilien. Gleichzeitig gibt es immer mehr Familien in schwierigen finanziellen Verhältnissen, so dass heute jedes zehnte Kind in Deutschland in Armut aufwächst. Ein Drittel der in Deutschland lebenden Kinder kommt aus Familien mit Migrationshintergrund (ebd., S. 74). Und alle Familien tragen unterschiedliche Voraussetzungen in den Kindergarten hinein.

Vielfalt der Lebensstile, Familienkonstellationen und -kulturen

Werden Lebensstile, Familienkonstellationen, Familienkulturen[1] der Kinder in Kindergärten vielfältiger, so kommt es auf der Seite der Erzieherinnen und Erzieher häufiger zu Nichtverstehen und dem Erleben von Fremdheit und Distanz. Wenn das, worauf Eltern[2] Wert legen, so ganz anders ist als das, was den Erzieherinnen und Erziehern wichtig ist, so ist deren Dialog- und Konfliktfähigkeit gefragt. Um Dialoge zu initiieren und darin zu bestehen, müssen die pädagogischen Fachkräfte sich ihrer eigenen Werteorientierungen und ihrer kulturellen Identität be-

---

[1] In Abgrenzung von nationalkulturellen Zuschreibungen, die zwangsläufig stereotype und einseitige Bilder von Menschen festlegen, bezeichnet der Begriff »Familienkultur« das jeweils einzigartige Mosaik von Gewohnheiten, Deutungsmustern, Traditionen und Perspektiven einer Familie, in das auch ihre Erfahrungen mit Herkunft, Sprache(n), Behinderungen, Geschlecht, Religion, sexueller Orientierung, sozialer Klasse usw. eingehen.
[2] Mit Eltern sind auch weitere Personensorgeberechtigte und für das Kind bedeutsame Bezugspersonen gemeint.

wusst sein. Eine solche Selbstvergewisserung findet ohne Aufforderung von außen kaum statt: Unter »Seinesgleichen« besteht keine Notwendigkeit, das Eigene explizit zu machen, denn alle teilen es. Wird es in Frage gestellt und mit der Erwartung verbunden, daran etwas zu ändern, so ist Abwehr und Alarmiertheit umso wahrscheinlicher, je unsicherer man selbst ist.

Erzieherinnen und Erzieher fühlen sich dann manchmal von Erwartungen der Eltern unter Druck, was auch mit ihrer strukturellen Überforderung und dem Mangel an zeitlichen und fachlichen Ressourcen zu tun hat. Sind die Erwartungen auch noch verknüpft mit anderen Vorstellungen über Erziehung, über Erwachsene und Kinder, über Kinderrechte, über Jungen und Mädchen, über Sexualität, über Religion, so kann es sein, dass Erzieherinnen und Erzieher mit Abwehr reagieren und die Begehrlichkeiten als Kampfansage um die kulturelle Dominanz im Kindergarten ansehen: Wer soll das Sagen haben, welche Werte gelten hier? Ist dieser Kampf eröffnet, so werden konstruktive Dialoge eher unwahrscheinlich. *Welche Werte gelten hier?*

Gleichzeitig ist die Begegnung von Erzieherinnen und Erziehern mit den Eltern auch manchmal gefärbt von Vorurteilen, Stereotypen und anderen festen Bildern, die in die Interaktion einfließen und über die konkrete Situation hinausweisen. In diesen Bildern sind auch gesellschaftliche Machtverhältnisse und Erfahrungen mit Diskriminierung verarbeitet – auf beiden Seiten. Sie machen es schwer, eine Verständigung und einen gemeinsamen Nenner darüber herzustellen, was die einzelnen als Erzieherinnen und Erzieher und Eltern überhaupt zusammenführt: nämlich das zu tun, was für die Bildungsprozesse der Kinder am Besten ist.

4.2 Zusammenarbeit mit Eltern – eine unüberwindbare Hürde?

Fast alle Kinder mit und ohne Migrationshintergrund zwischen drei und sechs Jahren besuchen den Kindergarten. Was erwarten oder wünschen sich die Eltern? Deren Bedürfnisse oder Wünsche sind bisher nicht breit erhoben. Eine Befragung von 350 Eltern in Köln (Tschöpe-Scheffler 2006) kommt zu folgendem Ergebnis: Eltern wünschen sich *Was wünschen sich die Eltern?*
→ konkrete Handlungs-Hilfen bei Konflikten

→ Wissen und Informationen über die Entwicklung von Kindern
→ Selbsterfahrung: mehr über sich selbst erfahren, über Ursachen von Konflikten
→ Austausch mit anderen Eltern und Erweiterung ihres sozialen Netzwerks – auch zur Entlastung.

Obwohl die meisten Erzieherinnen und Erzieher eine Kooperation mit den Eltern suchen, fühlen sie sich von den vielfältigen Bedürfnissen der Familien manchmal überfordert und wissen nicht, wie sie darauf reagieren sollen. Die Gründe hierfür sind vielfältig: Ein Punkt ist sicherlich, dass sich das pädagogische Handeln von Erzieherinnen und Erziehern vorrangig auf die Arbeit mit Kindern richtet. Viele von ihnen haben explizit diesen Beruf gewählt, um mit jungen Kindern zu arbeiten. Zusammenarbeit mit Eltern als erwachsenenpädagogische Aufgabe erfordert andere Kompetenzen, die aber in der Vergangenheit nicht unbedingt Schwerpunkt in der Aus- und Fortbildung waren. Eine weitere Hürde sind sicherlich die schlechten Rahmenbedingungen und der damit einhergehende chronische Zeitmangel der pädagogischen Fachkräfte.

Eltern-Bilder aus Erzieherinnensicht

Erzieherinnen und Erzieher beschreiben Eltern aus ihrer Kindergruppe unterschiedlich: als fordernde Eltern, die erhöhte Erwartungen stellen; als dankbare Eltern, die die Arbeit der Erzieherinnen und Erzieher sehr zu schätzen wissen; als desinteressierte Eltern, die ihr Kind im Kindergarten lediglich gut aufgehoben wissen wollen; als nörgelnde Eltern, die nur ihre Unzufriedenheit über die Arbeit im Kindergarten äußern und nie Anerkennung zeigen; als ängstliche und zurückhaltende Eltern, die kaum etwas sagen. Die Beziehungsqualität zu Eltern wird häufig durch persönliche Emotionen bestimmt: durch das Gefühl, Eltern überlegen oder unterlegen zu sein; durch Schuldgefühle, es den Eltern nicht recht zu machen; durch Ängste vor Kritik und Kränkungen (vgl. Höhme-Serke/Ansari 2003, S. 66). Gerade die Kritik von sozial höherstehenden Eltern verunsichert Erzieherinnen und Erzieher und lässt sie sich ihnen unterlegen fühlen. Dies hat sicherlich mit der mangelnden gesellschaftlichen Wertschätzung des Erzieherinnen-Berufs zu tun und dem damit einhergehenden Mangel an Selbstbewusstsein.

Eine große Herausforderung ist die Einbeziehung von Vätern. In den meisten Kindergärten ist eine Zusammenarbeit in erster

Linie mit Müttern gegeben. Besondere Angebote sind erforderlich, um auch Väter in die Bildung und Erziehung der Kinder einzubeziehen bzw. um sie nicht unbewusst auszuschließen.

Die Bestimmungen im Kinder- und Jugendhilfegesetz zur Mitbestimmung und Mitgestaltung des pädagogischen Angebots durch Eltern münden oft nicht – wie vom Gesetzgeber gedacht – in eine partnerschaftlichen Zusammenarbeit. Eltern fühlen sich im Kindergarten mitunter bevormundet, mit ihren Erziehungskompetenzen, -vorstellungen und -wünschen nicht wahrgenommen. Sie beklagen, nur dann gefragt zu werden, wenn es Probleme mit ihren Kindern gibt oder Feste vorbereitet werden. Einige befürchten, nur an ihrem Engagement im Kindergarten gemessen zu werden.

Partnerschaftliche Zusammenarbeit?

4.3 Dominanzverhältnisse erschweren den Dialog

Der Kindergarten als eine gesellschaftliche Institution repräsentiert Normen und Werte der Dominanzkultur, die ihren Ursprung in der deutschen bürgerlichen Mittelschicht haben. Als Akteure innerhalb dieser Institution repräsentieren die Erzieherinnen und Erzieher diese Normen und Werte. Bestehende Status- und Machtunterschiede haben Auswirkungen auf ihre Beziehungen zu Kindern und Eltern. Sind Erzieherinnen und Erzieher nicht diejenigen, die darüber bestimmen können, was im Kindergarten als normal/nicht normal, als richtig/falsch angesehen wird, welche Erfahrungen die Kinder und ihre Familien einbringen dürfen und welche nicht? Doch oft sehen sich die pädagogischen Fachkräfte nicht in der mächtigeren Rolle und als Repräsentanten einer gesellschaftlichen Institution. Sie fühlen sich häufig »ohnmächtig« in der Zusammenarbeit mit unterschiedlichen Familien.

Vor allem die Zusammenarbeit mit Immigranteneltern wird als »zu schwierig« beschrieben. Ein Dialog über Erziehungsfragen finde kaum statt. Begründet wird dies damit, dass mangelnde Deutschkenntnisse der Immigranteneltern die Verständigung erschwerten, dass die kulturellen Lebensgewohnheiten zu unterschiedlich seien, dass die Eltern kein Interesse an der Arbeit in der Kindertageseinrichtung hätten, was sich in den von ihnen kaum besuchten Elternabenden zeige, und darin, dass

Einseitige und stereotype Bilder

sie den Kindergarten als reine Aufbewahrungsanstalt sähen. In solchen Begründungen kommen einseitige und stereotype Bilder zum Vorschein, die zwar einen Hinweis darauf geben, worin sich Probleme zeigen, sie aber nicht erklären und damit auch keiner Lösung zuführen. Die Wahrnehmungen und Begründungen müssen Ausgangspunkt für weitere fachliche Reflexionen sein.

Erschwert wird die Problemanalyse dadurch, dass gegenüber Immigranteneltern ein besonderer »Erziehungsauftrag« behauptet wird: Unter Bezugnahme auf die Integrationsdoktrin, die seit den 1970er-Jahren die bundesdeutsche Ausländerpolitik prägte, lernen nicht nur ihre Kinder, sondern auch die Immigranteneltern mit dem Kindergarten eine deutsche Institution und damit die »deutsche Kultur« kennen. Von einer erfolgreichen Integration ist dann die Rede, wenn sie sich deren Gepflogenheiten anpassen und sie auch in der Erziehung ihrer Kinder übernehmen – weswegen dem Kindergarten eine bedeutsame integrationsfördernde Rolle zukomme (vgl. Wagner 1999).

Immigranteneltern bemerken negative Zuschreibungen, die auch in gut gemeinter Überschwänglichkeit der Erzieherinnen und Erzieher zum Ausdruck kommen können: *»Wenn sie z. B. einen Brief geben, den wir unterschreiben müssen und wir es auch tun und dann wieder zurückgeben, dann freuen sie sich auffallend sehr. Das kommt mir so vor, als hätten sie das gar nicht von uns erwartet. Sie haben den Glauben, dass sich Ausländer um ihre Kinder kaum kümmern würden. Auch beim Laternenfest freuen sie sich unheimlich, wenn wir da sind, als ob sie das nie erlebt hätten.«* (Gaitanides 2007, S. 97).

Beteiligungsrecht der Eltern

Je nach sozialem Status der Familien machen Eltern Gebrauch von ihrem Beteiligungsrecht. Mütter und Väter aus der Mittelschicht formulieren eher Ansprüche an die Betreuung und Erziehung ihrer Kinder und tun es kund, wenn sie mit den Resultaten nicht zufrieden sind. »Bildungsansprüche von marginalisierten Familien – z. B. armen und zugewanderten – werden hingegen schneller ignoriert, schlechte Leistungen oder mangelnde Fortschritte ihrer Kinder werden eher dem ›defizitären‹ Elternhaus angelastet als Mängeln in der Einrichtung. (...) Das trifft insbesondere dann zu, wenn sich die Familienkulturen der Elternschaft eines Kindergartens sehr von den Familienkulturen des pädagogischen Personals unterscheiden, und wenn

Dominanzverhältnisse erschweren den Dialog

die Familien einer Minderheit oder einer gesellschaftlichen Gruppe mit wenig Ansehen angehören. Die Ausgrenzung solcher Familien erfolgt oft subtil oder unabsichtlich, ist häufig nicht als direkter Ausschluss erkennbar.« (Höhme-Serke/Ansari 2003, S. 68)

Viele Immigranteneltern schicken ihre Kinder in den Kindergarten, damit sie in erster Linie die deutsche Sprache erlernen und gezielt auf die Schule vorbereitet werden. Sie sollen es im Leben einmal besser haben als die Elterngeneration. Diese Eltern setzen voraus, dass die deutsche Dominanzkultur wichtiger sei als ihre Familienkulturen – ausschlaggebend, um später Zugang zu wichtigen Ressourcen wie Beruf und Arbeit zu haben. Einige Immigranteneltern melden ihre Kinder ab, wenn sich in der Kindergruppe der Anteil von Kindern mit Migrationshintergrund erhöht, da sie befürchten, dass dann die deutsche Sprache und ihr persönliches Aufstiegsziel ins Hintertreffen geraten würden.

Besondere Herausforderungen für Immigranteneltern

Einige Eltern haben negative Erfahrungen mit deutschen Institutionen gemacht und sind verunsichert, was sie erwarten und wünschen können. Aus Angst und Unsicherheit werden sie kaum ihre Bedürfnisse, Anliegen und ihre Bereitschaft zur Mitwirkung zeigen. Bleiben sie zurückhaltend und still, so werden sie immer weniger wahrgenommen und nehmen keinen Einfluss auf das Geschehen.

Mehrsprachige Fachkräfte können helfen, eine Brücke zwischen Kindergarten und den Familien zu schlagen, deren Familiensprache nicht Deutsch ist. Die Brücke besteht in sprachlicher Verständigung und auch darin, dass sie von den Familien als »ihresgleichen« wahrgenommen werden und die Identifikation mit der Einrichtung erleichtern können. Leider gibt es noch immer wenige Erzieherinnen und Erzieher mit Migrationshintergrund oder mehrsprachigen Kompetenzen in Kindergärten. Das hat nicht nur damit zu tun, dass sich nur wenige von ihnen bewerben. Es gibt Vorbehalte und Befürchtungen, gezielt solche Fachkräfte einzustellen: Dass nicht mehr kontrollierbar sei, worüber sie mit den Eltern sprechen; dass ihre größere Nähe zu den Familien das pädagogische Personal spalten könnte; dass die Kinder kein Deutsch mehr lernen, wenn sie sich mit ihnen in den Erstsprachen verständigen. Letzteres befürchten auch einige Immigranteneltern, die die Dominanzverhältnisse akzeptieren.

Unterstützung durch mehrsprachige Fachkräfte

Auseinandersetzung mit der eigenen Norm- und Werteorientierung

Dominanzverhältnisse zu durchschauen ist für die Beteiligten nicht einfach. Sie sind ja gerade dadurch charakterisiert, dass die dominanten Werte und Normen kaum explizit mitgeteilt werden. In Kindergärten werden sie eher implizit in den Handlungen der Erzieherinnen und Erzieher deutlich, in den Geboten und Verboten, in der Raumgestaltung und in den eingesetzten Materialien. Sich dieser Botschaften bewusst zu werden, erfordert eine Auseinandersetzung mit der eigenen Norm- und Werteorientierung und mit der Frage, welchen Einfluss der eigene kulturelle Hintergrund auf das berufliche Handeln hat (Gaine/van Keulen 1997). Erzieherinnen und Erzieher müssen ihre Position reflektieren, Machtverhältnisse aufdecken und ihre Macht teilen. Bereits in der Ausbildung müssten diese Reflexionsprozesse zum Thema gemacht werden.

Kindergärten, die monokulturell und monolingual ausgerichtet sind und so die Werte und Normen der Dominanzkultur vertreten, schließen Werte, Normen, Erfahrungen und Sprachen der Minderheitenkulturen aus. Haben Eltern Erfahrungen, die den Normen und Werten der bürgerlichen Mittelschicht nicht entsprechen, so besteht die Gefahr, dass Erzieherinnen und Erzieher sie als von der Norm abweichend wahrnehmen. Ist ein Dialog zusätzlich durch Vorurteile und Stereotypisierungen erschwert, so wird es nahezu unmöglich, herauszufinden, was Eltern wollen.

4.4 Zusammenarbeit mit Eltern – unverzichtbar!

Trotz einiger Herausforderungen ist die Zusammenarbeit zwischen Kindergarten und Eltern unverzichtbar. Die Eltern einzubeziehen ist keine freiwillige Sache, sondern auch gesetzlich geregelt. Das KJHG verpflichtet Erzieherinnen und Erzieher bei der Wahrnehmung ihrer Erziehungs- und Bildungsaufgaben mit den Eltern zusammenzuarbeiten und sie an Entscheidungen in wesentlichen Angelegenheiten der Kindertageseinrichtung zu beteiligen (vgl. § 22 Abs.2 SGB VIII). Außerdem soll sich das Angebot pädagogisch und organisatorisch an den Bedürfnissen der Eltern orientieren (vgl. § 22 Abs.3 SGB VIII). Der Kindergarten und die Eltern sollen gemeinsam die Entwicklung des Kindes zu einer eigenverantwortlichen und gemeinschaftsfähigen Persönlichkeit fördern (vgl. § 22 Abs. 2 SGB VIII).

Beide Institutionen – Eltern und Kindergarten – sind die wichtigsten Lebenswelten und Sozialisationsinstanzen für Kleinkinder. Nur eine Zusammenarbeit entspricht dem ganzheitlichen Kindeswohl. In der vorurteilsbewussten Arbeit sind Ich-Identitäten und Bezugsgruppenidentitäten eines Kindes nicht getrennt voneinander denkbar: Ein Kind ist nicht nur ein Individuum mit einer unverwechselbaren Persönlichkeit, sondern gleichzeitig ein Teil seiner Familie. Eltern sind die wichtigsten Bindungspersonen ihrer Kinder und deshalb die wichtigsten Partner im Erziehungsprozess. Jeder Junge und jedes Mädchen fühlt sich zunächst seinen Eltern und weiteren Familienmitgliedern zugehörig. Der Erhalt eines positiven Zugehörigkeitsgefühls ist für die Entwicklung eines positiven Selbstbildes von hoher Bedeutung. Die Identitäten des Kindes zu stärken, heißt immer auch seine soziale Bezugsgruppe – für kleine Kinder ist es zunächst die Familie – anzuerkennen und sie zu respektieren. Macht das Kind die Erfahrung, dass es selbst und seine Familie im Kindergarten geschätzt werden und willkommen sind, dann kann es leichter auf Bildungsprozesse eingehen. Wenn Kinder auf ihren Entdeckungsreisen keine Verbindung zwischen sich, der Familie und dem Kindergarten feststellen, an Vertrautes nicht anknüpfen können, sind sie zunächst verunsichert und gehemmt. Und erhalten sie zusätzlich die Botschaft, ihre familiäre Kultur sei »unnormal«, »unwichtig« und »nicht erwünscht«, was sich z. B. in dem Verbot, in der Familiensprache zu sprechen, zeigen könnte, dann verlieren sie ihr Selbstvertrauen und können sich schwer auf neue Herausforderungen einlassen und Neues hinzulernen (vgl. Gebauer/Hüther 2004, S. 8).

Ganzheitliches Kindeswohl durch Zusammenarbeit

Kinder sind auf tragfähige Beziehungen angewiesen, die auf Anerkennung, Respekt und Aufmerksamkeit aufgebaut sind. Sie in ihrem positiven Selbstbild und in ihren Bildungsprozessen zu unterstützen, ist Teil der Aufgabe von Eltern sowie Erzieherinnen und Erziehern. Für beide Seiten bietet sich hier die Gelegenheit, aufeinander zuzugehen und die Interessen des Kindes zu vertreten. Sie beide verfügen über ein Wissen darüber, welche Erfahrungen das Kind macht und welche Bedürfnisse es hat. Um sich ein ganzheitliches Bild vom Kind machen zu können und angemessen zu handeln, sind sie auf den Austausch ange-

Anerkennung, Respekt und Aufmerksamkeit

wiesen. Denn darauf können beide Experten ihre nächsten Erziehungs- und Bildungsvorhaben aufbauen.

Das Wohl des einzelnen Kindes steht jedoch nicht alleine im Mittelpunkt der Zusammenarbeit zwischen Kindergarten und Eltern. Die Lebensverhältnisse der Familien ändern sich, die Anforderungen an die Eltern steigen. Viele fühlen sich überfordert, verunsichert, wie sie ihr Kind am Besten fördern können, und suchen mehr denn je nach Unterstützung von außen. Der Kindergarten ist für sie die erste Anlaufstelle. Eltern suchen den direkten Kontakt zu Erzieherinnen und Erziehern und zu anderen Eltern, um sich über Erziehungsfragen und -praktiken auszutauschen. Um an bereits begonnene Bildungsprozesse in der Familie erfolgreich anknüpfen zu können, ist es wichtig, eine stabile Brücke zwischen Zuhause und dem Kindergarten zu bauen. Räume müssen geschaffen werden, in denen Begegnungen möglich sind. Machen der Kindergarten und die Familien sich einander bekannt, so können beide Seiten sich näher kennenlernen, sich verstehen und die gegenseitigen Kompetenzen anerkennen. Die unterschiedlichen Blickwinkel auf das Kind können ihnen helfen, herauszufinden, was das Kind schon alles kann und was es noch braucht.

Unterstützung »von außen« durch den Kindergarten

4.5 Die Familien machen sich bekannt

Die multikulturelle Mischung von Kindergruppen führt keineswegs immer dazu, dass der Alltag in der Einrichtung auch alle Familienkulturen repräsentiert. Letzteres geschieht nur, wenn sich die Fachkräfte ganz bewusst um die Thematisierung der Vielfalt, der Gemeinsamkeiten und Unterschiede in den Familienkulturen bemühen. Dazu müssen Erzieherinnen und Erzieher herausfinden, was die Familienkultur eines jeden Kindes ausmacht. Bei der Gestaltung der Lernumgebung der Kinder werden alle Familienkulturen sichtbar. Allgemeine Informationen über die kulturellen Hintergründe der Eltern allein reichen nicht aus, um sie zu verstehen – jede Familie ist anders und besonders.

Jede Familie ist anders und besonders

Es gilt, die kulturellen Hintergründe und Lebensgewohnheiten im Einzelnen zu erfragen und stereotype Darstellungen und Abbildungen zu vermeiden: »*Ist die Vielfalt aller Kinder und ihrer*

Die Familien machen sich bekannt

Familien im Kindergarten zu sehen? Wie sehen die Kinder und ihre Familien aus? Wie heißen sie? Welche Sprachen sprechen sie? Wer gehört zu ihnen? Was machen sie am liebsten zu Hause? Womit spielen sie gern? Was essen sie am liebsten?« Je mehr ein Kind erlebt und sieht, dass seine Familie respektiert und geachtet wird, desto eher kann es ein positives Bild von sich und von sich und der Welt entwickeln. Es stärkt seine Wurzeln und kräftigt seine Flügel, wenn ein Kind im Kindergarten an Vertrautes anknüpfen und von da aus neue Erfahrungen machen kann. Bildungsprozesse gelingen vor allem dann, wenn ein Kind sich mit all seinen Identitätsaspekten[3], zu denen auch seine Familie gehört, wohl fühlt.

Werden Familien sichtbar, machen Kinder Erfahrungen mit Vielfalt. Sie lernen Menschen kennen, die sich im Aussehen, im Verhalten, in der Sprache oder den Gewohnheiten von ihnen unterscheiden. Sie lernen, sich mit Unterschieden wohl zu fühlen und sie zu respektieren.

Erfahrungen mit Vielfalt

Haben Kinder sich mit Gemeinsamkeiten und Unterschieden beschäftigt, können sie darüber nachdenken, was unfair ist – klare Aussage: »*Meine Mutter spricht nicht komisch!*« Schließlich lernen die Kinder, aktiv gegen unfaire Handlungsweisen vorzugehen: »*Das darfst du nicht sagen. Meine Mutter spricht Arabisch, eine Sprache, die du nicht verstehst!*« Den Erzieherinnen und Erziehern bietet diese Herangehensweise die Gelegenheit, mit Eltern in den Dialog zu treten, sie ernst zu nehmen und ihnen mit Interesse zu begegnen. Sie bekommen Einblick in die Lebenssituationen der Kinder und erhalten Informationen darüber, welche Erfahrungen die Kinder zu Hause machen. Darauf können sie ihre nächsten Bildungsvorhaben aufbauen. Und Eltern fühlen sich willkommen, als Person und in ihren Kompetenzen anerkannt, und lernen einander besser kennen. So wird der Kindergarten auch für sie ein Stück Zuhause.

---

[3] Die folgenden Ausführungen nehmen Bezug auf die vier Ziele vorurteilsbewusster Bildung und Erziehung: Identitäten stärken – Erfahrungen mit Vielfalt ermöglichen – Kritisches Nachdenken anregen – Widerstand leisten (vgl. Wagner/Hahn/Enßlin 2006, S. 19–22).

4.6 Der Kindergarten macht sich bekannt

Eltern und andere wichtige Familienangehörige werden mit der Arbeit und der Konzeption des Kindergartens vertraut gemacht. Wissen sie, was ein Kindergarten ist, was er macht, welche pädagogischen Ziele er verfolgt und was der Nutzen für die Kinder und Familien ist, werden Eltern sich eher für die Zusammenarbeit mit der Einrichtung interessieren. Bekommen Familien einen Einblick, was ihre Kinder tagsüber im Kindergarten erleben und lernen, kommen sie leichter auf Ideen, was sie selbst einbringen und wie sie die Erzieherinnen und Erzieher unterstützen können.

Vielfältige Informationswege
So vielfältig wie die Familien müssen auch die Informationswege sein, um alle Eltern erreichen zu können, um deren Bedingungen, Fähigkeiten und Möglichkeiten zu entsprechen: Eltern und andere wichtige Familienmitglieder können in das Informations- und Mitteilungssystem des Kindergartens eingeführt werden. Informationen werden in mündlicher und schriftlicher Form sowie mit Bildern übermittelt. Schriftliche Mitteilungen allein setzen Grenzen für Eltern, die nicht lesen und schreiben können oder die herrschende Sprache nicht verstehen, dafür aber geübter sind, sich mündlich zu verständigen. Auf jeden Fall sollten schriftliche Informationen in die Erstsprachen der Familien übersetzt werden, um diejenigen zu erreichen, die kein Deutsch verstehen, und um ihre mehrsprachigen Familiensituationen zu berücksichtigen. Hospitationen ermöglichen es Eltern, den Kindergartenalltag mit den Kindern zu erleben und bisher unbekannte Spielmaterialien oder Methoden kennenzulernen. Solche Einblicke schaffen eine Verbindung zwischen Kindergarten und Zuhause und bieten Anregungen für Gespräche zwischen Eltern und pädagogischen Fachkräften.

4.7 Mit Eltern in den Dialog treten

In der vorurteilsbewussten Arbeit werden Erzieherinnen und Erzieher aufgefordert, die Erziehungsvorstellungen und die unterschiedlichen Lern- und Kommunikationsstile von Familien in Erfahrung zu bringen. Um den Dialog eröffnen zu können, ha-

Mit Eltern in den Dialog treten

ben die pädagogischen Fachkräfte die Aufgabe, hier den ersten Schritt zu tun und den Dialog mit Eltern zu initiieren und zu gestalten. Die Initiative für eine gute Zusammenarbeit geht von den Erzieherinnen und Erziehern aus: Sie warten nicht auf die Eltern, sondern sprechen sie zuerst an. Und sie warten nicht darauf, dass Eltern ihnen mit Respekt begegnen, sondern machen von sich aus Respekt für deren Familienkulturen deutlich. Es reicht nicht, Mitwirkungsmöglichkeiten aufzuzeigen, sondern den Eltern auch dabei zu helfen, diese zu nutzen. Eltern brauchen Unterstützung dabei, ihre Ideen, Bedürfnisse und Fähigkeiten zu äußern und sie weiterzuentwickeln. Eltern Raum zu geben, heißt: Interesse an ihren Erfahrungen und Ansichten zu zeigen; Zusammenkünfte zu organisieren, in denen sie zu Wort kommen; Fragen aufzuwerfen, zu denen alle etwas sagen können. Es kann auch heißen, den Eltern einen wirklichen Raum in der Kita zu überlassen – ein »Elternzimmer« (vgl. Höhme-Serke/Ansari 2003, S. 64 ff.).

Die Initiative geht von den Erzieherinnen und Erziehern aus

Fragen und Themen, die einen bestimmten Wissensstand erfordern, schließen diejenigen aus, die dazu nichts sagen können. Sie werden entmutigt und schweigen. Erzieherinnen und Erzieher brauchen Mut, neue Wege der Zusammenarbeit auszuprobieren und sich auf neue Formen einzulassen.

Erzieherinnen berichten: »*Unsere Elternabende sind schlecht besucht. Es kommen immer wieder die gleichen Eltern, die ohnehin engagiert sind.*« Die Aufforderung lautet: »*Plant die Elternabende so, dass ein offener Austausch unter gleichwertigen und gleichberechtigten Partnern möglich wird.*« Gesagt, getan: Die Erzieherinnen kürzen den Infoteil zu Beginn des Elternabends auf das Wesentliche und fordern die Eltern dann auf, folgende Fragen zu beantworten: »*Wie heißt Ihr Kind? Welche Bedeutung hat der Name? Wer hat dem Kind diesen Namen gegeben? Drückt der Name für Sie etwas Bestimmtes aus, eine Hoffnung, eine Erwartung, einen Wunsch?*« Diese Fragen können alle Eltern beantworten – und niemand anderes: Hier sind sie die Experten! Auch diejenigen, die sonst eher still sind, erzählen viel. Manche tun sich schwer beim Erzählen auf Deutsch, andere springen übersetzend ein. Wunderbare und lustige Geschichten kommen zum Vorschein, die man anders nicht hätte erfahren können. Dieser Elternabend ist für viele interessant, weil er am Erleben der Eltern selber angelehnt ist. Dadurch fördert er auch den Austausch und das Kennenlernen unter den Eltern: Man kommt sich näher und entwickelt Empathie und Verständnis füreinander.

4.8 Gesprächskreise zu Erziehungsfragen

Ein anderer Weg, die Zusammenarbeit zwischen Erzieherinnen, Erziehern und Eltern zu initiieren und partnerschaftlich zu gestalten, sind Elterngesprächskreise über Erziehungsfragen: Ein Kreis von Müttern und Vätern kommt zusammen, um sich über Themen auszutauschen, die die Eltern in der Erziehung ihrer Kinder berühren. Die dialogische Struktur der Gesprächskreise erlaubt es den Beteiligten, offen über ihre Erfahrungen, über Fragen, Ängste und Probleme zu sprechen, mit denen sie bisher häufig allein blieben.

Die Erzieherin als Initiatorin und Moderatorin

Die Erzieherin hat die Gesprächsleitung, sie initiiert und moderiert die Gesprächskreise, bereitet die Treffen vor und lädt die Eltern ein. Sie ist diejenige, die darauf achtet, neben dem Bedürfnis der Eltern nach Austausch auch deren Interesse an Sachinformationen über Fragen frühkindlicher Entwicklung zu berücksichtigen. Je nach Wunsch der Eltern bereitet sich die Erzieherin auf ein Thema vor und informiert die Eltern über die pädagogischen Inhalte – zum Beispiel darüber, wie sich ein Kind zweisprachig entwickelt, was es beim Spielen lernt oder wie gewaltfreie Erziehung aussehen könnte.[4] Die Erzieherin geht davon aus, dass Eltern grundsätzlich das Beste für ihre Kinder wollen und dass sie Experten für die Situation ihrer Kinder sind. Durch diese Herangehensweise entlastet sie die Eltern und schafft Voraussetzungen für ein vertrauensvolles Verhältnis.

»Ihr seid kompetente Eltern«

Die Botschaft *»Ihr seid kompetente Eltern«* und die Versicherung *»Perfekte Eltern gibt es nicht«* ermutigen die Mütter und Vä-

---

[4] Im Rahmen des Berliner Projekts KINDERWELTEN wurden Gesprächskreise in türkischer und arabischer Sprache durchgeführt, die jeweils von Fachkräften türkischer oder arabischer Herkunft moderiert wurden. Zur inhaltlichen und methodischen Unterstützung wurde ein Handbuch von Stefani Hahn, Serap Şıkcan und Petra Wagner erarbeitet: »Ideale Eltern gibt es nicht – aber Eltern können wissen, was sie tun«, Module für Gesprächskreise mit Eltern über frühkindliche Erziehung. Arbeitskreis Neue Erziehung e.V., 2004.
Informationen: www.arbeitskreis-neue-erziehung.de

Gesprächskreise zu Erziehungsfragen

ter, von ihrem Elternsein zu erzählen und davon, was ihnen wichtig ist und ihnen bei ihrem Kind gut oder weniger gut gelingt. Die Gesprächsleiterin achtet darauf, dass bei solchen Erfahrungsberichten keine Schuldzuweisungen oder Bewertungen durch andere Eltern stören. Erst im darauf folgenden Schritt reflektieren alle Beteiligten gemeinsam ihr Erziehungshandeln und suchen nach Handlungsalternativen, die es gestatten, sich in schwierigen Situationen angemessen zu verhalten.

Es ist die Aufgabe der Erzieherin, diese Gespräche immer wieder durch Fachkenntnisse über Entwicklungsbesonderheiten kleiner Kinder zu ergänzen und den Fokus darauf zu richten, was Kinder für eine gute Entwicklung brauchen. Auf diese Weise erweitern Eltern ihr Handlungsrepertoire und erhalten in der Runde hilfreiche Anregungen und Rückmeldungen von anderen Eltern. Werden die Gesprächskreise von Immigranteneltern wahrgenommen, so können im Austausch auch spezifische Themen wie Arbeitslosigkeit, gesellschaftliche Diskriminierung und Trennungserfahrungen benannt werden. Solche Erfahrungen teilen viele Immigrantenfamilien; sie haben Einfluss auf ihre Lebenssituationen, ihre Erziehungsvorstellungen und ihr Erziehungshandeln. Es ist hilfreich, wenn Mütter und Väter den Austausch über die mit diesen Themen verbundenen diffizilen Fragen und Probleme in ihrer Erstsprache führen können. Elterngesprächskreise in den Herkunftssprachen der Eltern – z. B. in türkischer, arabischer oder polnischer Sprache – sollten nicht in erster Linie deshalb angeboten werden, weil die Eltern kein oder wenig Deutsch sprechen. Vielmehr sind sie ein Angebot, das zum einen die mehrsprachige Situation der Familien berücksichtigt und zum anderen Gelegenheit bietet, diejenigen Mütter und Väter direkt anzusprechen, mit denen bisher wenig Verständigung über Erziehungsfragen stattfand.

Austausch in der Erstsprache der Eltern

Für viele kann es hilfreich sein, wenn sie bestimmte Erfahrungen oder Themen zeitweilig getrennt von anderen Eltern besprechen können – gerade wenn es um schmerzhafte Diskriminierungserfahrungen geht, die sonst in der Institution Kindergarten selten zur Sprache kommen. Zwei- oder mehrsprachigen Erzieherinnen und Erziehern gestatten solche Angebote, ihre interkulturellen und sprachlichen Kompetenzen gezielt einzubringen (vgl. Şıkcan 2003, S. 77 ff.). Wer Elterngesprächskreise zu Erziehungsfragen anbietet, beschreibt positive Veränderungen im Verhältnis zwischen sich und den Familien. Indem Erzieherinnen und Erzieher den ersten Schritt tun und Eltern zu einem Dialog einladen – vor allem diejenigen, die im Kindergarten bisher »stumm« geblieben sind –, setzen sie ein Signal, dass die Familien angenommen und willkommen sind.

4.9 Und wenn es Konflikte gibt?

In jedem Dialog kann es zu Konflikten kommen, wenn Erziehungsvorstellungen erheblich voneinander abweichen, weil die darunterliegenden Wertorientierungen sich unterscheiden: *»Was tun, wenn Eltern wollen, dass Mädchen und Jungen beim Mittagsschlaf voneinander getrennt werden? Wenn Eltern gegen anatomisch korrekte Puppen in der Puppenecke sind? Wenn Jungen sich nicht mit Mädchenkleidung verkleiden dürfen? Wenn Eltern der Meinung sind, die Kinder lernen nichts im Kindergarten und spielen ja bloß den ganzen Tag?«* Die Erzieherinnen und Erzieher haben hier die Möglichkeit, die Forderungen der Eltern zum Anlass zu nehmen, um sie zu fragen, warum ihnen etwas wichtig ist. Benennen Eltern und pädagogische Fachkräfte nun Wünsche und Befürchtungen, die hinter Erziehungsvorstellungen stecken, dann ist es für alle Beteiligten einfacher, die Perspektive des jeweils Anderen wahrzunehmen, vielleicht sogar zu verstehen: *»Was empfinde ich? Welche pädagogischen Ziele sind mir hierbei wichtig? Welchen Einfluss hat mein kultureller Hintergrund auf mein Erziehungshandeln? Was befürchte ich? Welche meiner Werte sind erschüttert?«*

Von- und miteinander lernen – neue gemeinsame Ziele aushandeln

Im Dialog geht es immer darum, von- und miteinander zu lernen. Im Mittelpunkt steht nicht, verschiedene Vorstellungen anzugleichen, Unterschiede zu verwischen, sondern neue gemeinsame Ziele auszuhandeln. Die praktische Lösung ist dabei nicht das Wesentliche, sondern der Prozess der Annäherung, der Verständigung und des Aushandelns. Es geht nicht darum, dass die eine oder die andere Seite Recht bekommt, sondern darum, etwas Drittes, Neues zu finden, das für beide Seiten annehmbar ist. Diese dialogische Lösung gilt allerdings nur für den Augenblick und kann immer wieder neu verhandelt werden. Und häufig zeigt sich, dass es mehr Gemeinsamkeiten gibt, als man vorher dachte.

Eltern behaupten: »*Mein Kind spielt im Kindergarten ja nur den ganzen Tag und lernt nichts dabei. Der Kindergarten bereitet mein Kind kaum auf die Schule vor.*« Mütter und Väter drücken damit ihre Sorge aus, dass ihre Kinder später in der Schule nicht erfolgreich sein könnten. Hier ist die Kompetenz der Erzieherin gefragt, die die Eltern beruhigt und deutlich macht, dass Kinder nicht nur zum Vergnügen spielen, sondern dass das Spiel für die Entwicklung des Kindes eine enorme Bedeutung hat: »*Im Spiel lernt Ihr Kind wichtige Kompetenzen, die ihm in der Schule und im Leben allgemein weiterhelfen.*« Die Erzieherin bereitet zum Thema »Spiel und seine Bedeutung« einen Elterngesprächskreis vor. Angeregt durch die Erzieherin erinnern sich die Eltern zunächst an ihre eigenen Spiele als Kinder. Sie überlegen gemeinsam, was sie als Kind bei diesen Spielen gelernt haben. Sie erzählen, womit ihre Kinder heute am liebsten spielen – zu Hause und im Kindergarten – und arbeiten heraus, was das Kind dabei alles lernen kann. Die Diskussion lenkt schnell zu der Frage, wodurch ein Spielzeug pädagogisch wertvoll ist oder nicht. Die Eltern erstellen Kriterien für ein pädagogisch wertvolles Spielzeug und überlegen, wie sie das Spiel ihrer Kinder zu Hause und im Kindergarten unterstützen können. Die Erzieherin, die die Gespräche moderiert, bringt Sachinformationen über die Bedeutung des Spiels für die kindliche Entwicklung ein und stellt Kinder als aktiv Forschende und Lernende vor. Im Prozess dieser Annäherung und Verständigung muss die Erzieherin immer wieder die Perspektive der Kinder einbringen, indem sie die Frage stellt: »*Was bedeutet es für das Kind?*« Dadurch sorgt sie für Kenntnisse über kindliche Entwicklungsbesonderheiten und schafft eine sachliche Basis in den Gesprächskreisen (vgl. Şıkcan 2003, S. 77ff.).

4.10 Was ist nötig für eine gelingende Zusammenarbeit?

Jeder Kindergarten muss für sich die geeignete Form der Zusammenarbeit mit Familien finden – letztendlich gibt es keine Universalkonzepte oder Rezepte. Die Erfahrungen in der Praxis zeigen, dass eine gute und gelingende Zusammenarbeit mit Eltern auf einer gründlichen Bedarfsanalyse, einer genauen Planung der Angebote und der Mitbestimmung der Eltern beruht.

Kompetenzen anerkennen – Wissen teilen – neue Ziele aushandeln

Zusammenarbeit mit Eltern: Respekt für jedes Kind – Respekt für jede Familie

Die Bildungsprozesse können in Kindergärten nur dann optimal verlaufen, wenn sie auf familiäre Gegebenheiten und auf die unterschiedlichen Kompetenzen abgestimmt sind. Die Bildungseinrichtungen müssen eine Vielfalt an Zugangsformen zu den Familien einrichten: Elterncafés, Hospitationen, Elterngesprächskreise über Erziehungsthemen, Hausbesuche ...

Im Dialog mit Eltern müssen Kompetenzen anerkannt, Wissen geteilt und neue Ziele ausgehandelt werden. Erzieherinnen und Erzieher machen sich bewusst, dass Dominanzverhältnisse sowie unterschiedliche Perspektiven und Erziehungsvorstellungen die Zusammenarbeit mit Eltern wesentlich mitbestimmen. Die Dominanzverhältnisse sollten im Team und mit Eltern gemeinsam aufgedeckt, Normvorstellungen hinterfragt und Gespräche über Einseitigkeiten, Vorurteile und Diskriminierungen initiiert werden, um ihnen entgegenzuwirken.

Auch die Träger sind gefordert

Auch die Träger von Kindergärten sind in diesem Prozess gefordert: Sie müssen den Erzieherinnen und Erziehern genügend zeitliche Ressourcen für die Zusammenarbeit mit Eltern einräumen, Mitarbeiterinnen und Mitarbeiter mit Migrationshintergrund einstellen und nicht zuletzt die räumlichen Voraussetzungen schaffen (z. B. Räume für Eltern mit Möbeln für Erwachsene).

Selbst- und Praxisreflexion

Erzieherinnen und Erzieher brauchen eine kontinuierliche Selbst- und Praxisreflexion, um wichtige Veränderungen vornehmen zu können. Sie benötigen fachliche Unterstützungssysteme, um die eigenen Wertvorstellungen hinterfragen zu können, sich mit eigenen Einseitigkeiten und Vorurteilen auseinanderzusetzen und eine vorurteilsbewusste Praxis zu gestalten.

Aus- und Weiterbildung

Die Aus- und Weiterbildung muss ebenfalls der Zusammenarbeit mit Eltern einen festen Platz (in den Lehrplänen) einräumen, um die Fachkräfte mit nötigem Hintergrundwissen und Handlungsrepertoire ausstatten zu können. Versteht der Kindergarten sich als eine lernende Gemeinschaft, in der die Zusammenarbeit mit Eltern fester Bestandteil des Konzepts der Einrichtung ist, in der ein veränderungsbereites und kritikfähiges Team arbeitet, das sich weiterentwickeln und die Zusammenarbeit mit Eltern verbessern will, so fühlen sich Mütter, Väter und Kinder nicht nur wohl, sondern zeigen auch ihre Zufriedenheit gegenüber der Einrichtung: Die Berufszufriedenheit von Erzieherinnen und Erziehern wächst.

Was ist nötig für eine gelingende Zusammenarbeit?

Ähnlich wie die Eary Excellence Centres in Großbritannien können auch deutsche Kindergärten zu Familienzentren erweitert werden, die bei der pädagogischen Erziehung und Bildung der Kinder auch die speziellen Bedürfnisse der Eltern berücksichtigen. Die Familien werden durch eine intensive Zusammenarbeit unterstützt, ihre Erfahrungen und ihr Wissensstand als Experten in die Bildungsarbeit und Entwicklungsprozesse partnerschaftlich einbezogen. Sie erhalten auf diese Weise auch Kenntnisse in entwicklungspsychologische Grundlagen ihres Kindes. Eltern sind zudem eher bereit, sich mit anderen Eltern oder Erzieherinnen und Erziehern über Erziehungsfragen auszutauschen, wenn dies im Kindergarten geschehen kann. Denn nicht selten scheuen Mütter und Väter den Weg in fremde Institutionen – gerade in ungleichen Verhältnissen ist insbesondere der Zugang für Immigranteneltern über den Kindergarten des eigenen Kindes leichter.

Intensive Zusammenarbeit mit den Familien

»Die Zusammenarbeit mit Eltern gehört zu den spannenden Tätigkeiten im Kindergarten. Sie lebt von der Dynamik der Beziehungen, die Fachkräfte, Eltern und Kinder zueinander entwickeln.« (Verlinden/Külbel 2005, S. 13). Die Bildung und Erziehung von kleinen Kindern ist sowohl Aufgabe der Familien als auch des Kindergartens. Beide Seiten bemühen sich um das Wohl des Kindes und teilen diese Verantwortung.

Literatur

BMFSFJ (Bundesministerium für Familie, Senioren, Frauen und Jugend) (2000): Kinder- und Jugendhilfegesetz. 9. Auflage. Berlin
Fuhs, B. (1999): Kinderwelten aus Elternsicht. Zur Modernisierung von Kindheit. Opladen
Gaine, B./van Keulen, A. (1997): Anti-Bias Training Approaches in the Early Years. A guide for Trainers and Teachers. Utrecht/London
Gaitanides, S. (2007): Man müsste mehr voneinander wissen! Umgang mit kultureller Vielfalt im Kindergarten. Frankfurt/M.
Gebauer, K./Hüther, G. (2004): Kinder brauchen Vertrauen – Erfolgreiches Lernen durch starke Beziehungen. Düsseldorf/Zürich
Höhme-Serke, E./Ansari, M. (2003): Ohne Eltern geht es nicht! Familienkulturen achten – auf Eltern zugehen. In: C. Preissing,/P. Wagner (Hrsg.): Kleine Kinder, keine Vorurteile? Interkulturelle und vorurteilsbewusste Arbeit in Kindertageseinrichtungen. Freiburg
Internationales Medienpaket: Documentation with families. DVD, Spiel und ein Familienposter zum Thema Vorurteilsbewusste Zusammen-

arbeit mit Eltern für die pädagogische Praxis sowie für die Aus- und Fortbildung. Im Projekt KINDERWELTEN erhältlich: koordination@kinderwelten.net

Juul, J. (2006): Was Familien trägt. Werte in Erziehung und Partnerschaft. München

Juul, J. (2007): Die kompetente Familie. München

Schlösser, E. (2004): Zusammenarbeit mit Eltern – interkulturell. Münster

Şıkcan, S. (2003): Die verstehen uns nicht! Den Dialog mit Immigranteneltern eröffnen. In: C. Preissing/P. Wagner (Hrsg.): Kleine Kinder, keine Vorurteile? Interkulturelle und vorurteilsbewusste Arbeit in Kindertageseinrichtungen. Freiburg

Statistisches Bundesamt (Hrsg.) (2006): Leben in Deutschland. Haushalte, Familien und Gesundheit – Ergebnisse des Mikrozensus 2005. Wiesbaden

Treppte, C./Grunwall, L. (1999): Interviews – Ein Kind ist wie ein Diamant. Gespräche mit türkischen Familien in Deutschland über Erziehung und erzogen werden. Arbeitskreis Neue Erziehung e.V. (Hrsg.). Berlin

Tschöpe-Scheffler, S. (Hrsg.) (2006): Konzepte der Elternbildung – eine kritische Übersicht. Opladen

Verlinden, M./Külbel, A. (2005): Väter im Kindergarten. Anregungen für die Zusammenarbeit mit Vätern in Tageseinrichtungen für Kinder. Weinheim

Wagner, P. (1999): Kindertageseinrichtungen – Herausforderungen durch Immigration und gesellschaftliche Marginalisierung. In: BMFSFJ: Partizipation und Chancengleichheit zugewanderter Jugendlicher, Fachkongress der BAG JAW

Wagner, P./Hahn, S. / Enßlin, U. (Hrsg.) (2006): Macker, Zicke, Trampeltier ... Vorurteilsbewusste Bildung und Erziehung in Kindertageseinrichtungen. Handbuch für die Fortbildung. Berlin

Whalley, M. and the Pen Green Centre Team (2004): Involving Parents in their Childrens. London, New Delhi

5 Vielfalt respektieren, Ausgrenzung widerstehen – aber wie? Anforderungen an pädagogische Fachkräfte

Petra Wagner

5.1 Welche Kompetenzen sind entscheidend?

Welche Kompetenzen sind es, die pädagogischen Fachkräften wirklich helfen können, ihr Verständnis und ihre Anerkennung für Unterschiede zu erweitern und gleichzeitig klare Positionen gegen Ausgrenzung, die Verletzung menschlicher Würde und Missachtung von Rechten zu beziehen? Worauf kommt es an bei der Reflexion der eigenen Praxis, was ist wirklich qualifizierend und wodurch? Und welche Angebote gibt es hierzu in der Aus- und Fortbildung von pädagogischen Fachkräften?

5.2 Interkulturelle Kompetenz – Schlüsselkompetenz des 21. Jahrhunderts? [1]

Eine Vielzahl von Angeboten in der sozialpädagogischen Aus- und Fortbildung geht davon aus, dass der kompetente Umgang mit kultureller Vielfalt eine Schlüsselqualifikation für pädagogisches Handeln in der Einwanderungsgesellschaft bzw. der globalisierten Welt im 21. Jahrhundert sei. Die »interkulturelle Kompetenz« wird meist beschrieben als Bündel von Kenntnissen, Fähigkeiten und Einstellungen, die man brauche, um in multikulturellen Situationen kompetent und professionell handeln zu können.
Dazu gehören:
→ *Grundlagenwissen* über die soziale und rechtliche Situation von Migranten, über Religionen, über Herkunfts- und Alltagskulturen in migrationsspezifischen Ausprägungen,

---

[1] Titel eines Thesenpapiers der Bertelsmann Stiftung (2006), das mit Vertretern von Wirtschaft, Politik und Zivilgesellschaft erstellt wurde.

sprachwissenschaftliche Kenntnisse, Sprachkenntnisse ... (Meyer o.J., S. 108)
→ *Persönliche Fähigkeiten und Einstellungen:* Sensibilität für interkulturelle Lernsituationen, Fähigkeit zu interkultureller Kommunikation und Perspektivenwechsel, Fähigkeit zu Offenheit, Toleranz, Empathie, Flexibilität und Konfliktlösung, Fähigkeit zu kultureller Selbstreflexion ... (ebd.)
→ *Fertigkeiten und Methoden:* Beobachten und Planen, mehrdimensionales Lernen, Entwicklung von interkulturellen Lern und Beschäftigungsmaterialien, Kompetenzen anderer einbeziehen ... (ebd., S. 109).

Unabhängig davon, ob die konkreten Fortbildungen diesen Ansprüchen gerecht werden, stellt sich die Frage, ob die genannten Kompetenzen wirklich weiterhelfen. Die beeindruckenden Auflistungen von persönlichen Fähigkeiten und Einstellungen lösen vielleicht eher Hilflosigkeit oder Schuldgefühle aus, weil man den Katalog nicht erfüllt. Wie kann man ein solch »guter Mensch« werden? Das »Wissen über die anderen Kulturen« kann wiederum zur Stereotypisierung und »Vertiefung kultureller Fremdheit« beitragen, weil es Menschen einer bestimmten Gruppe auf bestimmte Verhaltensweisen und Eigenschaften festlegt. Diese Kulturalisierung oder Ethnisierung kann dazu führen, dass man sich ihr Verhalten mit nationalkulturellen Prägungen erklärt und andere Gründe nicht bedenkt. Das vermeintliche Wissen über die »Fremden« konstruiert und festigt eine Trennung zwischen »Eigen« und »Fremd«.

Einstellungsänderung durch Irritation

Einstellungen ändert man nicht durch Appelle. Man ändert sie, wenn sie durch Irritationen ins Wanken kommen, sich als nicht mehr zutreffend oder nützlich erweisen. Sie sind nicht zu trennen vom konkreten Kontext und auch nur in diesem zu diskutieren und zu verändern. »Offenheit«, »Toleranz« »Empathie« bleiben für sich genommen nichtssagend. Die spannende Frage ist ja, warum man in bestimmten Situationen eben nicht offen, empathisch, tolerant oder neugierig ist. Und zur Veränderung pädagogischer Praxis genügt Wissen alleine nicht. Vieles geschieht gerade »wider besseres Wissen«: Man »weiß«, dass kleine Kinder eine rasante Entwicklung machen, täglich Neues lernen, auf Expansion und Autonomie drängen, auf Tätigsein und Erkunden – und dennoch werden Kinder vielfach gebremst, behindert, klein gehalten. Man »weiß«, dass in jeder sozialen Gruppe Heterogenität der Normalfall ist und die Individualität jedes Kindes berücksichtigt werden müsste, und rechtfertigt dennoch Maßnahmen des »Gleich-machens«.

Interessant und weiterführend ist es, die Irritationen und Widersprüche zu hinterfragen: Was macht es so schwierig, dem Wissen gemäß zu handeln? Welche Konsequenzen hätten bestimmte Erkenntnisse und warum geht man ihnen aus dem Weg? Welche Handlungsroutinen will man aufrechterhalten und warum? Man würde unweigerlich auf Dilemmata im Erzieherinnenberuf stoßen, die sich nicht so einfach nach der einen oder anderen Seite auflösen lassen. Praxisrelevant ist es, hierzu Analysen vorzulegen und eine Sprache für die Dilemmata zu finden. Aus- und Fortbildung bestünde dann eher in einer gemeinsamen Erforschung pädagogischer Praxis, die an konkreten Praxisproblemen ansetzt, nach den strukturellen Zusammenhängen fragt, für die Aufklärung von Macht- und Dominanzverhältnissen vorhandene Theorien nutzt und von hier aus Handlungsmöglichkeiten entwickelt.

Irritationen und Widersprüche hinterfragen

5.3 Managing Diversity – der neue Boom?

Diversity-Ansätze setzen an der Vielfalt von Unterschieden und Zugehörigkeiten an, die jeweils gleichzeitig wirksam sind – sowohl in den Identitätskonstruktionen Einzelner als auch bei Ausgrenzungsvorgängen. Sie nehmen Bezug darauf, dass Menschen gleichzeitig Angehörige unterschiedlicher Bezugsgruppen sind, z. B. als Frau, Mutter, Weiße, Akademikerin, Linke, Atheistin. Und dass bei Benachteiligungen häufig die Zugehörigkeiten zu mehreren Bezugsgruppen eine Rolle spielen (z. B. Gender, sozioökonomischer Status und Migrationshintergrund bei der Benachteiligung von männlichen Jugendlichen aus eingewanderten Arbeiterfamilien).

Ursprünglich aus der US-amerikanischen Anti-Diskriminierungs-Bewegung entstanden, ist »Managing Diversity« heute vor allem ein Instrument der Führung und Personalentwicklung in Unternehmen, um aus der Heterogenität der Belegschaft ökonomischen Nutzen zu ziehen. Im pädagogischen Kontext meint es eine »Pädagogik der Vielfalt«, die mit einem »demokratischen Differenzbegriff« die Anerkennung der Diffe-

Anerkennung der Differenzen

renzen beansprucht, dabei besonders auf die Überkreuzung von Differenzlinien achtet, wie Gender, Ethnie, Behinderung, und »Verschiedenheit und Gleichberechtigung als institutionelle Aufgabe« von Bildungseinrichtungen betrachtet (Prengel 1995).

Diversity-Ansätze in der Ausbildung

»Diversity Ansätze« haben Eingang gefunden in die Ausbildung von Erzieherinnen und Erziehern, insbesondere auch in die Bachelor-Studiengänge zur Frühen Bildung, die derzeit an mehreren Universitäten im Aufbau sind. »Diversity« ist auf unterschiedliche Weise in den Curricula verankert, als Wahlmodul (PH Ludwigsburg) als verpflichtender Schwerpunkt »Addressing diversity and equality« (Martin Luther Universität Halle[2]) oder als Querschnittsaufgabe durch die »Integration von ›diversity studies‹ in alle Studienbereiche und Module« (Alice Salomon Fachhochschule Berlin). Man darf gespannt sein auf erste Berichte aus der Studienpraxis. Geschieht wirklich ein Hinterfragen und Aufeinanderbeziehen unterschiedlicher Differenzen vor dem Hintergrund ungleicher Machtverhältnisse, oder werden Unterschiede einfach parallelisiert?

Paul Mecheril (2007) bemerkt hierzu kritisch für kommerzielle Bildungsangebote: »›Diversity‹ boomt auf dem Bildungsmarkt, obschon große theoretische Unklarheiten bestehen, was mit ›Diversity‹ jenseits eines Verständnisses gemeint ist, das Differenzen bloß summiert. ›Diversity‹ scheint einem vagen Gefühl zu entsprechen, das viele schon immer gehabt haben und nun pflegen können: dass es doch mehr als gender, race, mehr als class, mehr als sexuality, mehr als handicap geben müsste. Die Antwort vieler ›Diversity-Trainings‹ ist: es gibt gender und race und class und sexuality und handicap. (...) Viele Angebote unter dem Etikett ›Diversity‹ gehen den theoretischen Problemen und praktischen Fragen, die mit dem Versuch, die Vielfalt gesellschaftlicher Dominanz- und Differenzlinien in ihrer Verschränktheit zu begreifen, eher aus dem Weg und setzen auf bekannte Angebote, zumeist mit dem Schwerpunkt ›gender‹ oder ›interkulturell‹.« Damit bewahrten sich Anbieter auch ihre Marktstellung und sorgten mit dafür, dass die Angebotsstruktur eher wenig von Diversität geprägt sei (ebd.).

---

[2] Im Rahmen eines europäischen Studiengangs »European Master in Early Childhood Education and Care«.

Eine ganz andere Frage ist, wie relevant Diversity-Studieninhalte für die Tätigkeit in Praxisfeldern der frühen Bildung sein werden. Die Studienpraxis an einer Erzieherfachschule oder Fachhochschule unterscheidet sich in Vielem von der pädagogischen Praxis im Kindergarten. Von einer einfachen Übertragung des Gelernten kann man nicht ausgehen, auch nicht davon, dass im Studium eine wirkliche »Vorbereitung« auf die ganz andere Praxis mit jungen Kindern stattfinden kann. Am hilfreichsten ist sicherlich für Studierende, wenn im Studium der Gegenstand ihrer Reflexionen und Analysen die schulischen oder universitären Verhältnisse von »Gleichheit und Differenz« sind: Unterschiede zwischen ihnen als Studierende, ihre eigenen Bezugsgruppen-Zugehörigkeiten und deren Implikationen, die institutionellen Einseitigkeiten und Dominanzverhältnisse in der (Hoch-)Schule, Mechanismen der Inklusion und Exklusion, individuelle und strukturelle Diskriminierung.

Diversity-Studieninhalte und Praxisarbeit

5.4 Vorurteilsbewusste Selbst- und Praxisreflexion

Vorurteilsbewusste Bildung und Erziehung erfordert vorurteilsbewusste Erwachsene. Sie reflektieren ihre Praxis und fragen sich, welchen Einfluss sie ausüben. Sie stellen Selbstverständliches in Frage und fragen da weiter, wo man sich sonst oft zurückzieht und schweigt. Das ist aufregend, meistens aufschlussreich und häufig mit unangenehmen Gefühlen verbunden, weil man mit eigenen Einseitigkeiten wie auch mit den »blinden Flecken« und kulturell wie sozial geprägten »Scheuklappen« der anderen konfrontiert wird. Es heißt zum Beispiel, man solle jedes Kind mit seinen Besonderheiten annehmen. Gelingt einem das wirklich? Mit welchen Besonderheiten tut man sich leicht, mit welchen schwer und warum? »Respektvoll über Unterschiede sprechen« ist gut und schön. Aber was ist mit Unterschieden, die man abwehrt, nicht versteht, nicht akzeptiert? Und woher rühren die Vorbehalte? Sich dieses einzugestehen, ist eine Leistung und ein wichtiger Schritt der Praxisreflexion.

Vorurteilsbewusste Arbeit fordert dazu auf, Tabus und blinde Flecken als wichtige Hinweise auf Handlungsfelder zu sehen, in denen möglicherweise Vorurteile, Einseitigkeiten und Diskriminierung das Wohlbefinden und damit auch das Lernen von Kin-

Die eigene Praxis kritisch untersuchen

dern beeinträchtigen. Die gemeinsame Reflexion schärft die eigene Wahrnehmung für Äußerungen und Handlungen, die unfair sind. Und jeder Zuwachs an Sensibilität fordert dazu auf, genauer hinzusehen, weitere Fragen zu stellen und nächste Schritte der Veränderung zu unternehmen – bei denen man wiederum auf Einseitigkeiten und Ausgrenzungsmuster stoßen wird, die zu weiteren Selbst- und Praxisreflexionen auffordern ... Im Prozess des Reflektierens und Handelns werden gesellschaftliche Widersprüche sichtbarer, Konformitätsdruck und verinnerlichte Dominanz und Unterdrückung werden deutlicher. Die Arbeit läuft nicht »glatt«, was häufig als persönlicher Misserfolg oder Unzulänglichkeit des Konzepts interpretiert wird. Entscheidend ist, dann nicht zurückzuschrecken, sondern gerade diese Irritationen, Reibungen und Schwierigkeiten zu reflektieren – und weiterzugehen. Implementation meint nicht, etwas Fertiges in Praxis »umzusetzen«, sondern Praxisforschung zu betreiben, indem man die eigene Praxis kritisch untersucht.

Ziele für pädagogische Fachkräfte

In einem Handbuch für »Anti-Bias Training Approaches« werden für die pädagogischen Fachkräfte folgende Ziele formuliert:

→ sich seines eigenen kulturellen Hintergrunds bewusst werden
→ unterschiedliche Erziehungsvorstellungen und Kommunikationsstile von Menschen in Erfahrung bringen können
→ Einseitigkeiten und Diskriminierung aufdecken – in der eigenen Arbeit, in konzeptionellen Ansätzen und im System der frühen Bildung
→ Dialoge über Einseitigkeiten und Diskriminierung initiieren und gemeinsam mit anderen auf Veränderungen hinwirken (Gaine/van Keulen 1997, S. 11f.).

Aus der Fortbildungspraxis[3] soll im Folgenden an einigen Beispielen dargestellt werden, wie die Ziele ineinander übergehen, welche Kompetenzen im Einzelnen gefordert sind und welche Erkenntnisse und Handlungsmöglichkeiten sich ergeben.

---

[3] Mit Erzieherinnen und Erziehern und Leitungskräften aus Kitas im Rahmen von KINDERWELTEN.

5.5 Vorurteile und ihren Einfluss auf pädagogische Praxis untersuchen

Niemand ist frei von Vorurteilen. Jede und jeder denkt in Verallgemeinerungen, bewertet eine ganze Gruppe auf der Grundlage einer einzelnen Erfahrung oder auch ohne jegliche persönliche Erfahrung. Häufig wird die Meinung vertreten, dass Vorurteile »positiv« seien – in dem Sinne, dass sie die vielen Eindrücke sortieren helfen, denen man täglich ausgesetzt sei. Dass Kategorisierungen helfen, Erfahrungen und Sinnesreize zu ordnen, ist nicht zu bestreiten. Sie sind notwendige kognitive Strategien zur Regulation von Wahrnehmung: Man kann nicht nicht-kategorisieren.

Doch damit können Vorurteile nicht legitimiert werden. Sie müssen in ihren Auswirkungen reflektiert werden. Zu unterscheiden sind die Auswirkungen von Vorurteilen im persönlich-privaten oder im beruflich-öffentlichen Rahmen. »Private« Vorurteile haben insbesondere Konsequenzen für einen selbst: Man meidet bestimmte Gruppen oder sucht sie, man lernt sie nicht kennen oder ist nur mit ihresgleichen zusammen. Die eigenen Vorurteile können den Radius sehr eng ziehen, innerhalb dessen man Erfahrungen macht.

Auswirkungen von Vorurteilen im persönlichen Rahmen

Ganz anders sind die Konsequenzen von Vorurteilen, die im öffentlichen Rahmen zum Tragen kommen; insbesondere von Personen, die eine Machtposition bekleiden und deren Vorstellungen über andere Menschen einen großen Einfluss auf Entscheidungen und Abläufe haben – z. B. in Erziehungs- und Bildungseinrichtungen. Lehrerinnen und Lehrer, Erzieherinnen und Erzieher gehören zu den Personen, die im Verhältnis zu Kindern mehr Macht haben und deren Wertvorstellungen und Normorientierungen einen großen Einfluss ausüben – insbesondere auf kleine Kinder. Positive Vorurteile gegenüber der sozialen Gruppe, der ein Kind angehört, können es ermutigen, sich anzustrengen und viel zu leisten. Umgekehrt können negative und abwertende Vorurteile gegenüber der sozialen Bezugsgruppe von Kindern dazu führen, dass sich diese selbst nichts zutrauen und das negative Bild, das die pädagogischen Fachkräfte von ihnen haben, in ihr Selbstbild übernehmen. Aus diesem Grund ist es für Erzieherinnen und Erzieher wichtig, kontinuierlich sich selbst als pädagogisch Handelnde zu reflektieren. Wie wirkt sich

Konsequenzen von Vorurteilen im beruflich-öffentlichen Bereich

das eigene »kulturelle Gepäck« mit all seinen tradierten stereotypen und abwertenden Vorstellungen über bestimmte Gruppen auf das heutige berufliche Handeln aus? Welche Zwänge und Widersprüche im beruflichen Alltag verleiten dazu, kindliches Handeln abzuwerten, Ausgrenzung zu rechtfertigen, Hänseleien zu verharmlosen, für bestimmte Kinder und Familien wenig Verständnis und Empathie aufzubringen? Ist der Zusammenhang erkannt, so kann wirklich an Problemlösungen gearbeitet werden – und Schuldzuweisungen an Kinder und Eltern können unterbleiben.

Workshop zum Thema Diskriminierung

In einem Workshop zum Thema Diskriminierung sammeln Erzieherinnen und Erzieher die in ihrer Kindertageseinrichtung geläufigen Etikettierungen für Kinder: »*Stänkerfritze*«, »*Kicherliese*« »*Schlaftablette*«, »*Prinzessin auf der Erbse*«, »*Heulsuse*«, »*Luftikus*«, »*Trampeltier*« – häufig liebevoll gesagt. Aber als Sammlung wird deutlich, dass die Etikettierungen immer auch etwas Kränkendes haben, weil sie einem Kind bestimmte Eigenschaften zuschreiben und automatisch andere Seiten seiner Person ignorieren. Bei der Auswertung machen die Erzieherinnen und Erzieher einige interessante Entdeckungen: Manche Etikettierungen werden nur Jungen (»*Herr Professor*«), manche nur Mädchen (»*Zicke*«) zugeschrieben. Erzieherinnen stellen fest, dass sie »*Pascha*« eher zu türkischen oder arabischen Jungen sagen, und dass die emotionale Wucht, mit der sie sich auf bestimmte Verhaltensweisen der Jungen beziehen, nicht nur diesen gilt, sondern von anderen Erfahrungen als Mädchen/Schwester/Frau herrührt. Diese biografisch gefärbten emotionalen Verstrickungen als solche zu sehen, hilft den Erzieherinnen, die eigenen Reaktionen besser zu verstehen und das konkrete Handeln der drei- bis fünfjährigen Jungen sachlicher und davon getrennt zu sehen – anstatt erbittert weitere Belege dafür anzuführen, dass der betreffende Junge »wirklich« ein Pascha sei.

Welche Funktion haben Etikettierungen?

Auf die Frage, in welchen Situationen ihnen Etiketten in den Sinn kommen, erkennen die Erzieherinnen und Erzieher folgenden Zusammenhang: Etikettierungen werden insbesondere dann gebraucht, wenn Kinder mit einer »Besonderheit« in Erscheinung treten und dadurch den Ablauf »stören«. Die Abläufe sind so an ein bestimmtes Tun in einem bestimmten Tempo gebunden, dass Kinder »stören«, wenn sie langsamer oder schneller sind, wenn sie weinen oder kichern, wenn sie etwas nicht oder ganz anders machen wollen. Welche Funktion haben also die Etikettierungen? »*Alle Kinder auf ein bestimmtes Mittelmaß zu drücken*«, sagen die Erzieherinnen und Erzieher. Sie diskutieren, was sie dahin bringt, auf diese Weise einen Homogenisierungsdruck auszuüben, der ihren Bemühungen um »Respekt für die Vielfalt« diametral entgegensteht. Sie betrachten die einzelnen Situationen genauer und fragen sich, wie sie anders und stressfreier gestaltet werden könnten. Tägliche Situationen anders zu gestalten wird zur Handlungsperspektive und erlaubt es, wegzukommen vom Ärger auf die Kinder und von – teilweise herabwürdigenden – Schuldzuweisungen. Etiketten in diesem Sinne als »Warnsignale« zu nutzen, die Hinweise auf Klärungsbedarf geben, erscheint den Erzieherinnen und Erziehern produktiv und hilfreich.[4]

Solche Selbstreflexion als Reflexion der eigenen Praxis kann man nicht für sich alleine durchführen: Sie muss im Team erfolgen. Durch das Einbeziehen unterschiedlicher Sichtweisen kann die Reflexion differenzierter und vor allem handlungswirksam werden, indem sie dazu beiträgt, Teamentscheidungen zur Veränderung der Praxis zu begründen und verbindlich zu machen. Allerdings geht das nur, wenn es eine fachliche Verständigung im Team gibt. Sie steht im Kern von Prozessen der Teamentwicklung und darf nicht verwechselt werden mit einem freundschaftlichen Umgang untereinander. Eine fachliche Verständigung entwickelt sich durch die kontinuierliche Auseinandersetzung mit Zielen und Vorgehensweisen, durch das Beleuchten von Theorien und Begriffen, die dazu beitragen, dass im Team zunehmend eine gemeinsame Sprache gesprochen wird.

Selbstreflexion als Reflexion der eigenen Praxis im Team

5.6 Diskriminierung zur Sprache bringen

Jede und jeder hat Erfahrungen mit Diskriminierung gemacht – als Diskriminierende oder Diskriminierte oder auch beides. Diese Erfahrungen auf einer fachlichen Ebene zu reflektieren, weil sie eine Bedeutung für pädagogisches Handeln haben, ist zunächst ungewohnt. Die Sensibilisierung dafür umfasst sowohl analysierende Zugänge, die kognitiv herausfordern, als auch

---

[4] Übung dargestellt in Wagner/Hahn/Enßlin 2006, S. 114ff.

Vielfalt respektieren, Ausgrenzung widerstehen – aber wie?

Selbstreflexionen, die nahegehen und im Team ein Klima von Offenheit und Vertrauen erfordern. So oder so geht es darum, gesellschaftliche Machtverhältnisse aufzudecken und zu verstehen, welche Position man selbst in ihnen einnimmt.

Was bedeutet Diskriminierung?

Diskriminierung ist die bewertende Unterscheidung einer Gruppe von anderen Gruppen, wodurch die Mitglieder dieser Gruppe spürbare Nachteile erleiden. In der Gesellschaft wird Diskriminierung von zahlreichen Ideologien gestützt, die behaupten, bestimmte gesellschaftliche Gruppen seien »besser« oder »wertvoller« als andere, seien ihnen auf Grund ihrer Natur oder ihrer Herkunft überlegen. So behauptet Sexismus die Überlegenheit der Männer über Frauen und Rassismus die Überlegenheit der Weißen über Schwarze. Unter- oder Überlegenheit gesellschaftlicher Gruppen wird in diesen und anderen »-Ismen« mit Merkmalen begründet, die Gruppen äußerlich unterscheiden: Geschlecht, Hautfarbe, Religion oder sexuelle Orientierung. Diskriminierende Ideologien geben vor, es seien die Merkmale selbst, die wie »Naturgesetze« wirkten. Sie verschleiern damit, dass Ein- und Ausgrenzung soziale Prozesse sind, die den Zugang zu Macht oder Ressourcen regulieren, bestehende Dominanzverhältnisse rechtfertigen und auf diese Weise Unterdrückung und Ausgrenzung in der Gesellschaft aufrechterhalten. Solche Ideologien stehen im Widerspruch zur Verfassung, in der es heißt, niemand dürfe wegen äußerer Merkmale benachteiligt oder bevorzugt werden – und dennoch existieren sie. Wichtig ist, diese Ideologien beim Namen zu nennen und sich klar zu machen, welche Auswirkungen sie haben.

Sachliche Auseinandersetzung mit Diskriminierung – eine Übung

In dieser Übung geht es in erster Linie um die sachliche Auseinandersetzung mit Diskriminierung. Dazu dienen folgende Fragen: *»Welche Ideologien, die Diskriminierung stützen, sind bekannt? Welche Merkmale von Menschen werten diese Ideologien ab? Wie nennt man diese »-Ismen«? Gegen wen richtet sich die jeweilige Diskriminierung, und welche Gruppe von Menschen steht auf der bevorzugten Gegenseite?«* Es entsteht zunächst eine Auflistung mehrerer diskriminierender Ideologien, wie Sexismus, Rassismus, Antisemitismus, Homophobie, Diskriminierung auf Grund von sozialem Status, Behinderung, Alter, Sprache (Linguizismus). Schwieriger ist der nächste Schritt: die Gruppen zuzuordnen, die jeweils von dieser Diskriminierungsform betroffen sind und welche diese Diskriminierung nicht

Diskriminierung zur Sprache bringen

trifft. Hier wird es kompliziert, da jeder Mensch mehreren sozialen Bezugsgruppen angehört und als Angehöriger einer Gruppe Diskriminierung erfahren und als Angehöriger einer anderen Gruppe zu den Privilegierten gehören kann. Dennoch kann jeweils genau bestimmt werden, auf welche Gruppe eine bestimmte Diskriminierung zielt und auf welche nicht. Im Workshop kommen die Teilnehmerinnen und Teilnehmer zu folgenden Differenzierungen: »*Sexismus trifft auch Männer in Frauenberufen und Hausmänner. Rassismus erleben auch Minderheiten, denen eine besondere wirtschaftliche Macht unterstellt wird, wie zum Beispiel Menschen asiatischer Herkunft als ›Gelbe Gefahr‹. ›Classism‹ betrifft heute in Deutschland alle Hauptschüler. Noch in den 1950er-Jahren war der Hauptschulabschluss durchaus ein passabler Schulabschluss, um Handwerker oder Arbeiter zu werden, beides ist heute entwertet. Es gibt in Deutschland eine Diskriminierung auf Grund von Bildungsabschlüssen. Antisemitismus trifft Juden in ihrem religiösen Glaubensbekenntnis, aber manchmal wird auch Kritik an der israelischen Politik damit abgewehrt, dies sei Antisemitismus. Diskriminierung aufgrund religiöser Glaubensbekenntnisse trifft Protestanten und Katholiken je nach Mehrheitsverhältnissen und muslimische Kolleginnen in christlichen Einrichtungen, die einfach nicht die gleichen Rechte haben. Von Linguizismus sind Dialektsprecher betroffen.*«

Die Übung hilft, sachliche Begriffe für Diskriminierungs-Tatbestände zu finden, die in einem größeren Maßstab existieren und Einfluss auf das Leben von Menschen haben. Sie als Teil gesellschaftlicher Strukturen zu sehen, die älter sind als man selbst, erlaubt es eher, ohne Schuldzuweisungen oder vorschnelle Verteidigungen darüber zu sprechen. Es geht nicht um die Personalisierung von Diskriminierung in dem Sinne, jemanden als »Sexisten« oder »Rassisten« zu entlarven, sondern um den Einblick in die Entstehung und Auswirkung von Bewertungs- und Denkgewohnheiten, mit denen man selbst aufgewachsen ist. Vorurteilsbewusste Bildung beansprucht nicht, all dieses aus der Welt zu schaffen, denn dies wäre eine Überforderung der Möglichkeiten von Pädagogik. Sie beansprucht, dass sich pädagogische Fachkräfte dieser Tatsachen zunächst bewusst werden, um dann in kleinen konkreten Schritten Gegenmaßnahmen zu entwickeln.

Gegenmaßnahmen in kleinen konkreten Schritten

5.7 Gesellschaftliche Macht- und Dominanzverhältnisse beleuchten

In einem Workshop führt die Übung zu den Zielgruppen von Diskriminierung zu heißen Diskussionen über Vorfälle in der Kindertageseinrichtung, bei denen sich die Erzieherinnen und Erzieher von Eltern abgewertet oder beleidigt sehen. Es stellt sich die Frage: Wer diskriminiert hier wen? Wer hat mehr Macht – die Fachkräfte oder die Eltern? Wer denn nun in dieser Gesellschaft diskriminiert wird, droht manchmal zu verschwimmen, wenn die gesamtgesellschaftlichen Verhältnisse (Makroebene) von den Verhältnissen in einem gesellschaftlichen Ausschnitt (Mikroebene) nicht deutlich genug unterschieden werden.

Raum für eigene Leidenserfahrungen

Zweifellos ist es unangenehm oder leidvoll, von anderen schlecht behandelt zu werden. Aber nicht jede schlechte Behandlung ist eine Diskriminierung. Dennoch muss für das Leiden an jedweder Form schlechter Behandlung oder Abwertung Raum sein; es muss anerkannt werden, dass so etwas unschön und belastend ist und es muss als solches benannt werden: Wenn zum Beispiel Eltern sich gegenüber Erzieherinnen unhöflich, respektlos oder abwertend verhalten, muss über diese Erfahrungen und Gefühle gesprochen werden. Sobald man dazu in der Lage ist, sollte das Gespräch mit den Eltern gesucht werden. Tut man es nicht, so wird die ungute Erfahrung zu Groll und Bitterkeit, die jede weitere Kommunikation und Verständigung erschwert. Im Handumdrehen befindet man sich in einem »Teufelskreis des Leidens«. Weil kein Raum da ist für die eigenen Leidenserfahrungen, gesteht man es auch anderen nicht zu, über ihre Leiden zu sprechen. Man verweigert gerade das Mitgefühl und die Hilfe, die man selbst braucht und nicht bekommt.

Beschreiben statt zuschreiben

Eine Anregung ist, Vorkommnisse aufschreiben, in denen man sich über Eltern ärgert oder durch eine Äußerung verletzt ist. »Beschreiben statt zuschreiben« hilft, die Interpretationen zu trennen von der Schilderung dessen, was geschehen ist. Bei der anschließenden Diskussion des Beispiels im Team steht folgende Fragestellung am Anfang: »*Was ist mit mir los, warum ärgert oder verletzt es mich?*« Dann kommt der nächste Schritt: »*Was weiß ich über die Gegenseite, was könnte das Anliegen gewesen sein? Wie war die Situation und welchen Einfluss könnte sie gehabt*

haben?« Hier wird interpretiert bzw. mit Vermutungen gearbeitet. Aber nicht, um sich seinen eigenen Groll zu bestätigen, sondern um dem anderen eine eigene Perspektive zuzugestehen, damit man ihn besser verstehen kann. Dies ist der wichtigste Schritt, um sich überlegen zu können, was man als nächstes tun kann, um die Beziehung zu verbessern.

5.8 Machtverhältnisse in Dialogen berücksichtigen

Gesellschaftliche Machtverhältnisse bleiben nicht abstrakt, sondern sie realisieren sich in den unmittelbaren Beziehungen zwischen Menschen. In jeder Interaktion zwischen Menschen spielen Machtasymmetrien und Hierarchien, Privilegien und Status, Dominanzkultur und Marginalisierung eine Rolle. Jim Cummins geht davon aus, dass die »Mikrointeraktionen« zwischen pädagogischen Fachkräften und Kindern wie Eltern niemals neutral sind, denn sie bilden einen »interpersonalen Raum, in dem die Aneignung von Wissen und die Gestaltung von Identität ausgehandelt« werde (Cummins 2006, S. 54). In den Interaktionen ist auch das Bild von der Gesellschaft verankert, in die die Kinder hineinwachsen, und Vorstellungen davon, was sie dazu beitragen können und welche Rolle den pädagogischen Fachkräften zukommt (ebd., S. 59). Hier wird zwischen »zwangsweise auferlegten« Machtbeziehungen, die auf die Unterordnung einer Seite drängen (disempowerment), und »kooperativen« Machtbeziehungen, die auf »empowerment« – die »kooperative Macht« aller Beteiligten – zielen, unterschieden (ebd., S. 53). Für Cummins sind das Hervorbringen von Wissen und das Aushandeln von Identität zwei Seiten derselben Medaille: Kinder von diskriminierten Minderheiten können nur dann im Bildungssystem erfolgreich lernen, wenn die Mikrointeraktionen auf Einbezug, Förderung und auf Transformation ungerechter Verhältnisse aus sind (ebd., S. 62).

Die Gestaltung dieser Mikrointeraktionen in einer dialogischen Weise, die auf »Empowerment« zielt, ist auch im Kindergarten eine große Herausforderung, denn die Machtbeziehungen sind nicht so offensichtlich – zumindest nicht aus dominanter Perspektive. Verständigung wird zudem dadurch erhofft, dass man einfach ins Gespräch miteinander kommt

Mikrointeraktionen sind niemals neutral

oder nachfragt. Man macht sich üblicherweise nicht klar, dass es in Machtverhältnissen kein einfaches Nachfragen gibt.

Das Beispiel von Monika

Monika, Erzieherin in einem Kindergarten, ist verstimmt: *»Ich habe jetzt angefangen, die Sprachenvielfalt in meiner Gruppe sichtbar zu machen, wie wir das in der Fortbildung gelernt haben. Dazu frage ich der Reihe nach alle Eltern, aber mit manchen Eltern komme ich einfach nicht weiter. Ich frage sie, welche Sprache sie zuhause sprechen und manche geben mir keine richtige Antwort. Sie sagen ›Deutsch‹, ich weiß aber, dass sie nicht Deutsch, sondern ihre Muttersprache mit den Kindern sprechen. Wieso lügen sie mich an?«*

Aus der Perspektive der Immigranteneltern kann die Frage nach der Sprache, die sie zuhause mit ihren Kindern pflegen, auf vielfache Weise belastet und daher nicht so einfach zu beantworten sein. Zum Beispiel, wenn sie zuhause mehrere Sprachen sprechen. Die Frage, von einer Fachkraft vorgetragen, die ja sicherlich besser Bescheid weiß, was in sprachlicher Hinsicht für Kinder wichtig ist, könnte für Eltern implizieren, dass es besser sei, sich für eine Sprache zu entscheiden. Aber für welche? Wenn Immigranteneltern den öffentlichen Diskurs verfolgen, dann wissen sie, dass sie als »gute« Eltern gelten, wenn sie ihren Kindern Deutsch beibringen, so dass diese in der Schule mühelos mithalten können. Und dass ihnen umgekehrt »Integrationsunwilligkeit« vorgeworfen wird, wenn sie zuhause »noch immer« ihre Herkunftssprachen sprechen. Möglicherweise geht den Eltern durch den Kopf: *»Warum fragt die Erzieherin? Was wird sie mit der Information anfangen? Wird sie uns in schlechtem Licht sehen, wenn wir nun sagen, dass wir zuhause unsere Herkunftssprache sprechen? Wird unser Kind Nachteile haben, wenn wir sagen, dass wir zuhause zwei oder drei Sprachen sprechen, weil die Erzieherin denkt, dann könne ja nur Mischmasch herauskommen?«*

Politische und soziale Realitäten beeinflussen den Kontakt zu den Eltern. Das Thema »sprachliche Praxis« zwischen Immigranteneltern und Bildungseinrichtungen ist heikel, weil hier Dominanzverhältnisse und Diskriminierungserfahrungen mit hineinspielen. Es muss Eltern daher so vorgestellt werden, dass das Interesse an ihren Familiensprachen glaubhaft wird – im Sinne einer »Gegenerfahrung« zu dem sonst üblichen Desinteresse, der Entwichtigung und Abwertung ihrer Sprachen.

Konkret heißt es, sichtbar zu machen, dass und aus welchen Gründen man Mehrsprachigkeit positiv bewertet, warum man sich mit Mehrsprachigkeit beschäftigt und was es mit Bildung zu tun hat.

Beispiele wie dieses eignen sich als »Aufhänger« in Reflexionsrunden mit Erzieherinnen und Erziehern, in denen die Klärungsprozesse durch Arbeitsaufträge und durch Fragen systematisiert werden. Dieses Vorgehen bezeichnen die pädagogischen Fachkräfte als qualifizierend und hilfreich: Fachliche Unterstützung beim Reflektieren ihrer eigenen Praxis – kontinuierlich und mit Beteiligung des ganzen Teams.

Reflexionsrunden – qualifizierend und hilfreich

5.9 Fachliches Unterstützungssystem

Im Länderbericht der OECD (2004) wird das Unterstützungssystem für pädagogische Fachkräfte in Deutschland kritisiert. Es fehle »ein leistungsfähiges System für eine Unterstützung der Beschäftigten bei ihrer täglichen Arbeit und ihren Bemühungen, ihre praktischen Kenntnisse und Fähigkeiten zu verändern und zu verbessern. Es besteht eine Kluft, eine fehlende Verbindung, zwischen dem Inhalt von Plänen, Ausbildung und Bewertung auf der einen Seite, und der alltäglichen Praxis auf der anderen. Insgesamt sind relativ wenige effektive Systeme in Kraft, um die Fachkräfte bei der Analyse, Diskussion, Bewertung und Verbesserung ihrer Praxis zu unterstützen.« (Pkt. 127, S. 52) Gefordert wird eine Erhöhung der Zahl der Fachberater und Fachberaterinnen zusammen mit einer Neudefinition ihrer Rolle: Sie sollen vor Ort neben den Beschäftigten der Einrichtung arbeiten können und diese unterstützen, ein tieferes und kritischeres Verständnis von ihrer praktischen Arbeit und von deren Bezug zur Theorie zu entwickeln, z. B. durch pädagogische Dokumentationen (ebd., Pkt. 182).

Forderungen der OECD

In einer aktuellen Befragung von Erzieherinnen und Erziehern bestätigen die Fachkräfte die fehlenden Voraussetzungen für eine kontinuierliche Praxisreflexion. Fehlende Fortbildungsmöglichkeiten, Zeit- und Personalmangel und fehlendes Fachwissen seien z. B. die Gründe dafür, dass sie den jeweiligen Bildungsplan noch nicht umsetzten (GEW 2007, S. 40).

Vielfalt respektieren, Ausgrenzung widerstehen – aber wie?

Zugang zur Forschung für pädagogische Fachkräfte

Die OECD fordert neben einem Ausbau der frühkindlichen Bildung und Erziehung auch den Ausbau der Forschung in diesem Bereich. Die Untersuchergruppe empfiehlt die »Koordinierung, Finanzierung, Ausbildung und Programmerstellung für Kinder aus einkommensschwachen Familien und aus Immigrantenfamilien« (ebd., Pkt. 200, S. 76), denn »mehr Integration und bessere Resultate für Kinder mit zusätzlichen besonderen Lernbedürfnissen« seien angeraten (ebd., S. 71). Es wird empfohlen, vermehrt Fachkräften den Zugang zur Forschung zu ermöglichen, zu »Aktionsforschung auf lokaler Ebene in Zusammenarbeit mit wissenschaftlichen Forschern und Forscherinnen« (ebd., S. 76).

Länger andauernde fachliche Begleitung von außen

Die OECD-Experten haben die Schwachstellen mit bemerkenswerter Schärfe erfasst. Erzieherinnen und Erzieher melden zurück, dass sie für die Verbesserung ihrer pädagogischen Praxis punktuelle Fortbildungen weniger unterstützend finden als die länger andauernde fachliche Begleitung durch eine Beraterin oder einen Berater von außen. Fortbildung und Fachberatung für vorurteilsbewusste Bildung und Erziehung ist darauf angewiesen, dass Reflexionsprozesse kontinuierlich und systematisch sind. Dass sie im Team erfolgen und zu Veränderungen von institutionellen Gewohnheiten und Abläufen führen – und in Kooperation mit wissenschaftlicher Forschung erfolgen: Zum einen ergeben sich laufend neue Forschungsfragen aus der Praxis und zum anderen ist Forschung – beispielsweise zur Implikation von Diskriminierung auf Identitätskonzepte und auf Bildungsprozesse von jungen Kindern – notwendig zur Fundierung diskriminierungsbewusster Praxis.

Literatur

Cummins, Jim (2006): Sprachliche Interaktionen im Klassenzimmer. Von zwangsweise auferlegten zu kooperativen Formen von Machtbeziehungen. In: P. Mecheril/T. Quehl (Hrsg.): Die Macht der Sprachen. Englische Perspektiven auf die deutsche Schule. Münster

Derman-Sparks, L./Phillips, C. (1997): Teaching/Learning Anti-Racism. A developmental Approach. New York

Gaine, Brendah/van Keulen, Anke (1997): Anti-Bias Training Approaches in the Early Years. A Guide for Trainers and Teachers. Utrecht, London

Gewerkschaft Erziehung und Wissenschaft (2007): Wie geht's im Job? Ki-Ta-Studie der GEW

Mecheril, Paul (2007): Diversity. Die Macht des Einbezugs. In: Heinrich-Böll Stiftung (Hrsg.): Dossier: Managing Diversity – Alle Chancen genutzt?
Meyer, Anne (o.J.): PIQUE – Das Projekt interkulturelle Qualifizierung für Erzieherinnen. In: RAA in Nordrhein-Westfalen: Bausteine zur Aus- und Fortbildung von Erzieherinnen und Erziehern für eine interkulturelle Arbeit
OECD (2004): Die Politik der frühkindlichen Betreuung, Bildung und Erziehung in der Bundesrepublik Deutschland. Ein Länderbericht der OECD
Prengel, Annedore (1995): Pädagogik der Vielfalt. Opladen
Wagner, P./Hahn, S. /Enßlin, U. (Hrsg.) (2006): Macker, Zicke, Trampeltier ... Vorurteilsbewusste Bildung und Erziehung in Kindertageseinrichtungen. Handbuch für die Fortbildung. Berlin

6 Europäische Zusammenarbeit für Vielfalt und Gleichwürdigkeit

Regine Schallenberg-Diekmann

6.1 Voneinanderlernen – über kulturelle und andere Grenzen hinweg

Europäische Zusammenarbeit hat schon viele Anregungen in die deutsche Kleinkindpädagogik getragen. In diesem Kapitel werden Qualitätskriterien für Vielfalt und Gleichwürdigkeit[1] vorgestellt, die von einer Arbeitsgruppe des DECET-Netzwerks unter Einbeziehung der Sichtweisen von Kindern, Eltern, Pädagoginnen und Pädagogen entwickelt wurden: ein Plädoyer für das Voneinanderlernen über kulturelle und andere Grenzen hinweg.

6.2 Globalisierung? Globalisierung!

Alltags-Erfahrungen aus der Kita

Im Kindergarten ist ein neuer Junge, er heißt Alican-Necdet. Die Erzieherin versucht ein paar Mal, den Namen so auszusprechen, wie es seine Eltern tun. Doch es gelingt ihr nicht und schließlich sagt sie: »Ach, macht nichts. Wir nennen dich einfach Paulchen!«

In einem Gespräch über Kindergartenkinder aus einem Wohnviertel, in dem Familien in bitterer Armut leben, findet eine Erzieherin den Mut, ihre Kolleginnen zu fragen, was sie bedrückt: »Wie soll man ein Kind in den Arm nehmen, das so dreckig ist und so unangenehm riecht?!«

---

[1] Im Original »Equity and Respect for Diversity«, womit im europäischen Netzwerk DECET (Diversity in Early Childhood Education and Training) pädagogische Ansätze überschrieben werden, die für Inklusion und gegen Exklusion arbeiten. Der Begriff »Equity«, hier mit »Gleichwürdigkeit« übersetzt, drückt aus, dass es um gleiche Rechte bei unterschiedlichen Voraussetzungen geht. Es bedeutet, dass beim Zugang zu Ressourcen Unterschiede gemacht werden müssen, um vorhandene Benachteiligungen auszugleichen. Download unter: www.decet.org

Clémence, 18 Monate alt, kommt seit einigen Wochen jeden Tag in die Krippe. Ihre Mutter ist blind, bittet die Erzieherinnen aber, so zu tun, als könne sie sehen.

Sharon soll vor der Kindergruppe ihre Familie beschreiben: »Ich habe keinen Papa, aber ich habe zwei Mamas«, berichtet das Mädchen. »Wo ist dein Papa? Wieso hast du zwei Mütter?«, fragen die anderen Kinder aufgeregt. Und sie sagen: »Du kannst nicht zwei Mamas haben!«

Ein männlicher Erzieher kommt neu in die Kindertageseinrichtung. Einige Eltern fordern, er solle sich von ihren Kindern fernhalten. Denn ihre Religion erlaube es nicht, dass Männer und Frauen zusammen arbeiten.

Diese kleinen Begebenheiten aus verschiedenen europäischen Ländern könnten sicher überall so oder ähnlich passieren. Doch würden überall dieselben Lösungen gefunden? Oder sind die Handlungsmöglichkeiten, die Kindern, Eltern oder Erziehungsprofis offenstehen, stark von der jeweiligen Kultur, vom sozialen und politischen Kontext, von den Regeln des Bildungssystems, von der öffentlichen Meinung vorgegeben? Gibt es – trotz aller Unterschiede in Europa – gemeinsame Werte, die es zu stützen und weiterzuentwickeln gilt?

Gemeinsame Werte – gemeinsame Lösungen?

Wie müssen Bildungseinrichtungen für Kinder beschaffen sein, damit alle Beteiligten frei entscheiden können, wie sie in solchen Situationen handeln wollen? Was wären Lösungen und Verhaltensweisen, die die Bedürfnisse aller weitestgehend berücksichtigen, allen Beteiligten mit Achtung begegnen und ihre Würde respektieren?

6.3 Das europäische Netzwerk DECET

Im europäischen Netzwerk DECET haben sich Partnerorganisationen aus Belgien, Frankreich, England, Griechenland, Irland, den Niederlanden, aus Schottland, Spanien und Deutschland zusammengefunden, die in unterschiedlichen Bereichen frühkindlicher Erziehung arbeiten. Alle eint das ausdrückliche Ziel, Bildungs- und Erziehungsangebote für Kinder so zu gestalten, dass alle Kinder und Erwachsenen dort Gleichwürdigkeit und Respekt für Vielfalt leben und erleben. DECET bezieht sich aus-

Leitbild des europäischen Netzwerkes

drücklich auf die »Konvention der Rechte des Kindes«[2] der Vereinten Nationen.

Im Leitbild des Netzwerkes ist das so formuliert: »Das DECET Netzwerk unterstützt Kinder und Erwachsene, sich die Fähigkeiten, Einstellungen und das notwendige Wissen anzueignen, um die vielfältigen Formen frühkindlicher Betreuung sowie das Gemeinwesen so zu gestalten, dass alle Menschen
→ sich zugehörig fühlen
→ unterstützt werden, die vielfältigen Aspekte ihrer Identität zu entwickeln
→ über kulturelle und andere Grenzen hinweg voneinander lernen können
→ sich als aktive Bürgerinnen und Bürger beteiligen können
→ aktiv, offen und mit dem Willen, an dieser Anforderung zu wachsen, gegen Einseitigkeiten Stellung beziehen
→ gemeinsam gegen Vorurteile und institutionelle Formen von Diskriminierung vorgehen.« (DECET 2007)

Gelingende Praxis über Ländergrenzen hinweg?

Diese Ziele des DECET-Netzwerks waren von Anfang an stark von den Arbeiten von Louise Derman-Sparks zum Anti-Bias-Approach (1989) beeinflusst. Alle Partnerorganisationen haben sich auf diese Formulierungen geeinigt; alle haben ihre ganz eigene Vorstellung davon, was mit diesen Aussagen gemeint ist. Doch was genau bedeutet im Kindergartenalltag, in einer Eltern-Kind-Einrichtung, in der Tagespflegestelle, bei der Tagesmutter, in der Schule oder etwa in der offenen Kinderbetreuung, dass sich alle Kinder und Erwachsenen zugehörig fühlen? Was heißt es für Kinder, Eltern, Pädagogen, sich als aktive Bürger zu beteiligen? Gibt es wirklich eine gemeinsame Idee von gelingender Praxis über Ländergrenzen hinweg?

Eine DECET-Arbeitsgruppe mit Mitgliedern aus den sechs Ländern[3] hat sich von 2004 bis 2007 in insgesamt zehn Treffen

---

[2] Das Übereinkommen über die Rechte des Kindes wurde am 20. November 1989 von der Vollversammlung der Vereinten Nationen verabschiedet. In der Bundesrepublik Deutschland ist dieses Übereinkommen am 5. April 1992 in Kraft getreten.

[3] Die Mitglieder der Arbeitsgruppe waren: Anastasia Houndoumadi, SCHEDIA, Griechenland; Dalvir Gill, CREC, England; Françoise Moussy, ESSSE, Frankreich; Peter Lee, CAF, Schottland; Veerle Vervaet, VBJK, Belgien, und Regine Schallenberg-Diekmann, ISTA, Deutschland, als Arbeitsgruppenleiterin.

ein gemeinsames Verständnis von guter Praxis im Sinne von Vielfalt und Gleichwürdigkeit erarbeitet. Zwischen den Treffen gab es in den beteiligten Ländern rege Diskussionen mit Kolleginnen und Kollegen und vor allem Fokusgruppentreffen mit Kindern, Eltern, Erzieherinnen und Erziehern, Kitaleiterinnen, Fachberatern, Dozentinnen in der Aus- und Weiterbildung, Studierenden und Praktikanten. Auch die Abstimmung mit den anderen DECET-Partnerorganisationen durfte nicht zu kurz kommen.

6.4 Jede und jeder fühlt sich zugehörig

Gegenstand der Diskussionen waren auch Geschichten von Ab- und Ausgrenzung – wie die von dem katholischen Jungen in Schottland, der die nicht-katholischen Kinder jeden Tag von neuem als »orange bastards« beschimpft, so wie er es von seinem Vater gehört hat. Oder die von den Kindergartenkindern in Griechenland, die sich alle gegenseitig zum Geburtstag einladen, nur die albanischen Kinder nie. Oder die Auseinandersetzungen zwischen Flamen und Wallonen in Belgien. Oder brennende Schulen und Kindergärten in Pariser Vororten, deren Bewohner schon wegen ihrer Adresse und ihres wenig französisch klingenden Namens keine Arbeit finden. Merkwürdig berührt uns auch die Situation einer englischen Familie in Schottland: Das Kind wird von den anderen Kindern im Kindergarten gehänselt. Die Mutter empfindet Ablehnung beim Elternabend durch die anderen Eltern. Als sie das Gespräch mit der Kitaleitung sucht, heißt es: »Sie können doch jederzeit wieder nach England gehen, wo Sie hingehören, wenn Sie sich hier nicht wohl fühlen!« Noch fremdartiger wirkt auf uns, wenn ein vierjähriger Grieche eine kleine Türkin beschimpft: »Wir werden euch genauso erniedrigen, wie ihr uns vor 400 Jahren erniedrigt habt!«

Geschichten von Ab- und Ausgrenzung

Wir alle haben solche oder ähnliche Geschichten zu berichten. Sie zeigen Kinder, die aktiv das verarbeiten, was sie in ihrem jeweiligen Kontext erleben und beobachten, wovon gesprochen wird und worüber geschwiegen wird. Nationale und religiöse Fragen, jahrhundertealte Feindseligkeiten, wir finden sie auch im Kindergarten.

Aus der Sicht der DECET-Partner liegt es in der Verantwortung derjenigen, die Erziehungs- und Bildungsangebote für Kinder und ihre Familien gestalten, dies so zu tun, dass Ausgren-

Respekt und Zugehörigkeit

Europäische Zusammenarbeit für Vielfalt und Gleichwürdigkeit

zung, Vorurteile und Diskriminierung keine Chance haben. Oder positiv formuliert: dass alle Kinder und ihre Familien Respekt und Anerkennung erfahren und sich jede und jeder zugehörig fühlen kann.

Umsetzung im Alltag einer Bildungseinrichtung für Kinder

Wie lässt sich erreichen, dass sich jedes Kind und jeder Erwachsene zugehörig fühlen? Wie zeigt sich das im Alltag einer Bildungseinrichtung für Kinder? Diskussionen mit Leiterinnen und Leitern von Kindertageseinrichtungen führten zunächst zu der Klage, dass sich Eltern nicht zugehörig fühlen und kein Interesse an der Arbeit der Erzieherinnen mit den Kindern zeigen. Erst die Frage an die Einzelnen »*Was genau brauchen Sie, was brauchst du, um das Gefühl zu haben, dazuzugehören?*« eröffnete die Möglichkeit, den Perspektivenwechsel von den eigenen Bedürfnissen zu den Bedürfnissen von Kindern und Eltern zu vollziehen. So antwortete eine Leiterin: »*Ich selbst brauche sehr lange, bis ich wirklich das Gefühl habe, dazuzugehören. Ich muss Anerkennung und Vertrauen spüren.*«

Erzieherinnen bemängeln häufig, dass »*Eltern nicht einmal Guten Tag sagen, wenn sie in die Kita kommen*«. Es mag den Höflichkeitsregeln entsprechen, dass der Ankommende die bereits Anwesenden begrüßt. Hier geht es jedoch um etwas grundsätzlich anderes: Zum Berufsbild von Pädagoginnen und Pädagogen muss es gehören, dass sie aktiv auf die Menschen, mit denen sie arbeiten, zugehen, dass sie Kindern und Erwachsenen ganz bewusst zeigen, dass sie dazugehören und willkommen sind.

Qualitätskriterien für die pädagogische Arbeit

Um den Handelnden im pädagogischen Prozess Orientierung zu geben, wie sie ein Zugehörigkeitsgefühl bei allen Beteiligten fördern bzw. erreichen können, formulierte die DECET-Arbeitsgruppe zu jedem Ziel Qualitätskriterien für die pädagogische Arbeit. Damit folgte sie dem Verfahren des Projektes Qualität im Situationsansatz (Preissing 2003)[4] und auch dessen Entscheidung, dabei Formulierungen zu wählen, die von den handelnden Erzieherinnen und Erziehern ausgehen.

Die sechs Qualitätskriterien für Pädagoginnen und Pädagogen, die das Zugehörigkeitsgefühl jedes Kindes und jedes Erwachsenen zur Einrichtung fördern wollen, sind aus der Perspektive von DECET:

---

[4] QuaSi: Teilprojekt der »Nationalen Qualitätsinitiative im System der Tageseinrichtungen für Kinder«. http://www.spi.nrw.de/material/nqi.pdf

Jede und jeder fühlt sich zugehörig

→ Das Personal der Kindertageseinrichtung zeigt allen Familien, allen Kindern und Besuchern sowie den Bewohnern im Umfeld, dass sie willkommen und eingeladen sind, das Zusammenleben mitzugestalten.
→ Die Kindertagseinrichtung gewährleistet den Zugang zu sämtlichen Angeboten der Einrichtung für alle Mitglieder des Gemeinwesens.
→ Die Bedürfnisse jedes Einzelnen werden anerkannt und beachtet.
→ Die Vielfalt der Familien findet sich in der Kindertageseinrichtung und in der pädagogischen Arbeit wieder.
→ Das Konzept, seine praktische Umsetzung und die organisatorischen Strukturen der Einrichtung sind für alle erkennbar.
→ Die pädagogischen Fachkräfte reflektieren regelmäßig ihre eigenen Erfahrungen, Gefühle und Haltungen.

Wie diese Kriterien zu füllen sind, ist im Dialog auszuhandeln, denn eine allgemeingültige Wahrheit über Qualität gibt es nicht. Sie ist immer abhängig von den beteiligten Personen, ihren Lebensumständen, ihrer Bildung, ihren Wünschen. Sich gemeinsam ein Verständnis von hoher Qualität zu erarbeiten, ist ein dynamischer Prozess, der gesellschaftliche Veränderungen ebenso einbeziehen muss wie die Perspektivenvielfalt der Beteiligten.

Eine allgemeingültige Wahrheit über Qualität gibt es nicht

Andernfalls besteht die Gefahr, auf wichtige Stimmen und Beiträge zu verzichten, Positionen zu übergehen und bestehende Dominanzverhältnisse zu stärken, worauf Michel Vandenbroeck hinweist: »(Wir) wissen heute, dass Qualität (ebenso) abhängig ist von den Bedürfnissen und Wünschen der Familien, für die sie gedacht ist. Herausragende Qualität in einem innerstädtischen Bezirk einer Großstadt in England unterscheidet sich wesentlich von der in einer ländlichen Gegend in Griechenland. Der Versuch, universale Qualitätskriterien zu definieren, hat bisher eher dazu beigetragen, bereits privilegierte Gruppen in unseren westlichen Gesellschaften noch weiter zu privilegieren.« (DECET 2007, Vorwort)

Die DECET-Arbeitsgruppe geht davon aus, dass sich Leserinnen und Leser die bereits unter Beteiligung verschiedener Gruppen formulierten Qualitätskriterien aneignen, indem sie diese Kriterien bearbeiten und gegebenenfalls neu formulieren. Möglicherweise sind weitere Kriterien hinzuzufügen oder den Beteiligten sind ganz andere Dinge wichtig. In jedem Fall muss es

Europäische Zusammenarbeit für Vielfalt und Gleichwürdigkeit

sich um einen Prozess der Ko-Konstruktion handelt, sollen solche Kriterien für die Menschen vor Ort Relevanz erhalten.

Was löst ein Gefühl der Zugehörigkeit aus?

Teilnehmerinnen und Teilnehmer in den Fokusgruppen der DECET-Arbeitsgruppe wurden danach gefragt, was bei ihnen ein Gefühl der Zugehörigkeit auslöst. Sie gaben viele Beispiele – »Kleinigkeiten« – und dennoch so wichtig: »*ein zugewandtes Lächeln; die tägliche freundliche Begrüßung; die genaue Kenntnis dessen, was in der Einrichtung im Zusammenleben passiert; dass die Erzieherinnen und Erzieher den Namen des Kindes und auch der Eltern wissen und sich um korrekte Aussprache bemühen; dass wahrgenommen wird, wenn jemand etwas auf dem Herzen hat; dass niemand das Gefühl haben muss, zu stören; dass die jeweils eigene Schrift und Sprache Raum finden; dass es in der Einrichtung Spuren der Familien gibt, Fotos, Bilder, mitgebrachte Gegenstände ...*« So äußerte ein Mädchen mit einem deutschen Vornamen und einem türkischen Familiennamen: »*Ich bin so froh, dass Anette, die Erzieherin, weiß, dass ich zwei Namen habe – einen von meiner Mutter und einen von meinem Vater!*«

6.5 Jedes Kind und jeder Erwachsene entwickelt die vielfältigen Aspekte der eigenen Identität

Die Anerkennung der verschiedenen Bezugsgruppenidentitäten durch die Pädagoginnen und Pädagogen ist nicht nur grundlegende Voraussetzung für ein unbedingtes Zugehörigkeitsgefühl zur Kindergruppe und zur Bildungseinrichtung. Gleichzeitig ist diese Wahrnehmung und Anerkennung des Kindes in all seinen Identitätsaspekten notwendig, damit es ein positives Selbstbild entwickeln kann.

Jedes Kind spürt, ob seine Eltern anerkannt werden

Das scheint zunächst umso wichtiger, wenn die Zugehörigkeit zu einer gesellschaftlichen Minderheit auf den ersten Blick erkennbar ist, z. B. durch die Hautfarbe, die Haarfarbe oder die Haarstruktur. Man täusche sich jedoch nicht – ein jedes Kind spürt, ob die Erzieherinnen und Erzieher, ob die Lehrerinnen und Lehrer seine Eltern anerkennen, oder ob sie beim Anblick eines Vaters denken oder gar laut sagen: »Oh, nein, der schon wieder!« Und je jünger ein Kind ist, desto dringender ist es selbst darauf angewiesen, sicher zu wissen, dass und wie sehr seine Eltern in der Einrichtung willkommen sind.

Jedes Kind und jeder Erwachsene entwickelt die vielfältigen Aspekte der eigenen Identität

Sicherheit gibt dem einzelnen Jungen oder Mädchen, wenn die Konstellation seiner Familie als eine unter vielen möglichen angesehen und anerkannt wird. Dasselbe gilt entsprechend für die jeweils konkrete Lebenssituation der Familie. Das setzt voraus, dass Erzieherinnen und Erzieher die Familie und ihre Lebensumstände wirklich kennen. Diese Kenntnis können sie nur dann erlangen, wenn es ihnen gelingt, ein von Vertrauen getragenes Verhältnis mit Eltern und Kind aufzubauen.

Kenntnis der konkreten Lebenssituation der Familien

In der DECET-Arbeitsgruppe bestand Einigkeit über die Kenntnis der familiären Lebensumstände als einer wesentlichen und notwendigen Grundlage für die angemessene pädagogische Arbeit mit den Kindern. Gleichzeitig gab es eine große Besorgnis, dass Familien von Pädagogen und Amtsautoritäten ausgeforscht werden. Deshalb wurde als Ergebnis der Diskussionen in der Formulierung der Qualitätskriterien großer Wert auf den wechselseitigen Austausch gelegt. Und es wurde festgehalten, dass jeder und jede Einzelne das Recht hat, selbst zu bestimmen, wie viel er oder sie über das eigene Leben preisgeben will.

Selbstverständlich gehört auch die Wahrnehmung und Akzeptanz religiöser Besonderheiten zur Anerkennung der Bezugsgruppenidentitäten. Oder wer würde sich schon ernst genommen fühlen, wenn er ausdrücklich gewünscht hätte, kein Schweinefleisch serviert zu bekommen, und später erfährt, dass doch Speck im Eintopf war?

Wahrnehmung und Akzeptanz von Besonderheiten

Das Gleiche gilt selbstverständlich auch für andere Gründe, warum Ernährungsvorschriften gefolgt werden sollte: Ob eine Familie vegetarisch isst, ein Kind auf bestimmte Nahrungsmittel allergisch reagiert – in jedem Fall gehören Verständigung und Akzeptanz dazu, eine für alle verträgliche Lösung zu finden. Niemals kann es ausreichen, wenn die Bildungs- und Erziehungseinrichtung einseitig bestimmt, wie sie mit diesen Wünschen und Ansprüchen der Familien umgehen will.

Jedes Kind trägt – über die Zugehörigkeit zu bestimmten Bezugsgruppen hinaus – vielfältige Aspekte seiner individuellen Identität in sich: Da gibt es das Kind, dem das Sprechen sehr leicht fällt, ebenso wie das schweigsame Kind, das erst aus der Reserve gelockt werden muss, bevor es sich äußert. Es gibt die Kletterkünstler und diejenigen, die Unterstützung brauchen, um sich vom sicheren Erdboden weg zu bewegen. Es gibt Kinder, die gern malen und basteln, und Kinder, die sich lieber

Kinder in ihrer individuellen Vielfalt wahrnehmen

Europäische Zusammenarbeit für Vielfalt und Gleichwürdigkeit

großräumig bewegen. Auch in solchen Aspekten gilt es, die Kinder in ihrer individuellen Vielfalt wahrzunehmen, sie in ihren Stärken weiter zu fördern und sie überall da zu unterstützen, wo sie Entwicklungsbedarf zeigen. Nicht zuletzt entwickeln jedes Mädchen und jeder Junge eigene Interessen, Fragen und Sinndeutungen, die an ihren bisherigen Erfahrungen anknüpfen und diese erweitern. Daraus ergibt sich zwangsläufig der Fokus jeder sinnvollen Bildungsarbeit.

Ganz bewusst an der Gleichstellung arbeiten

Die Wahrnehmung und Anerkennung der verschiedenen Aspekte von Identität ist allerdings nicht zu verwechseln mit der Festschreibung auf bestimmte Merkmale und Eigenschaften, wie das Beispiel der geschlechtsrollenstereotypen Erziehung zeigt: »Es liegt tief in unserer Kultur, Kinder je nach ihrem Geschlecht unterschiedlich zu behandeln. Deshalb müssen wir ganz bewusst an der Gleichstellung arbeiten und ein größeres Geschlechtsbewusstsein an den Vorschulen fördern, um allen Kindern die Möglichkeit zu geben, sich als Individuen zu entwickeln.« (Schwedische Vorschulpädagogin, in: Stendahl 2007, S. 19) Gleichstellung wurde lange Zeit einseitig verstanden als Förderung von Mädchen und Frauen. Wie eine aktuelle Studie des Bundesministeriums für Bildung und Forschung eindrucksvoll belegt, gilt es dringend, Gleichstellung als Förderung von Kindern beider Geschlechter zu verstehen. Als eine zentrale Herausforderung wird darin benannt: »Wichtiger als spektakuläre und aufwendige Maßnahmen ist die Umgestaltung des schulischen Alltags nach geschlechtergerechten Gesichtspunkten. Dazu gehört die Verankerung von Jungenarbeit als ein Baustein von gendersensibler Pädagogik als Querschnittsaufgabe in den Schulprofilen.« (2007, S. 5)

Meilensteine für Pädagoginnen und Pädagogen

Damit jedes einzelne Kind und jeder einzelne Erwachsene die vielfältigen Aspekte der eigenen Identität entwickeln kann, sollten Pädagoginnen und Pädagogen im Sinne des Netzwerkes DECET Folgendes gewährleisten:

→ Die pädagogischen Fachkräfte unterstützen jede Person darin, Stolz auf die eigene vielschichtige Identität zu entwickeln, indem sie die jeweils individuelle und die verschiedenen Bezugsgruppenidentitäten wahrnehmen und anerkennen.

→ Sie schaffen eine sichere Atmosphäre, in der alle – auch gegensätzliche – Überzeugungen, Werte und Vorstellungen zum Ausdruck gebracht und diskutiert werden können.

→ Die Bedürfnisse, Interessen, Fragen der Kinder, ihre Erfahrun-

gen und wie sie diese Erfahrungen eigensinnig deuten und verarbeiten, stehen im Fokus der pädagogischen Aktivitäten.
→ Kinder, Eltern und Pädagogen tauschen sich aus, um mehr voneinander und den jeweiligen Lebenssituationen zu erfahren und zu verstehen, und um angemessen aufeinander zugehen zu können.
→ Kinder, Eltern und pädagogische Fachkräfte bestimmen selbst, wie viel Einblick in ihre Lebenssituation sie zulassen wollen.

Die Schilderung einer Mutter zeigt, wie bestärkend die selbstverständliche Repräsentanz aller Familien in der Kindertageseinrichtung für Kinder und Eltern sein kann: »*Bei meinem ersten Besuch in der Kindertageseinrichtung nahm mich der dreijährige Jusuf mit zur Familienwand. Er lud mich ein, mich hinzusetzen und zeigte mir mit großem Stolz seine ganze Familie: Eltern, Onkel, Tanten, Großmutter, Schwestern und Bruder, mit denen er eng zusammenwohnt. Ich malte mir aus, wie meine eigene Tochter ihre Familie vorstellt, wenn sie erstmal in seinem Alter ist.*«

Überall auf der Welt freuen sich nach übereinstimmenden Berichten von Pädagoginnen und Pädagogen Kinder, wenn sie in der Kindertageseinrichtung, in der Schule, in der Freizeiteinrichtung oder in der Bibliothek Bücher und Spielmaterial entdecken, mit dem sie sich identifizieren können. Dieser Ausruf eines Kindes macht exemplarisch deutlich, worum es geht: »*Mami, ich war heute im Kindergarten!*«

6.6 Alle lernen voneinander

In einer Kinderbildungseinrichtung von hoher Qualität werden nach Ansicht des Netzwerkes DECET Unterschiede zwischen den Kindern, ihren Familien und deren Lebenssituationen nicht etwa übergangen, sondern – ganz im Gegenteil – bewusst wahrgenommen und im pädagogischen Handeln bearbeitet. Unterschiede zum Thema machen, heißt auch, voneinander zu lernen.

Um das Lernen voneinander über kulturelle und andere Grenzen hinweg möglich zu machen, formuliert die DECET-Arbeitsgruppe diese fünf Qualitätskriterien:
→ Die pädagogischen Fachkräfte fördern eine positive Atmo-

Qualitätskriterien für das Lernen voneinander

sphäre für Vielfalt, indem sie Unterschiede ebenso wie Gemeinsamkeiten mit Wertschätzung wahrnehmen und hervorheben.

→ Die Fachkräfte schaffen eine Atmosphäre, die alle Beteiligten zum Austausch und Aushandeln von Ideen und Vorschlägen einlädt. So sind alle daran beteiligt, ein gemeinsames Verständnis von hoher Betreuungs- und Bildungsqualität zu entwickeln.

→ Die Fachkräfte machen die Bildungsprozesse, die Ko-Konstruktion von Wissen durch den Dialog mit allen Beteiligten sichtbar.

→ Jegliche Dokumentationen machen die Stimmen von Kindern, Eltern, Fachkräften und anderen Beteiligten sichtbar und tragen zu Dialog und Reflexion bei.

→ Jede Fachkraft reflektiert die eigene Praxis und strebt danach, die eigenen Grenzen zu erweitern und Beschränkungen des eigenen Wissens, der eigenen Werte, Bilder, Annahmen und Gefühle zu überwinden.

Vielfältige Lernchancen

Oft genug müssen wir nur die Augen offen halten, um vielfältige Lernchancen wahrzunehmen. So erzählte Dominique, Erzieherin in einer Spielothek in Frankreich: »*Heute Morgen habe ich Fimobibe gesehen, wie er mit Puppen Abendessen spielte. Er hat alle Teller auf den Boden hinter dem Tisch gestellt. Als er sich hinsetzte und mit dem Essen beginnen wollte, nahm Enzo die Teller und stellte sie auf den Tisch. Fimobibe stand auf und sagte zu Enzo: ›Nein, stell sie auf den Boden, es ist Zeit fürs Abendessen.‹*«

6.7 Jeder Erwachsene und jedes Kind beteiligt sich als aktiver Bürger

Partizipation, verantwortliche Teilhabe, Mitgestaltung sind Erziehungs- und Bildungsaufgaben in demokratischen Gesellschaften – auch und gerade in der Frühpädagogik: »Einbeziehung bedeutet, die ganze Gemeinde, alle Kinder und Erwachsenen, einschließlich der Eltern, alle Berufstätigen, die in den Einrichtungen arbeiten, und andere Bürger zu beteiligen.« (Kinder in Europa 2007, S. 39)

Im Kinder- und Jugendhilfegesetz heißt es: »Kinder und Jugendliche sind entsprechend ihrem Entwicklungsstand an allen

Jeder Erwachsene und jedes Kind beteiligt sich als aktiver Bürger

sie betreffenden Entscheidungen der öffentlichen Jugendhilfe zu beteiligen.«[5] Der Satz dieses Bundesgesetzes wird von den verschiedenen Gesetzen der Bundesländer in jeweils ähnlicher Weise konkretisiert.

Um das bürgerschaftliche Engagement aller Kinder und Erwachsenen zu gewährleisten, sollten Pädagoginnen und Pädagogen daher die Erfüllung dieser Kriterien sicherstellen:

→ Frühkindliche Bildungseinrichtungen sind ein lebendiger und zentraler Teil der Netzwerke im Gemeinwesen. Die Mitarbeiterinnen und Mitarbeiter engagieren sich aktiv in Bereichen, die für das Gemeinwesen aktuell von Bedeutung sind.

→ Die Fachkräfte schaffen demokratische Strukturen und holen aktiv die Meinungen aller Eltern, Kinder, Mitarbeiterinnen und Mitarbeiter der Einrichtung ein.

→ Eltern, Personal und Kinder teilen die Verantwortung für die gemeinsame Gestaltung des täglichen Zusammenlebens und entwickeln ein Gefühl von Zugehörigkeit und Teilhabe.

→ Die Einrichtung trägt zur Weiterentwicklung des Gemeinwesens bei, indem sie allen Kindern, Familien und Mitarbeitern ermöglicht, die vorhandenen Ressourcen zu nutzen: Raum, Personal, Ausstattung und Informationen.

→ Das Personal der Einrichtung erweitert das eigene Wissen über vielfältige Beteiligungsformen und den kompetenten Umgang damit.

Kitas – lebendiger und zentraler Teil der Netzwerke im Gemeinwesen

Wie viel Gestaltungsmöglichkeiten, wie viel Entscheidungsfreiheit haben schon ganz junge Kinder im gemeinsamen Alltag in der Kindertageseinrichtung? Können sie entscheiden, wann, wo, womit und mit wem sie spielen? Haben sie Einfluss auf den zeitlichen Ablauf oder hat sich der längst verselbstständigt? Haben sie die Chance, zu ruhen, wenn sie müde sind – und aufzubleiben, wenn sie nicht schlafen wollen?

Gehört der »Kosthappen« immer noch zum Alltag in Kitas? Hoffentlich müssen Kinder nicht immer noch dieselbe Erfahrung machen wie der vierjährige Petros: »*Es ist eklig, wie es dienstags riecht! Aber ich muss trotzdem immer kosten!*«

---

[5] SGB VIII. http://www.gesetze-im-internet.de/sgb_8/index.html

6.8 Jeder bezieht aktiv und offen Stellung gegen Einseitigkeiten

Es wird Zeit, sich innerhalb und außerhalb der Einrichtung klar gegen jede Form von Einseitigkeit und Diskriminierung zu positionieren. Denn Erziehung und Bildung sind immer auch politisches Handeln. Die Bildungseinrichtung ist von den bisher formulierten Ansprüchen her in das Umfeld eingebunden; die Lebenssituation der Familien gibt die Inhalte der pädagogischen Arbeit vor. Das entspricht auch den gesetzlichen Vorgaben in Deutschland.[6]

Erziehung und Bildung sind immer auch politisches Handeln

Somit muss sich das Team der Pädagoginnen und Pädagogen damit auseinandersetzen, dass Ungleichheiten, Diskriminierung und Ausgrenzung im Umfeld in die Bildungseinrichtung für Kinder hineinwirken. Es muss sich der Frage stellen, ob überhaupt alle gesellschaftlichen Gruppen Zugang zur Kita haben: Gibt es Kinder von Schaustellern, von Roma-Familien, Kinder von Strafgefangenen, Kinder von Asylbewerbern? Wo spielen und lernen diese und andere Kinder, die den Weg in den Kindergarten bisher nicht gefunden haben? Hätten sie überhaupt die Möglichkeit, in den Genuss von Bildung, Erziehung und Betreuung in einer solchen Einrichtung zu kommen? Nicht einmal Kinder von arbeitslosen Eltern oder Harz-IV-Empfängern haben überall in Deutschland dieselben Zugangsmöglichkeiten zu einer Kita.

Und wie steht es um Männer als Bezugspersonen? Eine Arbeitsgruppe der EU-Kommission zur Qualität in Kindertageseinrichtungen forderte bereits 1996, dass innerhalb von zehn Jahren in jeder Kleinkindeinrichtung in Europa ein Männeranteil von mindestens 20 Prozent umgesetzt werden sollte.[7] Dieses Ziel war offensichtlich viel zu ehrgeizig gesteckt; es ist bis heute definitiv nicht erreicht worden.

Auch spiegeln Erzieherteams keinesfalls immer die Zusammensetzung des gesellschaftlichen Umfelds wider. Viele als problematisch empfundene Situationen wären leicht zu handhaben, wenn in Einrichtungen mit hohem Immigrantenanteil

---

[6] Z. B.: Gesetz zur Weiterentwicklung des bedarfsgerechten Angebots und der Qualität von Tagesbetreuung (Kindertagesbetreuungsreformgesetz) vom 23. Juni 2005. In: Gesetz- und Verordnungsblatt für Berlin, 61. Jahrgang, Nr. 22, 30. Juni 2005, S. 322ff., § 1, Abs. 2.

[7] European Commission Network (1996): Target 29.

Jeder bezieht aktiv und offen Stellung gegen Einseitigkeiten

nicht ausschließlich deutschsprachige Erzieherinnen und Erzieher arbeiten würden.

Folgende sechs Qualitätskriterien sind aus DECET-Sicht wichtig:

Sechs Qualitätskriterien für Kindertageseinrichtungen

→ Team, Leitung und Träger gewährleisten, dass die Zusammensetzung des Personals die Vielfalt im Gemeinwesen widerspiegelt.
→ Leitung und Erzieherteam suchen die Verständigung und den Austausch mit Familien aus weniger sichtbaren Gruppen, die in der Einrichtung oder sogar im Gemeinwesen bisher nicht vertreten sind.
→ Personal, Leitung und Träger fördern und vertreten eine Haltung in der Betreuungseinrichtung, mit der jede Form von Diskriminierung unvereinbar ist.
→ Das Personal positioniert sich eindeutig gegen Einseitigkeiten oder Diskriminierung.
→ Das Personal schafft Gelegenheiten für Diskussionen über Ungleichheiten, soziale Ungerechtigkeit und Machtverhältnisse in der Gesellschaft.
→ Die pädagogischen Fachkräfte übernehmen in der lokalpolitischen Diskussion die Rolle von Vermittlern und Interessenvertretern, indem sie auf die vielfältigen Bedürfnisse von Kindern und Familien und auf vorhandene soziale Ungleichheiten aufmerksam machen.

Manchmal hört man: »*In unserer Einrichtung gibt es keine Ausländer. Wir hatten mal welche, aber mit denen hatten wir keine Probleme.*« Bei genauerem Hinsehen stellt man dann fest, dass es durchaus einzelne Kinder und Eltern mit Migrationshintergrund in dieser Einrichtung gibt. Hier ist deutlich mehr Sensibilität und Aufmerksamkeit gefordert, wenn alle Kinder gleiche Bildungschancen haben sollen.

Offene Kommunikation

Ein positives Beispiel offener Kommunikation berichtet Iram, eine englische Mutter pakistanischer Herkunft, aus der Kita ihres Sohnes: »*Als ich mein Kind abends abholte, erzählte mir seine Erzieherin, dass einige Kinder ihn ›Paki‹ genannt haben. Sie berichtete mir, wie sie darüber mit allen Kindern im Morgenkreis gesprochen hatte. Sie wollte, dass die Kinder verstehen, wie beleidigend solche Worte sind und wie weh sie tun.*«

6.9 Alle gemeinsam gegen Vorurteile und institutionelle Formen von Diskriminierung

Die Kinderbildungseinrichtung muss nicht nur die Wirkungen des Umfelds in die Institution reflektieren. Die Kindertageseinrichtung wirkt auch selbst auf ihr Umfeld. Damit geht eine hohe Verantwortung einher. Sie muss selbst ein Vorbild bieten für demokratische Strukturen, für partnerschaftlichen Umgang miteinander und für die bewusste Auseinandersetzung mit Vorurteilen.

Institutionelle Diskriminierung wahrnehmen – leitende Fragen

So gilt es, institutionelle Diskriminierung wahrzunehmen, um überhaupt gegen sie vorgehen zu können: Sind die Putzfrauen türkischer Herkunft, ist die Köchin Polin, aber alle Erzieherinnen Deutsche ohne Migrationserfahrung? Wie viele Kitaleiterinnen sind eigentlich nicht-deutscher Herkunft? Arbeiten die wenigen Männer im Kitabereich ausgerechnet in Leitungspositionen – oder vorzugsweise in der Krippe? Welche Chance haben gleichgeschlechtlich orientierte Menschen, Mitarbeiter im Erziehungsbereich zu werden? Möglicherweise ist schon das Anmeldeformular für einen Kita-Platz in so schwer verständlichem Deutsch verfasst, dass viele Eltern aufgeben, bevor sie den Antrag fertig haben? Gibt es Übersetzungen in andere Sprachen? Gibt es Beratung beim Ausfüllen? Was ist mit der Konzeption der Einrichtung? Kann jeder Interessierte sie ausgehändigt bekommen? Wie leicht verständlich ist sie? Und vor allem: Stellt sie klar, dass in der Einrichtung jeder die gleichen Rechte und Pflichten hat? Und dass jeder das Recht auf Anerkennung seiner Person hat? Wie geht das Team damit um, wenn irgendjemand in der Kindereinrichtung einem Kind oder einem Erwachsenen mit Vorurteilen begegnet? Melden sich die Erzieherinnen und Erzieher öffentlich zu Wort, wenn im Gemeinwesen Vorurteile sichtbar werden?

Meilensteine zur Bekämpfung von Vorurteilen und Diskriminierung

In der Bekämpfung von Vorurteilen und institutioneller Diskriminierung kommt es aus der Sicht des DECET-Netzwerkes für Pädagoginnen und Pädagogen insbesondere hierauf an:

→ Das Personal erkennt, dass sich das Gemeinwesen und die Gesellschaft als Ganzes ständig verändern. In Zusammenarbeit mit anderen Beteiligten gehen sie den sich wandelnden Bedürfnissen der verschiedenen Gruppen im Gemeinwesen auf den Grund.

Umsetzung in die pädagogische Praxis

→ Die pädagogischen Fachkräfte erarbeiten ein klares Leitbild, ein Konzept und entsprechende Strukturen, die alle einschließen, die allen gleichermaßen den Zugang sichern und die von Respekt für die Vielfalt geprägt sind.
→ Die Leitung der Einrichtung stellt sicher, dass Eltern und Personal als gleichberechtigte Partner zusammenarbeiten, um Ungleichheiten zu erkennen und zu beseitigen.
→ Das Personal ist aufmerksam für jegliche Form von institutionalisierter Diskriminierung und macht sie sichtbar, um sie zu beseitigen.
→ Die Erzieherinnen und Erzieher übernehmen eine aktive und zentrale Rolle, indem sie sich öffentlich zu Wort melden und sich für Respekt für Vielfalt und gegen stereotype Haltungen einsetzen.

Es ist ein große Herausforderung, nach diesen Meilensteinen zu arbeiten, wie die Erzieherin Margarita berichtet: »*Wir sind uns bewusst, dass die Medien über die vielen Migrantenfamilien, die hierher ziehen, ziemlich negativ berichten. Wir nehmen deshalb regelmäßig an öffentlichen Versammlungen und Nachbarschaftstreffen teil, um gegen die Vorurteile und Unterstellungen Einspruch zu erheben.*«

6.10 Umsetzung in die pädagogische Praxis

Um die Arbeitsergebnisse der DECET-Arbeitsgruppe für die Reflexion und Weiterentwicklung der pädagogischen Arbeit in allen beteiligten Ländern nutzen zu können, mussten die erarbeiteten Materialien aus der englischen Sprache zunächst in alle DECET-Sprachen übersetzt werden. Um verständlich zu sein, wurden die Texte auf den jeweiligen fachlichen und sozialpolitischen Kontext bezogen, ohne jedoch inhaltlich zu verkürzen oder eine andere Bedeutung oder eine neue Betonung entstehen zu lassen.

Für die Umsetzung der von DECET beschriebenen Qualitätsansprüche in die pädagogische Praxis ist der gesetzliche Kontext eines Landes von erheblicher Bedeutung. Der irische DECET-Partner Pavee Point arbeitet mit »Travellers« und als politische Interessenvertretung bereits seit vielen Jahren daran, die nationalen und internationalen Gesetze in die Pädagogik zu tragen und die Entrechtung dieser Bevölkerungsgruppe zu beenden (Murray/O'Doherty 2001). In Schottland machen derzeit alle Er-

Bedeutung des gesetzlichen Kontextes eines Landes

zieherinnen und Erzieher eine Nachqualifizierung zu »graduates«, das heißt, alle werden zu Graduierten; darin ist die Auseinandersetzung mit den gesetzlichen Grundlagen der eigenen Arbeit inbegriffen. Der schottische DECET-Partner sieht bei den Absolventen ein großes Interesse an den gesetzlichen Vorgaben der anderen europäischen Länder. Mit der Arbeitsaufnahme der Labour-Regierung von Tony Blair hatte es in England einen großen Aufschwung für frühkindliche Bildung gegeben. Mit viel Engagement wurden ehrgeizige Programme umgesetzt, die von neuen Richtlinien und Gesetzen begleitet wurden. Griechenland halten wir gemeinhin für das Mutterland der Demokratie – es gibt jedoch bislang keine gesetzliche Verankerung z. B. von Partizipation in Bildungs- und Erziehungseinrichtungen für junge Kinder. In Deutschland ist die Sichtweise von Erzieherinnen und Erziehern auf die gesetzlichen Grundlagen eher kritisch: Häufig werden sie als Gängelungsversuche, die sich Politiker am grünen Tisch ausgedacht haben, misstrauisch betrachtet oder abgelehnt.

Ein Grundprinzip der Gleichheit und Demokratie formulieren

Ganz sicher sind nicht die Pädagoginnen und Pädagogen allein diejenigen, die zur Reflexion und zur Veränderung ihres fachlichen Handelns aufgerufen sind. Der OECD-Bildungsexperte John Bennett weist mit Recht darauf hin: »In den Kindertagesstätten liegt der Schwerpunkt oft auf der Vermittlung von Kompetenzen, die für die Wirtschaft als wichtig erachtet werden – ohne dass parallel dazu ein Schwerpunkt auf demokratische Werte oder auf das gemeinsame Lernen in Solidarität und gegenseitigem Respekt gelegt wird. Weil es an Aufmerksamkeit für die Unterschiede und an finanziellen Mitteln dafür fehlt, liegen junge Kinder mit einer schwachen sozio-ökonomischen und ethnischen Herkunft in ihrer sprachlichen und kognitiven Entwicklung oft weit hinter der Mehrheit zurück, wenn sie in die Schule kommen ... Für Wissenschaftler und Entscheidungsträger auf dem Feld der frühkindlichen Erziehung ist die Zeit gekommen, ein Grundprinzip der Gleichheit und Demokratie zu formulieren, um die dominierende ökonomische Herangehensweise auszugleichen.« (2007, S. 10)

Das gemeinsame (voneinander) Lernen steht im Vordergrund

Auch wenn die Praxis in Deutschland keineswegs flächendeckend den DECET-Kriterien entspricht, so macht es doch Hoffnung, die Berichte in der Tagespresse zur Verleihung des Schulpreises 2007 genauer zu betrachten: In den ausgezeichne-

Umsetzung in die pädagogische Praxis

ten Schulen geht es den Erwachsenen darum, Kindern mit Achtung zu begegnen, sie anzuerkennen als Individuen, als Persönlichkeiten. Vorurteile und Diskriminierung werden nicht geduldet. Eltern sind als Partner der Lehrerinnen und Lehrer in die Gestaltung der schulischen Arbeit einbezogen. Und diese entscheiden selbstständig mit nur ganz wenigen orientierenden Vorgaben, welche Schwerpunkte sie setzen wollen. Erwachsene und Kinder sehen sich als eine Lerngemeinschaft: Nicht das Lehren, sondern das gemeinsame Lernen steht im Vordergrund.

Das Zeitschriftennetzwerk »Kinder für Europa« fordert: »Wir müssen immer mehr zwischenstaatliche Räume erschaffen, europäische Begegnungsstätten, in denen Dialog und Reflexion sich entwickeln und es möglich ist, Grenzen zu überschreiten, um neue Perspektiven zu erkunden. Begegnungsstätten, in denen die Praxis (auf allen Ebenen einschließlich der Politik) sichtbar gemacht und kritisch diskutiert werden kann und wir miteinander lernen und neues Wissen ko-konstruieren können. Als Teil dieses Prozesses sollte der Austausch von Arbeitskräften zwischen den Ländern sowohl kurz- als auch langfristig weiter erleichtert werden.« (2007, S. 41)

Die Erfahrungen in der Zusammenarbeit auf europäischer Ebene in den letzten Jahren und die Anregungen, die dadurch in Bildungseinrichtungen für Kinder in Deutschland geflossen sind, sprechen eine eindrucksvolle Sprache: Das Lernen voneinander über kulturelle und andere Grenzen hinweg lohnt sich!

Literatur

Bennett, John (2007): Kindergärten und Chancengleichheit. In: Kinder in Europa. Ausgabe 13: Respekt vor Vielfalt (S. 8–10)
Bundesministerium für Bildung und Forschung (2007): »Bildungs(Miss)erfolge von Jungen und Berufswahlverhalten bei Jungen/ männlichen Jugendlichen«. http://www.bmbf.de/pub/Bildungsmisserfolg.pdf
DECET – Diversity in Early Childhood Education and Training (2007): Vielfalt & Gleichwürdigkeit. Orientierungen für die pädagogische Praxis. www.decet.org
Derman-Sparks, Louise & A.B.C. Task Force (1989): Anti-Bias Curriculum. Tools for Empowering Young Children. Washington
European Commission: Network on Childcare and Other Measures to Reconcile the Employment and Family Responsibilities of Men and Women (1996): Quality Targets in Services for Young Children. Proposals for a Ten Year Action Program

Preissing, Christa (2003) (Hrsg.): Qualität im Situationsansatz. Qualitätskriterien und Materialien für die Qualitätsentwicklung in Kindertageseinrichtungen. Weinheim, Basel, Berlin
Kinder in Europa extra (2007): Auf dem Weg zu einer europäischen Strategie für Einrichtungen für junge Kinder. Ein Diskussionspapier von »Kinder in Europa«. In: Betrifft KINDER, 12/2007 (S. 31–42)
Murray, Colette/O'Doherty, Annie (2001): Respecting Diversity in Early Childhood Care, Education and Training. Pavee Point, Dublin
Stendahl, Emilie (2007): Geschlechterstereotype in Frage stellen. In: Kinder in Europa[8]. Ausgabe 13: Respekt vor Vielfalt (S. 19–20)

---

[8] Die Zeitschrift »Kinder in Europa« ist die Gemeinschaftsproduktion eines Zeitschriftennetzwerkes aus zwölf europäischen Ländern. www.childrenineurope.org

7 Anti-Bias Pädagogik[1]: Aktuelle Entwicklungen und Erkenntnisse aus den USA

Louise Derman-Sparks

7.1 Anspruch und Wirklichkeit von Anti-Bias Pädagogik

Anti-Bias Pädagogik verfolgt die Vision einer Erziehung, Bildung und Betreuung[2] für alle Kinder, so dass sie ihre Potenziale voll entfalten können und in ihren sozialen Identifikationen und Familienkulturen respektiert und anerkannt werden. Es ist die Vision, dass alle Familien über die Ressourcen verfügen, die sie brauchen, um ihre Kinder zu stärken.

In einer idealen Kindertageseinrichtung erfahren alle Kinder
→ dass sie akzeptiert, respektiert und angemessen gefördert werden
→ dass sie sicher sind und aktiv teilhaben
→ dass ihre Familienkultur zur Einrichtung und zur Lernumgebung gehört
→ Unterstützung dabei, sich sowohl in den häuslichen als auch in den gesellschaftlich dominanten kulturellen Bezügen sicher hin- und herzubewegen, wozu auch die Entwicklung von Zweisprachigkeit gehört
→ Unterstützung dabei, die Unterschiede zwischen Menschen

---

[1] Im Original: Anti-Bias Education Work. Gemeint ist die pädagogische Arbeit nach dem Anti-Bias Approach (= Ansatz gegen Einseitigkeiten und Diskriminierung), wie er von Louise Derman-Sparks u. a. im »Anti-Bias Curriculum« (1989) veröffentlicht wurde. In der Übertragung auf die Verhältnisse in Deutschland wurde er im Rahmen von KINDERWELTEN als Ansatz vorurteilsbewusster Bildung und Erziehung übersetzt. Der Beitrag ist die überarbeitete Version eines Vortrags, den Louise Derman-Sparks am 30.11.2007 in Berlin gehalten hat. Übersetzung aus dem Englischen: Petra Wagner.
[2] Für die Trias »Betreuung, Bildung und Erziehung« gibt es im Englischen keine Entsprechung, es ist allgemein von »education« die Rede.

bewusst wahrzunehmen, sich Kenntnisse darüber anzueignen und sich damit wohl und sicher zu fühlen
→ Unterstützung dabei, das zu verstehen, was Menschen gemeinsam ist und Mitgefühl zu entwickeln
→ wie man über Unterschiede respektvoll sprechen und mit ihnen umgehen kann und wie man Verbindungen zu unterschiedlichen Menschen herstellt
→ dass ihnen geholfen wird, sich gegen Diskriminierungen zur Wehr zu setzen, die auf Merkmale ihrer eigenen Identität zielen oder auf die von Anderen (z. B. Hänseleien, Spott, abwertende und einseitige Äußerungen)
→ wie man auch Unfairness der Erwachsenen angemessen ansprechen kann.

Um diese Vision zu verwirklichen, brauchen wir gesellschaftliche Verhältnisse, in denen es für alle gerecht und fair zugeht. In den USA sind wir von solchen Verhältnissen weit entfernt. Diskriminierung und Vorurteile, die an unterschiedlichen Merkmalen sozialer Identität festgemacht werden, sind nach wie vor weit verbreitet – sowohl auf institutioneller als auch auf individueller Ebene. Seit der Veröffentlichung des Anti-Bias Curriculum (1989) haben pädagogische Fachkräfte in den USA, die mit Kindern und Erwachsenen arbeiten, in ganz unterschiedlichen Einrichtungen die Ideen aufgegriffen und umgesetzt. Im Folgenden sind einige der Fragestellungen beschrieben, die sich aus ihrer Praxis ergeben haben.

7.2 Ziele der Anti-Bias Pädagogik

Pädagogische Arbeit nach dem Anti-Bias Ansatz folgt vier Zielen[3], in denen die Erwartungen beschrieben werden, die Kindern im Kindergarten ermöglicht werden sollen:

---

[3] Die Ziele sind beschrieben in: Preissing, Christa/Wagner, Petra (2003) (Hrsg.): Kleine Kinder, keine Vorurteile? Freiburg (S. 52–62) und in: Wagner, Petra/Hahn, Stefani/Enßlin, Ute (2006) (Hrsg.): Macker, Zicke, Trampeltier. Handbuch für die Fortbildung. Berlin (S. 19–24). Weitere Texte zum Anti-Bias Approach und Übersetzungen aus dem Englischen sind im Projekt KINDERWELTEN erhältlich.

Identität und die Ziele der Anti-Bias Pädagogik

Ziel 1: Jedes Kind drückt Selbstbewusstsein und Zutrauen in sich selbst aus, es zeigt Stolz auf seine Familie und positive Identifikationen mit seinen Bezugsgruppen.

Ziel 2: Jedes Kind zeigt Freude und Behagen gegenüber Unterschieden zwischen Menschen, spricht darüber in einer sachlich korrekten Sprache und pflegt innige und fürsorgliche Beziehungen zu anderen Menschen.

Ziel 3: Jedes Kind erkennt unfaire Äußerungen und Handlungen immer besser, verfügt zunehmend über Worte, um sie zu beschreiben und versteht, dass sie verletzen.

Ziel 4: Jedes Kind zeigt Handlungsfähigkeit, sich alleine oder mit anderen gegen Vorurteile und/oder diskriminierende Handlungen zur Wehr zu setzen.

Vier Ziele für pädagogische Arbeit

Die vier Ziele beziehen sich auf die vielen Bereiche von sozialer Identität und sozialer Ungleichheit, deren Zusammenspiel sich je nach politischen und gesellschaftlichen Gegebenheiten verändert und immer wieder zu neuer Betrachtung auffordert.

7.3 Identität und die Ziele der Anti-Bias Pädagogik

Menschen haben viele Identitäten: als Familienmitglieder (Mutter, Enkel, Tante), als arbeitender Mensch (Erzieherin, Lehrer, Schriftstellerin), die Identifikationen mit bestimmten Talenten und Interessen (als Joggerin, Tänzer, Künstlerin, Musiker). Sie identifizieren sich mit bestimmten persönlichen Charakteristika (gesprächig, versorgend, guter Student) und mit körperlichen Besonderheiten (behindert/beeinträchtigt, stark, attraktiv). All dies gehört auch zu den Identitäten eines Kindes.

In der Anti-Bias Arbeit achten wir auf soziale Identitäten im Sinne von Gruppenidentitäten. Sie haben einen Einfluss auf jedes Mitglied der Gruppe und sind mit strukturellen oder institutionalisierten Vorteilen oder Nachteilen verbunden. Die Gruppenidentitäten der Erzieherinnen und Erzieher und die der Familien haben außerdem einen Einfluss darauf, welche Aspekte und Ziele der Anti-Bias Arbeit sie für besonders wichtig und bedeutsam halten. Die Gruppenidentitäten, die für Anti-Bias Arbeit besonders bedeutsam sind, beziehen sich auf: ethnische Herkunft, Familienkultur, Hautfarbe, sozialen Status, Geschlecht, sexuelle Orientierung und Behinderung/Beeinträchtigung.

Soziale Identitäten im Sinne von Gruppenidentitäten

Anti-Bias Pädagogik: Aktuelle Entwicklungen und Erkenntnisse aus den USA

Im Zuge der Überarbeitung des »Anti-Bias-Curriculum« wurden viele Gespräche mit Erzieherinnen und Erziehern in den USA geführt, die Anti-Bias Arbeit machen. Sie sind als Fachkräfte in sehr unterschiedlichen Einrichtungen tätig, haben unterschiedliche Positionen und Aufgaben und unterscheiden sich auch in ihrer Herkunft und in ihren Gruppenidentitäten. Die Gespräche ließen einige interessante Muster erkennen, welchen Einfluss die Identität in Bezug auf Hautfarbe, ethnische Herkunft und Familienkultur darauf hat, wie Erzieherinnen und Erzieher und auch Familien die Anti-Bias Ziele verstehen:

»People of Color«
Zu den verschiedenen Zielgruppen von Rassismus in den USA gehören Amerikaner pazifisch-asiatischer Herkunft, Schwarze, Latino- und puertorikanische Amerikaner, die amerikanischen Ureinwohner.[4] In den letzten Jahren sind auch Amerikaner arabischer Herkunft zur Zielscheibe von institutionellem und persönlichem Rassismus geworden, obwohl sie äußerlich eher »weiß« sind. Innerhalb jeder Gruppe gibt es wiederum eine Vielfalt von Unterschieden nach ethnischer Herkunft, sozialem Status und Familienkultur.

»People of color«[5] betonen eher Ziel 1 – das »Identitäts«-Ziel – und dabei insbesondere die ethnische Herkunft der Kinder, ihre Hautfarbe und ihre Familienkultur. Für sie sind die Ziele 3 und 4 – kritisches Denken über Unfairness und Ungerechtigkeit und Widerstand dagegen – untrennbar mit der Stärkung von Identität verbunden. Das aktive Erleben von Unterschieden und das Lernen von anderen (Ziel 2) sind ihnen auch wichtig, aber die Stärkung von Identität geht vor. Lehrerinnen und Lehrer, Erzieherinnen und Erzieher und Familien »of color« glauben außerdem, dass Anti-Bias Arbeit den schulischen Erfolg ihrer Kinder mitbefördere.

---

[4] Im Original »Native Americans«, die korrekte Bezeichnung für sog. »Indianer«.

[5] Bezeichnung für Minderheiten, die an ihrer dunkleren Hautfarbe erkennbar sind. Die Selbstbezeichnung »People of Color« greift wie »Blacks« die Unterscheidung nach Hautfarben auf, die in der rassistischen Ideologie zur Rechtfertigung ihrer Benachteiligung angeführt wurde und wird. Heute soll damit weniger auf die Hautfarbe als auf mangelnde Verfügung über Ressourcen und Einfluss Bezug genommen werden.

»Weißsein« ist eine politisch und rechtlich geschaffene soziale Kategorie, die auf Hautfarbe und Abstammung basiert. Sie umfasst die meisten der unterschiedlichen ethnischen Gruppen europäischer Herkunft. Weiße als Gruppe kontrollieren die ökonomischen, politischen und kulturellen Institutionen in den USA und profitieren von ihnen in überproportionaler Weise. Das Ausmaß der Privilegien oder Vorteile von Weißen ist jedoch begrenzt von anderen Gruppenzugehörigkeiten, wie dem sozialen Status, dem Geschlecht, der Religion.

»Weiße«

Weiße betonen eher Ziel 2. Sie glauben, dass die Auseinandersetzung mit Vielfalt eine Bereicherung für die Kinder darstellt. Für sie hat Anti-Bias Pädagogik damit zu tun, ein »guter Mensch« zu werden – in dem Sinne, dass man lernt, allen Menschen gegenüber Respekt zu zeigen. Radikalere weiße Erzieherinnen und Erzieher betonen die Ziele 3 und 4, das kritische Denken und das Aktivwerden. Für viele weiße Erzieherinnen und Erzieher gehört auch die Auseinandersetzung mit Geschlecht, Behinderung und dem sozialen Status zur Anti-Bias Arbeit. Sie beziehen allerdings kaum ein, wie weiße Kinder ihre Identität von »Weißsein« konstruieren.

7.4 Anti-Bias Praxis auf die Familienkulturen der Kinder beziehen

Anti-Bias Pädagogik mit unterschiedlichen Bevölkerungsgruppen erfordert Klarheit darüber, was die vier Ziele für sie jeweils bedeuten. Die Anti-Bias Praxis muss auf die jeweiligen Familienkulturen der Kinder, mit denen man zu tun hat, bezogen werden.

Anne Stewart, eine Anti-Bias Erzieherin, erläutert dies wie folgt: »*Die vier Anti-Bias Ziele sind zwar dieselben für alle Kinder, aber sie müssen im Kindergarten auf unterschiedliche Weise realisiert werden. Zu Beginn muss man sich fragen: Mit was von dem, was bereits vorhanden ist, können wir die Anti-Bias Ziele verbinden? Das kann ich am besten ausgehend von meiner eigenen Herkunftskultur machen, denn da kenne ich mich am besten aus. Aber wir können voneinander lernen. Afro-amerikanische Familien finden z. B. oft, dass Kinder Stolz brauchen, um in der Schule und in der Welt zurecht zu kommen. Wir wissen, dass sich Kinder mit einer starken*

Ich- und Bezugsgruppenidentität und Verwurzelung in ihrer Familienkultur nicht so leicht von Botschaften erschüttern lassen, die ihr Zutrauen in schulischen und beruflichen Erfolg in Frage stellen. Es gibt auch eine lange Tradition des Widerstandes und des Kampfes für Gleichberechtigung. Allerdings kennen viele Menschen ihre eigene Geschichte nicht – und glauben nicht daran, dass Veränderungen möglich sind. Also geht es auch darum, herauszufinden, ob die Menschen in deiner Umgebung gemeinsam etwas verändert haben, das ihr Leben verbessert hat. In diesem Sinne ›kulturell kompetent‹ zu sein, ist auch mit Spannungen verbunden: Du kannst kulturelle Konflikte nicht ausschließen. Du musst dich ihnen stellen und deine Lehren daraus ziehen. Meiner Beobachtung nach können Erzieherinnen in der Regel rasch erkennen, was ein Kind oder eine Familie in einer konkreten Situation braucht. Es fällt ihnen leichter, als es in theoretischen Diskussionen darzulegen.«[6]

7.5 »Was tun, wenn alle Kinder weiß sind?«

»Was tun, wenn alle Kinder weiß sind?« war in den letzten 20 Jahren eine der meist gestellten Fragen in unseren Workshops und Diskussionen mit Erzieherinnen und Erziehern. Die meisten von ihnen waren Weiße, was auf eine große Unsicherheit hinweist, welche Rolle Weiße in der Anti-Bias Arbeit und in der antirassistischen Bewegung überhaupt haben sollen. Die Frage spiegelt üblicherweise eine der folgenden zwei Perspektiven wider:

Die eine ist die Perspektive der Fachkräfte, die davon ausgehen, dass Anti-Bias Arbeit weiße Kinder nicht betreffe. Im Unterton liegt die Frage: »*Warum sollten wir uns darum kümmern?*«

Diskriminierung – negative Auswirkung auf alle Menschen

Die andere Perspektive vertreten inzwischen viele Fachkräfte, die mit weißen Kindern arbeiten und denen bewusst geworden ist, dass sich Diskriminierung negativ auf alle Menschen auswirkt. Sie verstehen, dass Überlegenheit aufgrund der eigenen Herkunft den Kindern letztendlich schadet, weil es sie von wichtigen Erfahrungen fernhält und ihnen keine Möglichkeiten gibt, einen angemessenen Umgang mit Unterschieden in

---

[6] Aus Interviews, die Louise Derman-Sparks 2007 durchgeführt hat.

der Gesellschaft zu erlernen. Solche Erzieherinnen und Erzieher sind auch überzeugt, dass das Einsetzen für soziale Gerechtigkeit allen Menschen zugute kommt. Und dass soziale Gerechtigkeit nur erreicht werden kann, wenn Menschen aller gesellschaftlichen Gruppen sich langfristig dafür einsetzen – auch die Weißen. Protagonisten des Anti-Rassismus in Theorie und Praxis fragen zunehmend danach, welche Rolle »Weißsein« dabei spielt, sich Rassismus zu widersetzen, und welche Dynamik »Weißsein« auslöst. Sie verstehen Rassismus als in die Strukturen eingelassene und institutionalisierte Form der Machtausübung, von der Menschen Vorteile haben, die als »weiß« definiert sind, und die Menschen benachteiligt, die als »nicht-weiß« gelten. Sobald man Rassismus nicht mehr nur als eine Angelegenheit von individuellen Vorurteilen und Diskriminierungen versteht, wird die Rolle und Verantwortung von Weißen anders definiert: Es reicht nicht aus, wenn Weiße »people of color« akzeptieren oder respektieren oder das herrschende System nur »anpieksen«. Weiße müssen aufhören, die Welt – für sie selbst häufig unbemerkt – durch die dominanzkulturelle Brille zu betrachten und sich stattdessen verpflichten, Macht und Ressourcen zu teilen.

Warum und wie Anti-Bias Arbeit mit weißen Kindern bzw. mit Kindern der gesellschaftlich dominanten Gruppen sein soll, hat zwei Dimensionen: Es geht zum einen darum, bei weißen Kindern das Bewusstsein und den Respekt für Vielfalt zu stärken, so dass sie sich in Menschen anderer Hautfarbe, ethnischer Herkunft und Familienkultur hineinversetzen und sich mit ihnen wohl fühlen können. Die andere Dimension ist gewissermaßen die »Kehrseite der Medaille«: Wie kann unter weißen Kindern eine neue Identität gestärkt werden?

Respekt für Vielfalt stärken

Erzieherinnen und Erzieher wie auch Familien sind aufgefordert, weiße Kinder in ihrer frühen Identitätsentwicklung und in ihrer sozial-emotionalen Entwicklung auf neue Weise zu unterstützen. Es reicht nicht aus, ihnen beizubringen, Unterschiede nach Hautfarbe und ethnischer Herkunft anzunehmen. Kinder müssen außerdem Ich- und Bezugsgruppenidentitäten entwickeln, die ihnen helfen, die falschen Auffassungen von der Überlegenheit und den Vormachtansprüchen aufgrund von Abstammung und Hautfarbe zu erkennen und sich ihnen zu widersetzen.

Falsche Auffassungen von Überlegenheit erkennen

Anti-Bias Pädagogik: Aktuelle Entwicklungen und Erkenntnisse aus den USA

Kernthemen für die pädagogische Arbeit

Wir schlagen folgende Kernthemen für die Arbeit mit weißen Kindern bzw. mit Kindern der gesellschaftlich dominanten Gruppen vor, die auf den vier Anti-Bias Zielen basieren:

→ »Entwickle authentische Identitäten, die auf persönlichen Fähigkeiten und Interessen basieren, auf Familiengeschichte und Familienkultur – und nicht auf (weißer) Überlegenheit.« (Anti-Bias Ziel 1)

→ »Entwickle Identifikationen, die auch Anti-Bias Ideale und weiterführende Möglichkeiten einbeziehen.«

→ »Lerne die Bandbreite von unterschiedlichen körperlichen und sozialen Merkmalen unter Weißen kennen und respektiere und achte sie.« (Anti-Bias Ziel 1) Wenn Kinder die Unterschiede sehen und verstehen, die es innerhalb ihrer eigenen sozialen Gruppe gibt, sind sie eher in der Lage, die Menschen anderer Gruppen auch als Individuen zu sehen.

→ »Entwickle die Fähigkeiten, die du brauchst, um fürsorgliche, kooperative und gleichberechtigte Beziehungen mit anderen aufzubauen und zu pflegen.« (Anti-Bias Ziel 2) Die dominante Kultur setzt auf Leistungswettbewerb, auf das Überholen anderer und auf die Notwendigkeit, anderen einen niedrigeren Rang zuzuweisen.

→ »Setze dich ein für das Ideal, dass alle Menschen das Recht auf ein sicheres, gesundes, angenehmes und zukunftsfähiges Leben haben, dass jeder die Reichtümer der Erde mit anderen teilen muss und zusammen mit anderen sorgfältig damit umgehen muss.« (Anti-Bias Ziele 3 & 4)

7.6 Anti-Bias Arbeit und der Kampf für soziale Gerechtigkeit

Eine kleine Anzahl von sehr engagierten Erzieherinnen und Erziehern (vielleicht sind es 20 Prozent?) versteht und vertritt die Bildung und Erziehung nach dem Anti-Bias Ansatz. Man findet sie in allen Bereichen der frühen Bildung und Erziehung; sie arbeiten direkt mit Kindern, mit Familien, sie leiten die Einrichtungen, bilden Erzieherinnen und Erzieher aus. Margaret Mead ist der Meinung: »Eine kleine Gruppe engagierter Menschen kann die Welt verändern.« Ob sie das wirklich alleine schaffen? Aber sie können mit den Veränderungen beginnen, können andere motivieren und aufklären. Viele engagierte Erzieherinnen

Anti-Bias Arbeit und der Kampf für soziale Gerechtigkeit

und Erzieher, die den Anti-Bias Ansatz vertreten, engagieren sich auch in unterschiedlichen Bewegungen für soziale Gerechtigkeit. Sie kämpfen gegen Rassismus, für Frauenrechte, für die Rechte von Schwulen und Lesben, für den Zugang aller Kinder zum Gesundheitssystem, für Frieden. Die folgenden Zitate einiger dieser engagierten und erfahrenen Anti-Bias-Erzieherinnen und Erzieher geben einen Eindruck davon, was sie antreibt:

»*Ich erinnere mich daran, dass mich viele Erwachsene klein machten und entmutigten, als ich ein Kind war, indem sie sagten: ›Sie ist eben nur eine kleine Mexikanerin!‹ Solche Äußerungen hatten einen Einfluss darauf, wie ich mich selbst sah. Deshalb schwor ich mir, anderen niemals so etwas anzutun. Als Erzieherin wollte ich diesen Teufelskreis aufbrechen. Mit dem Anti-Bias Ansatz habe ich gelernt, wirklich jedes Kind zu respektieren und zwar nicht nur als Individuum, sondern auch als Mensch, der Mitglied dieser Gesellschaft ist.*« (Lupe Marks, Erzieherin)

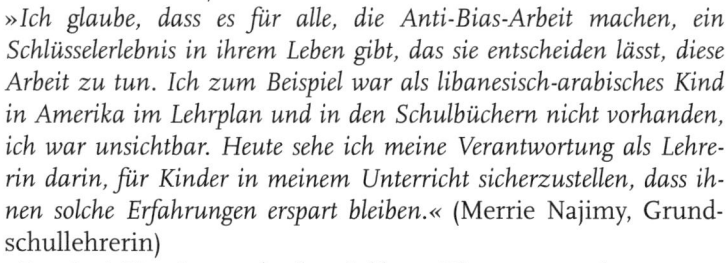

»*Ich glaube, dass es für alle, die Anti-Bias-Arbeit machen, ein Schlüsselerlebnis in ihrem Leben gibt, das sie entscheiden lässt, diese Arbeit zu tun. Ich zum Beispiel war als libanesisch-arabisches Kind in Amerika im Lehrplan und in den Schulbüchern nicht vorhanden, ich war unsichtbar. Heute sehe ich meine Verantwortung als Lehrerin darin, für Kinder in meinem Unterricht sicherzustellen, dass ihnen solche Erfahrungen erspart bleiben.*« (Merrie Najimy, Grundschullehrerin)

»*Der Anti-Bias Ansatz drückt mit klaren Worten genau das aus, was ich mein Leben lang über Gerechtigkeit und Gleichheit dachte. Er half mir mit konkreten Anregungen, genau das in der Praxis der frühkindlichen Bildung umzusetzen, wovon ich immer überzeugt war.*« (Mary Pat Martin, »weiße« europäisch-amerikanische Lehrerin an einer Erzieherfachschule)

»*Das Anti-Bias Curriculum hat meinen Blick auf die kindliche Entwicklung und auf die Welt verändert, und ich wäre sicherlich nicht so aktiv, wenn ich ihm nicht begegnet wäre. Wir sind dabei, eine bessere Welt zu schaffen.*« (Brian Silvera, Erzieher)

Literatur

Bisson, Julie (1997): Celebrate! An Anti-Bias Guide to Enjoying Holidays in Anti-Bias Programs. St. Paul, Minnesota

Derman-Sparks, Louise & Anti Bias Task Force (1989): Anti-Bias Curriculum: Tools for Empowering Young Children. Washington, DC

Derman Sparks, Louise.; Ramsey, Patricia (2006): What if all the kids are white? Anti-bias multicultural education with young children and families. New York

Hoffman, E. (2004): Magic Capes, Amazing Powers: Transforming superhero Play it the Classroom. St. Paul, Minnesota

Pelo, Ann/Davidson, Fran (2000): That's Not Fair! A teacher's guide to activism with young children. St. Paul, Minnesota

Terry, R. (1970): For Whites Only. Grand Rapids, Michigan

Whitney, T. (1999): Kids Like Us: Using Persona Dolls in the Classroom. St. Paul, Minnesota

Wolpert, E. (1999): Start Seeing Diversity: The Basic Guide to an Anti-Bias Classroom. St. Paul, Minnesota

Autorinnen und Autoren

Sabine Beyersdorff, geboren 1969, Erzieherin, Sozialfachwirtin. Von 1988 bis 2001 Erzieherin in Brandenburger und Berliner Kitas und Eltern-Initiativ-Kindertagesstätten. Seit 2002 Praxisbegleiterin im Projekt »Demokratie leben in Kindergarten und Schule« in Eberswalde, dessen Träger das Institut für den Situationsansatz und die RAA Berlin sind.

Stefani Boldaz-Hahn, geboren 1969, Diplom-Pädagogin mit Schwerpunkt Kleinkindpädagogik. Freiberufliche Fortbildnerin und Beraterin für vorurteilsbewusste Bildung und Erziehung, Qualitätsentwicklung in Kindertagesstätten. Fachkraft für den Situationsansatz. Anti-Bias Trainerin. Mehrjährige Tätigkeit in Projekten für afro-deutsche Kinder mit dem Schwerpunkt Rassismus. Seit 2000 Praxisberaterin im Projekt KINDERWELTEN, seit 2006 wissenschaftliche Mitarbeiterin im Projekt »Qualität von Anfang an« im Institut für den Situationsansatz.

Louise Derman-Sparks, geboren 1940, von 1973 bis 2007 Professorin für Entwicklungspsychologie und Kleinkindpädagogik am Pacific Oaks College in Pasadena/Kalifornien. Zahlreiche Buchveröffentlichungen, darunter das »Anti-Bias Curriculum. Tools for Empowering Young Children« (1989), das für eine große Verbreitung des Anti-Bias Approach sorgte. Fortbildungen, Vorträge und Projekte zur Anti-Bias Arbeit mit jungen Kindern.

Christa Dommel, Dr., geboren 1962, Religionswissenschaftlerin mit einem Schwerpunkt in international vergleichender Bildungsforschung und freiberufliche Autorin, Trainerin und Beraterin für interkulturelle Bildung und Religion in Fürth/Bayern. 2001 bis 2006 Wissenschaftliche Mitarbeiterin an der Universität Bremen im Fachbereich Kulturwissenschaft für religionswissenschaftlich orientierte Religionspädagogik und XENOS-Trainerin für interkulturelle Kompetenz und berufliche Bildung. 2007 promovierte sie über »Religions-Bildung im Kindergarten in Deutschland und England. Vergleichende Bildungsforschung für frühkindliche Pädagogik aus religionswissenschaftlicher Perspektive«.

Stephanie Gerlach, geboren 1961, Übersetzerin, Diplom-Sozialpädagogin (FH), von 1994 bis 1999 Mädchenarbeiterin, Leiterin eines Berufsqualifizierungsprojekts beim Berufsfortbildungswerk des DGB und Lehrbeauftragte für Soziale Arbeit an der Kath. Stiftungsfachhochschule München. Seit 1998 Entwicklung und Durchführung eines Anti-Homophobie-Trainings (»Training zum konstruktiven Umgang mit gleichgeschlechtlichen Lebensweisen«) für kommunale Stadtverwaltungen. Seit 2000 freiberufliche Referentin für lesbisch-schwule Themen. Seit 2006 Entwicklung und Durchführung eines Schulprojekts für Neun- bis Zwölfjährige: »Ein Koffer buntes Leben«, ein didaktischer Koffer zum Thema Lebensweisen und Familienformen. Derzeitiger Arbeitsschwerpunkt: Regenbogenfamilien. Lebt und arbeitet in München.

Evelyne Höhme-Serke, geboren 1956, Erziehungswissenschaftlerin M.A., Psychodrama-Leiterin. Von 1981 bis 1986 tätig als Erzieherin in Kreuzberger Kitas. Langjährige freiberufliche Tätigkeit in Fortbildung und Beratung zu interkultureller Kommunikation, Rassismus und Rechtsextremismus in Berlin und Brandenburg. Von 2000 bis 2003 Praxisberaterin im Projekt KINDERWELTEN. Seit 2001 Leiterin im Projekt »Demokratie leben in Kindergarten und Schule« in Eberswalde, dessen Träger das Institut für den Situationsansatz und die RAA Berlin sind.

Monika Keller, Prof. Dr., geboren 1943, wissenschaftliche Mitarbeiterin am Max-Planck-Institut für Bildungsforschung und Honorarprofessorin im Fachbereich Psychologie und Erziehungswissenschaften an der Freien Universität in Berlin. Forschungsschwerpunkte sind entwicklungspsychologische Themen der sozialen Kognition (Perspektivenübernahme), der emotionalen Entwicklung (Empathie) sowie der sozio-moralischen Entwicklung und Konfliktlösung von der Kindheit bis zum frühen Erwachsenenalter im Vergleich verschiedener Kulturen. Außerdem

Autorinnen und Autoren

Interessen an der Förderung sozialer, emotionaler und moralischer Entwicklung in pädagogischen Kontexten.

Daniela Kobelt Neuhaus, geboren 1955 in der Schweiz, lic.phil, dipl.heilpäd., TQM-Auditorin und Expertin für den Situationsansatz. Nach neun Jahren freiberuflicher Beratung und Fortbildung ab 1993 als Fortbildungsreferentin und ab 2001 als Leiterin des Arbeitszentrums Fort- und Weiterbildung am Elisabethenstift Darmstadt tätig; entwickelte federführend die Weiterbildung zur »Facherzieherin Integrationspädagogik – Pädagogik der Vielfalt« für sozialpädagogische Fachkräfte und veröffentlichte zahlreiche Artikel zum Thema »Integration – Inklusion« sowie zu diversen entwicklungspsychologischen Themen. Seit 2007 Vorstandsmitglied der Karl Kübel Stiftung für Kind und Familie in Bensheim und zuständig für die deutschen Projekte und Bildungsinstitute.

Anke Krause, geboren 1964, Diplom-Pädagogin mit den Schwerpunkten Kleinkindpädagogik und interkulturelle Erziehung. Seit 2003 in der Koordinatorin des bundesweiten Disseminationsprojekts KINDERWELTEN tätig. Von 2001 bis 2006 Koordinatorin des Europäischen Netzwerks DECET (Diversity in Early Childhood Education and Training), gemeinsam mit Anke van Keulen, MUTANT, Niederlande. Durchführung von Fortbildungen zu den Themen Elterngesprächskreise über Erziehungsfragen und Arbeit mit Persona Dolls für Multiplikatorinnen.

Antje Richter, Dr., geboren 1955, Diplom-Pädagogin, Gestalttherapeutin, approb. Kinder- und Jugendlichenpsychotherapeutin, Promotion zum Thema »Armutserleben und Armutsbewältigung von Grundschulkindern«. Tätig in der Psychotherapie und Beratung für Kinder, Jugendliche und Familien. Armutsforschung an der Carl von Ossietzky-Universität Oldenburg, am Zentrum für angewandte Gesundheitswissenschaften (ZAG) der FH Nordostniedersachsen/Uni Lüneburg, sowie Zusammenarbeit mit dem ISS Frankfurt/M. für die AWO-ISS-Armutsstudie. Seit 2001 tätig als Fachreferentin im Arbeitsbereich »Soziale Lage und Gesundheit« bei der Landesvereinigung für Gesundheit Niedersachsen e.V. Schwerpunktthema: Armut und Gesundheit von Kindern und Jugendlichen, u. a. Gesundheitsförderung sozial benachteiligter Kinder in Kitas, Frühe Förderung in sozial benachteiligten Familien, Armut und Resilienz.

ManuEla Ritz, geboren 1969, ausgebildete Krippenerzieherin, Diplom-Sozialpädagogin und Sozialarbeiterin und Mutter zweier Kinder. Sie arbeitet seit 2001 als freiberufliche Trainerin in den Bereichen Antidiskriminierung – Schwerpunkt Rassismus und Empowerment für Menschen mit Rassismuserfahrungen – und interkulturelle Kompetenz. Seit zwei Jahren bietet sie darüber hinaus Workshops zum Thema Adultismus an, die sich an Eltern sowie Pädagoginnen und Pädagogen richten.

Tim Rohrmann, geboren 1963, Diplom-Psychologe. Freiberuflich tätig in Fortbildung und Beratung sowie in Forschungs- und Praxisprojekten zur Entwicklung und Pädagogik im Vor- und Grundschulalter mit den Schwerpunkten geschlechtsbezogene Entwicklung, geschlechtsbewusste Pädagogik, Bildung & Bildungsauftrag, Konfliktlernen und Prävention. Zahlreiche Fachveröffentlichungen u. a. zur Genderthematik. Tim Rohrmann lebt mit seiner Frau und zwei Töchtern in Denkte bei Braunschweig.

Regine Schallenberg-Diekmann, geboren 1954, Diplom-Pädagogin, Mitglied im Institut für den Situationsansatz, pädagogische Geschäftsführerin der INA.KINDER.GARTEN gGmbH. Mitarbeit am Berliner und am saarländischen Bildungsprogramm sowie an den Hamburger Bildungsempfehlungen, außerdem im Projekt »Qualität im Situationsansatz«. Langjährige Tätigkeit als Kitaberaterin in Berlin. Seit 2000 aktive Mitarbeit im europäischen Netzwerk DECET – Diversity in Early Childhood Education and Training; zuletzt Koordinatorin einer internationalen Arbeitsgruppe zur Qualität der Kleinkinderziehung.

Serap Şıkcan, geboren 1975, Diplom-Pädagogin mit den Schwerpunkten Kleinkind- und Medienpädagogik sowie Interkulturelle Erziehung. Tätigkeit in Immigrantenvereinen. Konzipierung und Durchführung von Elterngesprächskreisen für Immigranteneltern, Fortbildung von Multiplikatorinnen zu Elterngesprächskreisen und Persona Dolls. Projektassistentin in KINDERWELTEN

Autorinnen und Autoren

2000–2003. Seit 2003 in der Koordination des bundesweiten Folgeprojekts tätig. Koordinatorin der deutschen Partner im europäischen Projekt »Grundtvig-Lernpartnerschaften« zur Elternpartizipation sowie im europäischen Netzwerk DECET in einer Arbeitsgruppe zu »documentation with families«.

Petra Wagner, geboren 1958, Diplom-Pädagogin. Langjährige Tätigkeit in bilingualen (türkisch-deutschen) Projekten im Elementar- und Grundschulbereich in Berlin. 1993 bis 1998 wissenschaftliche Mitarbeiterin am Institut für Grundschulpädagogik der Freien Universität Berlin. Freiberuflich tätig in der Fortbildung und Beratung zu Interkultureller Pädagogik und Mehrsprachigkeit. Expertin für Qualität im Situationsansatz. Seit 2000 Koordinatorin und Leitung des Projekts KINDERWELTEN im Institut für den Situationsansatz.

Projekt KINDERWELTEN

Das Projekt Kinderwelten zur vorurteilsbewussten Bildung und Erziehung in Kindertageseinrichtungen ist ein Projekt des Instituts für den Situationsansatz in der Internationalen Akademie an der Freien Universität Berlin. Es begann im Jahr 2000 mit Unterstützung der Bernard van Leer Foundation und befindet sich gegenwärtig in einer dritten Projektphase.

Kinderwelten entstand als Initiative einer Gruppe von Pädagoginnen in Berlin-Kreuzberg, die Ende der 1990er-Jahre auf der Suche nach fundierten und praktikablen pädagogischen Ansätzen in Kindertageseinrichtungen waren, um Auswege aus bestimmten Engführungen in der interkulturellen Theorie und Praxis zu finden. Am Anti-Bias Ansatz aus Kalifornien faszinierte, dass es nicht nur um den Umgang mit kulturellen und ethnischen Unterschieden ging, sondern um die gesellschaftliche Bewertung der Unterschiede nach Geschlecht, sozialem Status, Alter, Behinderung/Beeinträchtigung, Hautfarbe, Sprache, Herkunft, sexueller Orientierung usw. und deren jeweilige Auswirkung auf das Leben von Kindern. Es imponierte das »Anti« im Anti-Bias-Ansatz als Positionierung gegen Ideologien wie Rassismus, Sexismus, Antisemitismus, Monolingualismus, Homophobie etc., die alle die Überlegenheit einer bestimmten Gruppe über eine andere behaupten und dazu beitragen, dass Ungleichbehandlung gerechtfertigt wird.

Kontakt:
Projekt KINDERWELTEN
Internationale Akademie gGmbH
an der Freien Universität Berlin/
Institut für den Situationsansatz
Projektbüro: Schlesische Str. 3–4, 10997 Berlin
Tel. 030 – 22 50 32 -28/ -33/ -34, Fax: 030 – 22 50 32 35
koordination@kinderwelten.net
www.kinderwelten.net